KB151860

ASEAN CHAMPIONS

Emerging Stalwarts in Regional Integration

아세안 챔피언스

아 / 세 / 안 / 의 / 떠 / 오 / 르 / 는 / 강 / 자 / 들

Seung Ho Park
Gerardo Rivera Ungson
Jamil Paolo S. Francisco 저

박승호 감수
김응규 옮김

옮긴이 김응규

ekkim@hanbat.ac.kr
한밭대학교 경영회계학과

감수 박승호

spark@ceibs.edu
China Europe International Business School
Department of Strategy and Entrepreneurship

ASEAN CHAMPIONS
Emerging Stalwarts in Regional Integration

아세안 챔피언스
아 / 세 / 안 / 의 / 떠 / 오 / 르 / 는 / 강 / 자 / 들

발행일 2018년 2월 9일
지은이 Seung Ho Park, Gerardo Rivera Ungson, Jamil Paolo S. Francisco
감 수 박승호
옮긴이 김응규
펴낸이 김준호
펴낸곳 한티미디어 I 주소 서울시 마포구 연남동 570-20
등 록 제15-571호 2006년 5월 15일
전 화 02)332-7993~4 I 팩스 02)332-7995
ISBN 978-89-6421-319-3 (03000)
정 가 17,000원

마케팅 박재인 최상욱 김원국 I **편집** 이소영 박새롬 김현경 I **관리** 김지영
인쇄 갑우문화사

이 책에 대한 의견이나 잘못된 내용에 대한 수정정보는 한티미디어 홈페이지나 이메일로 알려주십시오.
독자님의 의견을 충분히 반영하도록 늘 노력하겠습니다.
홈페이지 www.hanteemedia.co.kr I 이메일 hantee@hanteemedia.co.kr

목차

5장 시장 지배력 활용

6장 선구적인 마케팅 전략

7장 현지화 심화

8장 국제화 촉진

9장 시너지효과 창출

저자 소개

    박승호Seung Ho Park는 중국 유럽 국제경영 대학원의 전략 전공 Parkland 석좌교수이다. 그는 삼성경제연구소 중국지사의 창립 법인장이자 Skolkovo_EY 신흥시장 연구소의 창립소장을 역임하였다. 그는 국제경영학회AIB의 펠로우이며, 경영학회 국제경영 분과IM Division of Academy of Management로부터 2015년에 글로벌 커뮤니티 우수 서비스상을 수상했다. 그의 최근 연구는 신흥시장에서 기업의 성장, 경쟁 역학 및 기업가치에 중점을 둔다. 최근 신흥시장에 대한 그의 공동 저서로는 수상 경력이 있는 『거친 다이아몬드: BRIC 국가에서 성공적인 브레이크 아웃 기업의 네 가지 특성Rough Diamonds: Four Traits of Successful Breakout Enterprises in BRIC Countries』 Jossey-Bass, 2013과 『테일 스케일링: 신흥시장에서 수익성 있는 성장 관리Scaling the Tail: Managing Profitable Growth in Emerging Markets』 Palgrave-Macmillan, 2015, 『신흥 다국적 기업 관리: 국제 도전과제 해결Managing Emerging Multinationals: Solving International Challenges』 Cambridge University Press, 2016 등이 있다. 현 Amore Pacific의 사외이사로 재임 중이다.

    제라르도 리베라 웅손 Gerardo Rivera Ungson은 샌프란시스코 주립대학교 경영대학의 국제경영학 전공 Y.F. Chang 석좌교수이다. 그는 이전에 베이징에 있는 신흥시장 연구소the Institute for Emerging Market Studies의 상근 연구교수였다. 그는 Strategy + Business

Magazine에서 2013년도에 글로벌화 분야의 베스트 북으로 선정된 『거친 다이아몬드: BRIC 국가에서 성공적인 브레이크 아웃 기업의 네 가지 특성Rough Diamonds: Four Traits of Successful Breakout Enterprises in BRIC Countries』 with Seung Ho Park and Nan Zhou을 포함하여 여러 권의 책을 공동 저술하였다. 박승호와 앤드류 코스그로브Andrew Cosgrove와 함께, 그의 신흥시장에 관한 최근의 책인 『테일 스케일링: 신흥시장에서 수익성 있는 성장 관리Scaling the Tail: Managing Profitable Growth in Emerging Markets』는 2015년 Palgrave-Macmillan에서 출간되었다.

자밀 파올로 프란시스코 Jamil Paolo S. Francisco는 아시아 경영대학원AIM의 경제학 부교수이다. 이전에 그는 Ateneo de Manila 대학교 사회과학 대학의 강사였다. 그는 국제개발 연구센터IDRC의 동남아시아 경제 및 환경 프로그램EEPSEA과 동아시아 개발 네트워크 EADN에서 여러 연구 프로젝트를 이끌었다. 그는 금융시장, 환경 경제학, 도시경제학 및 기후변화에 대한 가계 적응 등 분야의 논문을 발표하였다. 그는 현재 아세안 경제 통합과 통합이 회원국의 사회경제적 발전에 미치는 영향에 관한 연구를 수행하고 있다.

추천사 ────────────

새로운 아세안의 시대가 열리고 있다. 지난 1967년 동남아시아 국가 연합(ASEAN)으로 지역적 통합을 이룬 이래, 아세안은 무한한 잠재력을 품고 진화를 거듭해왔다. 그리고 2015년, 아세안 경제 공동체가 출범함으로써 경제적으로 더욱 높이 도약하기 위한 기반을 마련하기에 이른다.

소비를 주도하는 중산층과 젊은 인구가 빠르게 증가하고 있는 이 역동적인 시장은 현지 사업을 타진하는 기업들에 무수한 기회와 가능성을 제공한다. 하지만 경제 규모, 사회 제도, 인종, 언어 등 각 국가의 정치 경제적, 사회 문화적 차이가 가져온 다양성과 복잡성은 다른 경제권에서는 쉽게 찾아볼 수 없는 아세안 시장의 두드러진 특징으로, 그 특수성을 명확히 이해하는 것은 기업의 성공에 필수적이다.

아모레퍼시픽에게 있어 아세안 시장은 이미 글로벌 사업의 중요한 축으로 자리 잡았다. 2003년 라네즈 브랜드로 베트남 시장에 본격 진출한 이래, 설화수, 라네즈, 마몽드, 이니스프리, 에뛰드하우스의 5대 글로벌 브랜드를 필두로 지속적인 성장을 실현하고 있다.

이는 장기적인 비전을 가지고 오랜 시간 현지 시장 학습에 몰입해 온 결과다. 싱가포르, 말레이시아, 태국, 인도네시아, 베트남에 현지 법인을 세워 사업을 전개하고, 현지 연구소를 통해 시장과 고객을 이해하기 위한 연구 조사 활동에 매진하고 있으며, 머지않아 말레이시아의 산업 단지 내에 생산기지를 설립할 계획이다. 이는 아세안 시장이 품고 있는 특수성을 세심하게 파악하고 현지 고객에 보다 가깝게 다가가기 위한 노력의 일환이다.

아세안 시장의 진화는 더욱 큰 미래를 향하고 있다. 그리고 이제 우리 기업들이 아세안 시장의 가능성을 깊게 들여다보고 철저히 준비하여 과감히 도전해야 할 때다. 〈아세안 챔피언〉은 아세안 통합의 배경과 역사를 소개하고 눈에 띄는 성공을 일군 현지 기업들의 사례를 다각도로 분석함으로써, 도전을 성공으로 이끌기 위한 귀중한 통찰력을 제공한다. 나아가 경제적 통합을 완성함에 있어 민간의 역할을 강조하여 아세안 경제 공동체와 기업이 동반 성장할 미래의 비전을 제시하는 데에 이 책의 더욱 큰 의미가 있다.

서경배
아모레퍼시픽그룹 대표이사 회장

추천사 ─────────────────────────────

아시아 경영대학원AIM이 1968년에 설립되었을 때, 아시아 신흥시장에서 차별화된 사회적 책임을 지닌 차세대 지도자와 경영자를 육성하는 것이 AIM의 비전이었다. 커리큘럼 및 학위 프로그램을 지속적으로 개선하고, 사회가 학습하고 이익을 얻을 수 있는 연구 및 사례를 창출하는 것이 AIM의 핵심 철학이다.

2015년에는 아세안 경제통합과 함께 수많은 기회와 도전과제가 제시된다. 우리 10개 회원국은 2050년까지 세계 4위의 경제 대국으로 쉽게 성장할 수 있는 경제 블록을 형성한다. 우리의 다양한 인구는 6억 2천만 명이 넘는다.

단일 시장과 생산기지의 목표를 가지고 인재의 필요성이 크게 증가하였다. 우리는 변화하는 아세안 비즈니스 환경을 적절하게 다룰 수 있는 리더가 필요하다. 바로 아시아 경영교육의 선구자인 AIM이 여기에 기여할 수 있고 이미 기여해왔다.

『거친 다이아몬드Rough Diamonds』로 유명한 Seung Ho Park과 Buddy Ungson 교수와, AIM 교수인 Paolo Francisco는 58개의 아세안 챔피언에 대한 이야기를 통해 경제통합에 대한 귀중한 통찰력을 공유한다. 이들 챔피언은 전력 및 물류에서 항공운송 및 토목건설, 통신 및 농업에서 의료, 교육 및 부동산에 이르는 산업에 속해있다.

이러한 성공적인 조직의 경험을 통해, 우리는 금융위기, 도전적인 거시경제적 상황, 문화적 다양성, 일관성 없는 및/또는 부적절한 정부정책에도 불구하고 그들의 복원력에 기여하는 요인을 이해할 수 있다.

이 책에 포함된 아세안 챔피언에 대한 이러한 분석은 지역경제 통합을 최대한 활용하는 방법과 지도자로서 조직의 전략을 최선으로 이끌 수 있는 방법, 그리고 지속적인 성공을 달성할 수 있도록 계산된 위험을 취하는 방법에 대한 규범적인 틀을 제공할 수 있기 때문에 우리에게 중요하다.

그러나 가장 중요한 것은 지역의 미래가 우리의 유능한 수중에 있다는 것을 상기시켜주기 위해 Sam, Buddy, Paolo가 중요한 질문을 제기한 것이다. 제도적 공백과 포괄적인 시장 성장 간의 격차를 어떻게 창조적으로 메꿀 수 있는가? 우리는 어떻게 거대 다국적 기업과 경쟁하는가? 우리는 국가경제와 함께 어떻게 성장할 것인가? 그들은 이러한 질문에 대한 해결책의 일환으로 인적 기술의 향상을 통한 교육을 지적한다.

이 책은 분주한 아세안 경제공동체의 활력을 포착하고, 우리 앞에 전개될 흥미진진한 성장 가능성을 제시한다. 여러분들의 독서 경험이 가장 풍성한 경험이 되고, 기회가 생길 때 여러분도 그 기회를 포착할 수 있기를 바란다.

Steven J. Dekrey
AIM 총장(2012-2015)

추천사 ─────────────

*아세안 챔피언*은 지역이 미래로 어떻게 진화하고 있는지에 대한 탁월한 분석이다. 아세안은 인도네시아, 말레이시아, 필리핀, 싱가포르, 태국, 베트남, 브루나이, 캄보디아, 라오스, 미얀마 등 10개국으로 구성된 복잡한 지역이다.

오늘날 많은 나라들이 같은 지역의 다른 나라와 경제를 연결하고 있다. 미국, EU, 인도, 중국, 브라질과 같은 거대 경제권의 영향은 소규모 및 개도국들이 경제를 보다 잘 조정할 수 있도록 자극하고 있다. 아세안 국가와 아프리카의 사하라 사막 이남 국가들이 여기에 해당된다.

이 과정은 기업에 도전과 기회를 제공한다. 물론 거대 다국적 기업의 경우, 단일 시장으로 진화하는 다양한 시장의 "모자이크"가 기회이다. 그러나 소규모 지역 기업의 경우, 시장이 개방되면 경쟁이 치열해지고, 국제적으로 신속하게 배치할 수 있는 자원을 가지고 있지 않기 때문에 어려움에 처할 수 있다.

*아세안 챔피언*은 폭넓은 관점에서 이러한 문제와 기회를 바라본다. 역사가 지역을 이해하는데 도움이 된다는 것은 의심의 여지가 없으며, 저자는 매력적인 방식으로 이러한 측면에 접근한다. 그러나 그들의 가장 중요한 공헌은 이 지역에서 선도적인 역할을 하는 많은 현지 기업에 대한 직접적인 접근이다.

아세안 챔피언은 아세안 지역의 글로벌 비즈니스와 현지 비즈니스 간의 관계 및 이 지역의 성공적인 경영의 중요한 측면을 이해하는데 도움이 된다. 개념적으로 입증된 국제경영의 이론적 틀과 관련이 있는 이 연구의 실용적인 관점은 국제경영의 학자 및 실무자에게 유용한 기여를 할뿐만 아니라 해당 분야에 특히 관심이 있는 기업의 의사결정자에게도 유용한 도구가 된다.

Pedro Nueno
CEIBS 총장

서문 ——————————————————————

아세안 챔피언은 이 지역의 연구원(아시아 경영대학원AIM, 마닐라, 중국 유럽 국제경영 대학원CEIBS, 상하이) 및 미국(샌프란시스코 주립대학교)과 관련된 컨소시엄 프로젝트다. 현재의 내러티브와 달리, 우리는 경제통합에서 민간 부문의 역할에 초점을 둔다. 전통적인 거시경제 및 정치 이론은 국가를 분석단위로 사용하기 때문에, 민간 부문의 역할은 뒤로 물러나고 지역통합 분석에서 부당하게 푸대접을 받는다.

직접적으로 수출/수입을 통해 또는 외국인 직접투자를 통해 간접적으로 다른 기업들과 거래하는 것은 기업이라는 사실이 이 책의 핵심적인 주장이다. 또한 투자와 의사결정을 통해 기업은 생산을 결정한다. 따라서 AEC의 기업단위 분석이 이 책의 초점이다.

분명한 것은, 이것이 지역통합에 대한 정부의 역할이나 거시경제 조건의 영향을 무시하는 것은 아니다. 특히 자유무역협정FTA, 관세 인하, 안보, 생태 및 기후변화 및 인프라 개발과 (성공적인 지역통합을 위해 필요한 것들) 관련된 문제에서, 국가 정부는 정치 및 경제통합에서 중추적인 역할을 계속할 것이다. 상품 및 서비스의 실제적인 교환과 관련하여 국가 또는 정부의 역할은 제한적이지만, 정부는 유리한 무역협정 및 재정 및 통화 정책과 같은 무역을 촉진(또는 방해) 하는 지침을 작성하는데 결정적인 역할을 한다. 또한 무역은 경제성장과 경기 침체기와 같은 거시경제 조건뿐만 아니라 경상수지의 변화와 환율변동에 의해 크게 영향을 받는다. 이러한 고려사항들은 정부의 중요한 역할과 경제 환경의 영향을 강조하지만, 기업의 역할은 아직 AEC에서 주목의 대상이 아니기 때문에 기존 연구를 보완하는 것이 이 책의 목적이다.

이 프로젝트를 수행하면서, 참여와 격려에 대해 인정하고 감사해야 할 많은 사람들과 기관이 있다. 특히 우리는 아시아 경영대학원 전임 총장인 Steven DeKrey, 대학원의 총장 및 학장인 Jikyeong Kang, 대학원의 전임 학장인 Richardo "Ricky" Lim, 연구 및 출판 부학장인 Francisco "Frankie" Roman, 전임 학장이며 교수인 Horacio "Jundo" M. Borromeo로부터 전폭적인 지원을 받았다. 이 프로젝트는 이들의 확고한 의지 없이는 실현될 수 없었을 것이다. 연구원인 Shiela Grace Se, Katrina Gonzalez, Jan Emil Langomez의 우수한 연구 및 행정지원에 대해 감사드린다. 그들은 프로젝트에 진정으로 도움이 되었다. 우리는 몇몇 기업의 인터뷰 주선을 도와준 AIM 이사회의 Pridiyathorn Devakula, Dato Timothy Ong, Tun Ahmad Sarji bin Abdul Hamid, Boon Yoon Chiang에게 감사드린다. 우리는 인터뷰 일정 수립에 도움을 주신 태국, 인도네시아, 말레이시아 AIM 대표사무소의 Apple, Rugee, Debby, Imelda, Richard에게 감사드린다. 우리는 또한 AIM 연구 및 출판 사무국과 총장실 직원들에게 그들의 지원에 대해 감사드린다.

우리는 아세안에 대한 정보와 통계 수집을 도와준 Zirong Wang(샌프란시스코 주립대학교 국제경영 전공 학부학생)과 Ji Hong(CEIBS의 수석 연구원)에게 감사드린다. 우리는 또한 샌프란시스코 주립대학교 경영대학장인 Linda Oubre, 국제경영학과장인 Yim-Yu Wong, CEIBS 연구기금, Parkland 기금교수직, 중국 유럽 국제경영 대학원의 신흥시장 연구센터가 제공한 지원에 감사드린다. 우리는 또한 프로젝트의 전 과정에서 매우 중요한 도움을 준 Cambridge University Press의 Paula Parish와 편집팀에게 큰 은혜를 입었다.

마지막으로 프로젝트에 막대한 공헌을 한 Anand Agrawal, Maria Veronica Caparas, Frankie Roman 교수에게 감사드린다. 그들은 훌륭한 최고경영자 인터뷰를 수행하는데 큰 도움이 되었다. 우리는 그들의 지원에 대해 무한한 감사를 드린다.

이 책을 가족 구성원들에게 바친다: JaYoung, Alexandra, Amelia, Tegan Joann, Boden Kai, Ryan Makena, Charlotte Hazel, Baldwin, Josan.

역자 서문 ───────────

몇 년 전 유학생 유치 목적으로 필리핀, 인도네시아, 베트남, 태국, 말레이시아 등을 방문할 기회가 있었다. 인접한 국가 사이에 언어, 문화, 종교, 인종, 정치체제가 크게 다르다는 데 놀라움을 금치 못했지만, 이런 나라들이 EU와 같은 지역경제공동체를 꿈꾸고 있다는 것은 더욱 놀라운 일이다.

1967년에 창설된 동남아시아국가연합ASEAN은 올해로 50주년을 맞이하고 있으며, 10개 아세안 회원국의 인구가 6억을 넘어 중국, EU에 이어 세계 3위 시장이 되었고, 경제규모도 2조 5천억 달러를 넘어 세계 5위의 경제주체가 되었다. 다양성이 지역통합에 장애가 될 수 있지만 그럼에도 불구하고 50년간 유지되어 왔다는 데 큰 의의가 있으며 EU와 다른 형태의 잠재력을 기대하게 한다.

이 책의 원저자들은 신흥시장 및 신흥시장 기업 연구 분야에서 탁월한 성과를 보여주었다. BRIC 국가에서 성공적인 기업을 특성을 분석한 *Rough Diamonds*, 신흥시장에서 수익성 있는 성장 관리를 다룬 *Scaling the Tail* 등이 있다. 국제경영을 공부하는 역자는 이 책을 받자마자 끝까지 읽지 않을 수 없었다.

아세안 창설의 역사 및 배경, 각 국가의 식민지 유산, 그리고 아세안 국가내의 생소한 기업들의 성공 스토리, 아세안 경제통합의 성공전망에 대한 객관적인 분석, 특히 아세안 챔피언 기업들의 성공요인에 대한 체계적인 분석과 경영자에게 제시하는 전략적 시사점과 정책입안자에게 제공하는 정책적 시사점은 이 책의 강점이다.

정치적으로 노골적인 약육강식의 논리가 한반도 주변을 에워싸고 있고, 경제적으로도 보호무역주의가 지배하는 어수선한 이 시기에 우리가 아세안에 주목해야하는 것은 당연한 일이다. 따라서 최근의 문재인 정부가 추진하고 있는 남방정책도 시의적절한 방안이라고 생각된다. 아세안과 아세안의 성공적인 기업들에 대한 관심과 지식을 제공한 원저자들에게 감사드린다.

특히 원저자이자 본 역서의 감수를 맡아주신 박승호 교수님과 따뜻한 격려로 이 책의 출간을 응원해주신 아모레퍼시픽 서경배 회장님께도 감사 인사를 전한다.

또한 이 책이 출간되기까지 지지를 아끼지 않으신 한티미디어 김준호 사장님과 김현경 편집자의 세심한 원고정리에 깊이 감사드린다. 번역의 모든 오류는 역자의 책임이다.

2018년 1월 수통골에서 김응규

1부
아세안 통합의 전제

The Antecedents of ASEAN Integration

· ·

다가오는 아세안 경제 공동체에서 민간 부문의 역할은 무엇인가?
아세안 회원국 내에서 활동하는 현지기업의 특성은 무엇인가?

다음 세 개 장에서, 핵심 주장(1장), 아세안에 대한 간략한 배경(2장)
및 올해 AEC의 공식 제정으로 이끄는 진전에 대한 평가(3장)를 제공
한다.
우리는 기업이 중요하다고 주장하지만, 참여는 보다 넓은 아세안 시장
에서 그들의 경쟁우위를 활용하는 능력에 달려있다. 이러한 이유로 극
도로 불리한 경제 상황에서 우위를 구축하고 유지할 수 있는 능력을
보여준 가장 성공한 기업, 즉 58개 아세안 챔피언을 선정하였다.

1장

핵심 주장

서론

군사나 비즈니스 관점에서 볼 때, 전략에서 널리 인정받는 만트라mantra는 공동의 목적을 달성하기 위한 수의 단일성에서 파생된 우위이다. 역사적으로 그러한 집합은 노동조합, 협정, 동맹, 담합, 동반자 관계, 경제 통합, 지역 무역 블록의 형태로 구축되었다. 놀랍지 않게도 오늘날 글로벌 무역시스템을 구성하는(쌍방 및 다자간 무역협정) 약 40개의 지역경제블록이 있다.

이와 같은 사건들의 수면 아래 동남아시아에서 조용한 변화가 일어났다. 즉 동남아시아 국가 연합ASEAN이라는 경제 블록의 진화이다. 이에 따라 2015년 12월 아세안 경제 공동체ASEAN Economic Community의 차기 이니셔티브에 대한 공식적인 제정이 기대되었다.[1] 이러한 배경에서, AEC는 지역통합 분야의 초보자다. AEC의 궁극적인 실현은 중대한 일이 될 수 있다.

---

1 아세안은 1967년 인도네시아, 말레이시아, 태국, 싱가포르, 필리핀을 창립 회원국으로 설립되었으며, 그 후 브루나이, 베트남, 라오스, 캄보디아, 미얀마가 추가되었다. 2003년에 개최된 발리 콩코드 II에서 세 가지 기둥이 제안되었다: 아세안 경제공동체(AEC), 아세안 안보 공동체(ASC), 아세안 사회 문화 공동체(ASCC). 이 책은 주로 AEC의 현재 및 제안된 활동에 초점을 둔다.

2015년 이 지역의 경제 데이터를 살펴보자. 인구는 약 6억2천만으로 세계인구의 약 9%이고, 총 GNP는 2조4천억 달러를 상회하여 세계에서 일곱 번째로 큰 경제규모이며, 각 기관의 전망치에 의하면 2050년경 세계에서 네 번째로 큰 경제규모가 될 것으로 예측된다Vinayak, Thompson, & Tonby, 2014; ASEAN Economic Community 2015a: Progress and Key Achievements; Forecast from IMF, World Economic Outlook, 2014.

목적이 있는 협업의 동기는 정치적, 문화적, 그리고 경제적으로 다양할 수 있다. 그러나 두 가지 기본적인 목표로 압축된다: 공식적 협력을 통한 안보의 필요성 및 경제적 이익Roxas, 1970. 이러한 기본 목표는 밀접하게 결합되어 있지 않지만 상호 관련성이 있다. 예를 들어 정치적 안보문제를 고려하지 않고 경제통합의 모든 결과를 이해하기는 어렵다(반대도 마찬가지). 이러한 목표를 실제로 분리할 수 없다는 것은 일반적으로 인정되지만, 학자들이 목표를 특정 항목으로 분류하여 타당성과 편의성을 분석하는 것은 드문 일이 아니다.

이 점에서, AEC 공동체의 다양성 때문에 AEC의 경제적 잠재력을 이해하는 것은 특히 도전적이다Lim, 2004. 무역 및 투자를 위한 단일 시장으로의 이니셔티브 이외에도, AEC는 선진국, 신흥국, 개도국의 혼합체라는 점에서 특이하다. 그런 다양성은 문화 및 제도적 차이, 불균형적인 경제개발, 다양한 인프라 수준, 다양한 종교, 언어 및 문화 그리고 정치/군사적 대결의 역사로 설명할 수 있다Lim, 2004; Acharya, 2012.

다양성은 통합을 방해할 수 있기 때문에, 지속적인 문제는 '경제통합에서 파생된 이익이 참가자의 차이점과 복잡성을 능가하는가'

이다. 당연히 현재의 관심은 통합에 대한 정치적 경제적 장벽을 줄이기 위한 협약에 초점을 맞추고 있다.[2] 이들 협약은 무역, 비관세 장벽, 정치 및 군사안보와 협력, 기후변화와 환경파괴, 그리고 물리적 인프라를 다룬다Acharya, 2012 참조.

모범기업에 초점 – 아세안 챔피언

이 책의 가장 중요한 주제는 일정 기간 동안 아세안에서 활동하는 가장 성공한 기업(아세안 챔피언)의 선정 및 설명이다.[3] 각 현지 시장에서 그들의 지속적인 성공, 명성, 두드러짐 때문에, 지역통합에서 잠재적인 역할자로서 이 기업들을 무시할 수 없다.

그러나 이 성공한 기업들이 반드시 지역통합의 동인이 될 것인가? AEC의 주요 목표 가운데 단일 시장 및 생산기지, 경쟁적인 지역, 다양한 규모의 기업들의 균형 있는 경제개발 및 공평한 개발, 그리고 글로벌 공동체와 통합 등이 포함된다. 곰곰이 생각해보면, 어떤 모범 기업은 이러한 목표에 관심이 없고, 그들의 국내 목표에

---

2 정부가 자문, 아웃소싱 및 서비스를 제공함으로써 교역할 수 있다는 것은 사실이지만, 그러한 활동이 국가 간 기업 무역과 비교할 때 극히 미미하다는 것은 논쟁의 여지가 없다. http://www.economist.com/news/international/21595928-countries-have-started-outsource-public-services-each-other-unbundling-nation. 참조.

3 대부분의 연구는 분석단위로 정부에 초점을 두지만, 주목할 만한 예외는 산치타 바수 다스(Sanchita Basu Das)의 책에서, 『아세안 경제공동체 2015 달성: 회원 국과 기업의 도전과제』(Singapore:ISEAS Publishing, 2012), 기업 차원의 분석을 시도하였다. 이 책은 그녀의 연구를 보완할 것이며, 11장에서 그녀의 아이디어가 자세하게 제시된다.

적합한 능력 배양에 초점을 맞춘다(예를 들면 부동산 개발, 상업은행, 혹은 공익사업과 같은 전문화된 현지 서비스). 그럼에도 불구하고 유리한 환경이 조성되면 미래에 이 기업들이 동참할 가능성은 AEC에 큰 의미가 있으며, 책 후반부에 이 주제를 다룰 것이다.

그러나 덜 성공한 기업들은 반드시 지역통합으로부터 배제될 것인가? 우리는 이 기업들이 비록 성공하지 못하거나 혹은 성과가 불규칙적이더라도, 통합과정에서 중요한 역할을 할 것이라고 생각한다. 이러한 미래 통합자에는 비교적 새롭거나 규모가 작아서, 기존 분석용 금융 데이터베이스에 없는 신흥기업들이 포함된다고 생각하자. 틀림없이 그들은 AEC의 미래에 중요한 역할을 할 것이다. 따라서 현재와 미래 참가자들에게 지역통합에 영향을 미치는 장벽과 촉진요소를 이해하는 것은 AEC의 미래에 중요하다. 마찬가지로 이 주제도 우리의 분석에 포함된다.

외국 다국적 기업들은 어떤 역할을 할 것인가? 확실히 이 기업들도 AEC에서 중요한 역할을 할 것이다. 이미 유명한 학자들은 견실한 글로벌 기업들의 잠재력을 언급했다. 구체적으로 벤앤드 제리Ben & Jerry's, 애플Apple, 기보단Givaudan, H&MHennes & Mauritz, 삼성, 화웨이Huawei, 키노쿠니야Kinokuniya, P&GProctor & Gamble, 인디텍스Inditex, 그리고 혼다Honda 같은 기업들은 'New ASEAN'에 개입할 채비를 갖추고 있다Kotler, Kartajaya, Huan, 2015에서 인용.

AEC에서 이 기업들의 중요한 역할을 인정하지만, ASEAN 내에 있는 현지 기업에 초점을 맞춘 것은 이 현지 기업의 성공을 좌우하는 토착 환경을 조사하는 것이 우리의 의도임을 강조한다. 이 초점은 그들의 역사적 기원, 과거 식민지, 그들의 신생제도를 포함한다. 이런 것들은 선진국 출신의 다국적 기업에게는 적용되지 않는 조건이다. 뒤에 상술하겠지만 현지 기업들이 직면한 도전과 경험은 성공한 외국 다국적 기업들과 크게 다르다. 역사적으로 이 다국적 기업들은 애초에 시장을 구축하고 고객을 확보하기 위하여 신흥시장에 진출하지 않았다. 비록 이러한 전략이 지금 변하고 있지만, 다국적 기업의 핵심 전략은 저임금을 활용하고, 중요한 자원을 확보하거나 그들의 성숙단계 제품의 시장을 확보하는 것이었다Jones, 2005 참조.[4]

이러한 고려사항에 기초하여, 다음과 같은 중요한 질문이 본 연구의 기본 틀을 제공한다. 어떤 현지 기업이 지역통합을 이끌 것인가? 이 기업들이 아세안 10개국 각각을 어떻게 대표할 수 있는가? 그런 기업들의 특성은 무엇인가? 그들의 경쟁우위를 지속시키는 요인이 무엇인가? 매우 어렵고 불리한 환경 속에서도 이 기업들을 성공으로 이끈 요인은 무엇인가? 지역통합의 촉진제와 장애물은 무엇인가? 지역통합의 시사점은 무엇인가?

선정절차 요약

선정 과정은 특히 엄격했다. 여러 차례의 검증 절차와 이용 가능한 금융 정보를 기준으로 업계 전문가와 협의를 거쳤다. (박스 1.1)에 상세하게 설명되어 있지만, 우리의 목적은 장기간 동안 변화하는 정치 및 경제적 도전에 끈질긴 회복력을 보여준 기업을 선정하

---

4 다국적 기업이 신흥시장 및 개도국에 상품과 서비스를 판매하는 역사적인 이야기가 있지만, 우리가 성공적인 현지 기업(아세안 챔피언)을 선정하는 의미와 맥락에서 시장을 구축하고 고객을 확보하기 위한 목적으로 다국적 기업이 진입하지 않았다는 것은 일반적으로 인정된다.

는 것이다. 우리는 종종 학계와 언론계로부터 찬사를 받은 기업들을 포함시키라는 제안을 받았다. 이 기업들을 자세하게 평가한 결과, 짧은 기간에만 높은 성과를 보여주었다는 점을 알 수 있었다. 필요한 부분에서 이 기업들을 인용하겠지만 현장 인터뷰 대상 기업으로 선정하지는 않았다. 아세안 챔피언은 상당 기간 동안 역경 속에서도 높은 성과를 유지하였다는 것이 선정의 대전제다(리스트는 표 1.1 참조).

박스 1.1 아세안 챔피언 선정절차

아세안 챔피언은 아세안 회원국에 있는 높은 성과를 내는 현지 민간 기업들이다. **Park, Zhou, and Ungson2013**에 의한 거친 다이아몬드the Rough Diamonds Project는 신흥시장에서 지속적으로 높은 성과를 내는 현지 기업을 발굴하기 위하여 엄격한 틀을 개발하였다. 우리는 거친 다이아몬드와 유사한 지침을 따르지만 본 연구에 필요한 충분한 기업을 확보하기 위하여 선정기준을 완화하였다. 거친 다이아몬드에 속한 기업들은 **BRIC** 각 국가에 있는 최고 500대 기업 평균보다 10년의 관찰 기간 동안 적어도 7년 동안 더 높은 연평균 성장률, 수익률, 그리고 효율성 비율을 보여준다. 아세안 챔피언들은 아세안 각 국가에 있는 최고 500대 기업 평균보다 2003년부터 2012년까지 적어도 4년 동안 더 높은 매출성장률과 수익률을 보여주었다. 아세안 10개국의 기업들이 선정대상이다. 아래와 같은 3단계 절차에 따라 58개 아세안 챔피언들이 선정되었다.

첫째, 영업수익을 기준으로 **ORBIS**에 포함된 충분한 기업을 가진 아세안 6개국에서 2003년에서 2012년까지 매년 최고 500대 기업을 파악했다. 6개국은 인도네시아, 말레이시아, 필리핀, 싱가포르, 태국, 그리고 베트남이다. ORBIS에 표본 사이즈가 작아서 다른 국가(브루나이, 캄보디아, 라오스, 미얀마)는 이런 조사가 불가능하다. 아래에 설명하겠지만, 이런 국가에 대해서는 본 연구의 아세안 챔피언에 포함되는 높은 성과를 내는 현지 민간 기업을 발굴하기 위하여 전문가의 의견에 따랐다.

둘째, 2012년도 기준 각 국가의 최고 500대 기업의 10년 평균 매출액 증가율과 수익률을 계산하고 매년 최고 500대 기업의 매출액 증가율 평균과 수익률 평균을 계산하였다. 매출액 증가율과 수익률 둘 다 10년 평균이 매년 최고 500대 기업 평균보다 높은 202개 기업을 2012년 기준 최고 500대 기업 중에서 선정했다. 그 다음에 2003년에서 2012년까지 적어도 4년 동안 각 국가에서 매년 최고 500대 기업 평균보다 더 높은 연매출 증가율과 수익률을 보여주는 46개 기업으로 압축했다. 그 다음에 대주주가 현지 민간 투자자인지 확인하기 위하여 46개 기업을 정밀검증 하였다. 이 중 7개 기업은 현지 시장에서 더 잘 알려진 그들의 지주회사로 교체되었다. 2개 기업은 매우 다각화된 지주회사이기 때문에 가장 대표적인 자회사를 2개 포함시켰다.

마지막으로 선정의 정당성을 확인하고 나머지 4개국으로부터 아세안 챔피언의 잠재적 후보를 발굴하기 위하여 다수의 현지 전문가에게 자문을 구하였다. 전문가들은 6개국의 선도 기업으로서 46개 기업의 선정을 지지하였다. 전문가들은 각 국가에서 존경받고 그 분야의 리더들인 5개 기업을 더 추천하였고, 나머지 4개국으로부터 잠재적으로 아세안 챔피언에 속하는 7개 기업을 추천하였다. 따라서 아세안 챔피언의 최종 리스트에는 58개 기업이 있는데, 브루나이 2개, 캄보디아 1개, 인도네시아 11개, 라오스 3개, 말레이시아 4개, 미얀마 1개, 필리핀 12개, 싱가포르 3개, 태국 15개, 베트남의 6개 기업이 포함되었다. 표 1.1은 이 58개 아세안 챔피언의 리스트를 보여준다.

표 1.1 아세안 챔피언 목록

아세안 챔피언	국가	국가
Aboitiz Power Corporation	필리핀	전력 발전 및 유통
Adinin Group of Companies	브루나이	토목
Advanced Info Service PCL	태국	통신
Ayala Land, Inc.	필리핀	부동산
Bangkok Cable Co., Ltd.	태국	캐이블 제품
Bangkok Dusit Medical Services PCL	태국	건강
Boon Rawd Brewery	태국	양조업
Cebu Air, Inc.	필리핀	항공 운송
Charoen Pokphand Foods PCL	태국	농공 산업 제품
Dao- Heuang Group	라오스	커피 및 차 제품
DIALOG Group Berhad	말레이시아	석유 및 가스 서비스
Dutch Mill Co., Ltd.	태국	유제품
EDL- Generation Public Company	라오스	전기
EEI Corporation	필리핀	산업건설
Energy Development Corporation	필리핀	재생 에너지
Far Eastern University, Inc.	필리핀	교육
FPT Corporation	베트남	
Hanoi Production Services Import- Export JSC	베트남	농업 및 수공예품
Holcim Philippines, Inc.	필리핀	시멘트 및 골재
Jollibee Foods Corporation	필리핀	패스트 푸드

아세안 챔피언	국가	국가
Keppel FELS Limited	싱가포르	시추선 건조
Lafarge Republic, Inc.	필리핀	시멘트 및 골재
Lao Brewery Co., Ltd.	라오스	양조업
Manila Electric Company (Meralco)	필리핀	전기 및 유틸리티
Masan Consumer Corporation	베트남	다각화된 소비제품
Mudajaya Corporation Berhad	말레이시아	엔지니어링 및 건설
PETRONAS Dagangan Berhad	말레이시아	석유 생산
PetroVietnam Gas JSC	베트남	오일 및 가스
Philippine Long Distance Telephone Company	필리핀	통신
Phnom Penh Water Supply Authority	캄보디아	상수도 및 유통
Pruksa Real Estate PCL	태국	부동산
PT FKS Multiagro Tbk.	인도네시아	농공 산업 제품
PT Global Mediacom Tbk.	인도네시아	통합 미디어
PT Indofood Sukses Makmur Tbk.	인도네시아	포장 식품
PT Lippo Karawaci Tbk.	인도네시아	부동산 및 부동산 개발
PT Malindo Feedmill Tbk.	인도네시아	동물 사료
PT Mitra Adiperkasa Tbk.	인도네시아	라이프스타일 소매업
PT Petrosea Tbk.	인도네시아	광산, 오일 및 가스
PT Solusi Tunas Pratama Tbk.	인도네시아	통신
PT Sumber Alfaria Trijaya Tbk.	인도네시아	미니 마트
PT Summarecon Agung Tbk.	인도네시아	부동산 개발
PT Ultrajaya Milk Industry &Trading Company Tbk.	인도네시아	유제품
PTT Exploration and Production PCL	태국	석유 탐사
QAF Brunei Sdn. Bhd.	브루나이	기업집단
Sembcorp Marine Limited	싱가포르	엔지니어링 솔루션
Siam Cement Group	태국	시멘트 제품
Singapore Aero Engine Services Limited	싱가포르	엔진 유지보수 및 수리

아세안 챔피언	국가	국가
SM Prime Holdings, Inc.	필리핀	쇼핑 센터
Summit Auto Body Industry Co.,Ltd.	태국	자동차 시스템
TC Pharmaceutical Industries Co.,Ltd.	태국	음료
Thai Beverage PCL	태국	음료
Thai Metal Trade PCL	태국	철강 솔루션
Thai Union Frozen Products PCL	태국	해산물
Tien Phong Plastic JSC	베트남	플라스틱
TOA Paint (Thailand) Co., Ltd.	태국	페인트 제품
Vietnam Dairy Products JSC (Vinamilk)	베트남	유제품
WCT Land Sdn. Bhd.	말레이시아	부동산 개발
Yoma Strategic Holdings Limited	미얀마	부동산

본 연구에서 어떤 기업을 포함시키고 어떤 기업을 제외시킬 것인가를 결정하는 데 적합한 기준을 고민했다. 비록 처음에 엄격한 기준과 함께 기존의 재무지표를 활용하는 것으로 결론을 내렸지만, 다른 비재무적 요인의 중요성도 인정한다. 이와 관련하여 우리는 여러 아세안 국가에 있는 업계 전문가들과 상의하여 다른 기업들을 포함시켰다. 그러나 우리가 처음으로 선정한 기업들을 분석한 결과, 재무지표로 주로 정의된 성공의 의미 자체가 주요한 결론이었음이 분명해졌다. 선진국의 경제 환경에서 기업의 경험을 설명하는 데 주로 사용된 성과 측정 방법의 적절성을 아세안 지역 통합의 관점에서 적용시켜야 한다. 우리는 선진국의 성공적인 기업 경험이 아세안 기업의 상대적 성공을 비교하는 데 완전히 적합한지 여부를 숙고하였다.

다음 절에서 이 문제를 더 논의할 것이다. 개괄적으로 말하자면, 선진국의 베스트셀러에서 찬사를 받은 성공적인 기업에 대한 서술이Collins & Porras, 1994; Collins, 2001, 학자들이 '내부주의적 관점'이라고 부르는 것과 가깝다고 주장한다Adelman, 2015. 이것은 기업의 높은 성과는 내재적 또는 '유기적' 특성, 특히 핵심 역량을 구축, 육성 및 유지할 수 있는 자신의 능력에 기인한다는 것이다. 반면에, 다른 견해는 '외부주의적 관점' Adelman, 2015 – 외부 사건의 전후 맥락을 통합하지 않으며 그런 높은 성과가 발생할 수 없다고 가정한다.

자본주의의 기원, 특히 면화 산업의 변형에 대한 검토에서, Adelman(2015)은 노예 제도, 대외 무역 및 공장 제도와 같은 외부 요소를 기여 요소로 언급하였다. 아세안에 대한 우리의 분석에서, 이러한 주장은 근대화 및 의존성 이론에 잘 부합한다. 우리는 아세안 현지 기업의 성공을 이해하고 선진국의 성공적인 기업들과 차별화하는 다른 이론적 프리즘으로 이 이론을 발전시킨다. 이러한 서술에 이어 제도와 경제 발전에 관한 이론의 통합과 전략적 경영에 기초한 현지 기업의 성공에 대한 다른 설명을 제안한다.

아세안 성공의 의미를 규정

연구원들은 일반적으로 성공한 다국적 기업들은 세계의 다른 지역에서 이전하고 유지할 수 있는 핵심 역량을 개발할 수 있는 국가에서 비롯된다고 인정한다. 이 환경에 있는 기업들은 저비용 인력을 고용하거나 중요한 원자재에 접근하기 때문에 성공한다는 것이 일반적인 통념이다Cavusgil, Knight, & Riesenberger, 2014. 게다가 일본, 한국, 중국, 그리고 다른 성공한 신흥국가의 경우처럼 기업들은 또한 그들의 제품을 수출하고 세계시장에서 다른 기업들과 경쟁할 수 있는 역량을 개발해야 한다.

확실히 이러한 주장은 많은 경우에 유효하다. 그러나 아세안의 경우, 몇몇 국가를 제외하고 대부분의 기업은 '제도적 공백institutional voids'으로 특징되는 매우 낙후된 제도 환경 속에서 사업을 한다. 여기서 제도적 공백은 일반적으로 시장거래를 가능하게 하고 촉진시키는 시장 중개자의 부재로 정의된다Khanna & Palepu, 1997. 다른 국가의 다국적 기업들이 시장을 구축하고 고객을 확보하기 위해 아세안 및 다른 개발도상국에 진출하지 못하게 하는 정치 체제의 위험, 불확실성과 더불어 경제 및 제도적 저개발이 바로 이 조건이다. 그러나 난공불락의 도전에도 불구하고 아세안의 몇몇 성공적인 기업들은 이러한 불리한 조건을 극복할 수 있었다.

불균등한 경제 발전은 아세안 챔피언을 선발하는 데 있어 선진국에서 성공한 기업의 경험이 적절한지 여부에 대한 질문을 제기한다. 방향수정에는 적어도 두 가지 이유가 있다. 첫째, 선진국의 경제는 제도적으로 부족함이 없었기 때문에 산업화가 훨씬 앞당겨졌다. 제도적 공백이 없는 완전한 경제는 없지만, 선진국의 제도적 발전이 신흥국이나 개도국의 제도적 발전보다 훨씬 낫다는데 이의를 제기하지 않을 것이다. 둘째, 수출시장 확대를 통해 지배력을 확대하는 기존 다국적 기업들과 달리, 아세안 지역 내 많은 기업들은 몇몇 국제시장에만 국한된 영업과 함께, 어려운 따라잡기catch-up 전략에 빠져있다Cuervo-Cazurra & Ramamurti, 2014.

이러한 이유 때문에 아세안 내에서 성공적인 기업을 정의한다는 것은 겉에서 보는 것보다 훨씬 어려운 일이다. 최근에, 신흥시장 다국적 기업EMNCs에 대한 관심이 있지만, 대부분은 아세안 국가들을 포함하지 않은 신흥시장(중국, 브라질, 러시아, 그리고 인도) 출신들이다Sauvant, 2008; Ramamurti & Singh, 2009; Chattopadhyay & Batra, 2012; Guillen & Garcia-Canal, 2013; Santiso, 2013; Cuervo-Cazurra & Ramamurti, 2014. 아세안 내에 있는 이들 기업은 국내에서는 우수하지만, 효율적인 글로벌 다국적 기업이 되기에는 아직 초보단계다. 사실 제대로 모습을 갖춘 다국적 기업이라고 할 수 있는 기업이 거의 없다Cuervo-Cazurra & Ramamurti, 2014. 따라잡기 전략과 산업화 과정은 대부분 기업에서 아직 진행 중에 있다Cuervo-Cazurra & Ramamurti, 2014.

아세안 챔피언의 차별적인 특징은 정권교체, 일관성 없는 정부정책, 금융위기, 불리한 거시 경제의 여건에도 불구하고 오랜시간 보여준 튼튼한 재무구조와 복원력이라 할 수 있다. 이러한 면을 고려하면 개발과 뛰어난 성과의 의미는 문화와 제도 그리고 경제발전 단계와 같은 부분이 그 맥락에 내포되어 있음을 알 수 있다(즉 문화, 제도 및 경제발전 단계와 같은 다른 고려사항을 고려한 맥락). 높은 성과를 보인 기업의 이러한 차이는 측정 목적뿐만 아니라 그들의 역사적 기원에 대해서도 정확하게 정의되어야 한다. 이 주장을 뒷받침하는 배경에서, 선진국의 승자를 정의한 연구에 대해 간략하게 검토한다.

아세안과 개도국에 대한 교훈

역사가 반드시 실제 사건의 전체를 보여주는 것이 아니라 특정한 역사적 시기에 승자(혹은 영향력 있는 사람)에 의해 기술된 것이라는 것은 널리 알려진 사실이다. 달리 말해서, 군사적인 전투나

사업의 실패에서 패자가 그들을 둘러싼 사건을 정의하고, 선택하고, 해석하는 일은 드물다. 군사 정복자들이 전투의 전리품을 마음대로 탈취하는 것처럼 승자는 일반적으로 시대의 중대한 사건과 결정을 해석할 수 있는 입장에 서있다.

따라서 개도국이 선진국의 성공적인 특성과 패턴을 모방하지 않으면 따라 하기를 권고 받는 것은 놀랄 일이 아니다 – 근대화 이론이라고 불리는 학파Isbister, 2006 참조. 유명한 정치인 월트 휘트만 로스토우Walt Whitman Rostow, Stages of Economic Growth: A Non-Communist Manifesto, 1960는 개발은 지원제도에 의해 뒷받침되는 성장의 체계적 단계의 형태를 취한다고 주장했다. 주로 공산주의의 위협에 대처하기 위해 작성된 이 연구는 선진국에서 후진국으로 자본과 기술의 투입을 제안했다. 최종결과는 번영, 자본주의, 그리고 민주주의가 될 것이다.

시간이 지남에 따라 근대화 이론의 변형이 등장했지만, '모방과 본받기'의 기본논리는 변하지 않았다. 1970년대 뿌리를 내린 시장 자유주의의 영향력 있는 형태인 신자유주의는 글로벌 금융기관이 뒷받침하는 자유 시장 시스템의 장점을 선전했다. 볼리비아와 칠레 문제를 다루기 위하여 노벨상 수상자인 밀턴 프리드만Milton Friedman과 그의 자유시장 경제학자들(시카고 보이즈)이 제기한 이 이론의 적용이 바로 최고 수위선(또한 불만의 지점)이다Klein, 2007. 워싱턴 컨센서스Washington Consensus, 즉 시장 근본주의에 바탕을 두고 1989년에 만들어진 열 가지 경제정책 지침은 IMF와 세계은행, 그리고 다른 금융기관들에 의해 금융위기에 굴복한 개도국의 핵심 개혁 패키지로 채택되었다.

패러다임의 영향에도 불구하고, 근대화 이론은 매우 혼합된 성적표를 내놓았다. 비록 미국과 영국은 자유시장 정통주의의 전형으로 남아있지만, 경제역사학자인 장하준은 그들의 성공에 이의를 제기했다사다리 걷어차기: 역사적 관점에서 개발전략, 2003. 역사적 기록을 인용하여 그는 양국이 경제개발 기간 동안에 보호무역주의 정책을 채택하고, 나중에 이러한 정책들을 무시하고 다른 국가들이 자유시장 정책을 따르도록 처방을 내린다고 주장한다. 1999년 아시아 금융위기 직후 몇몇 아시아 국가에 내려진 신자유주의 개혁프로그램의 기록은 처참한 결과를 보여준다. 마지막으로 선진국으로 발전된 3개 개도국(일본, 중국, 한국)은 근대화 이론가들이 처방한 방식과 다른 방식으로 성공했다Chang, 2002.

경제적 중력의 중심이 선진국에서 개도국으로 이동하면서 근대화의 전제를 다른 맥락으로 재고할 필요가 있다. 두 가지 중요한 질문은 다음과 같다. 어떻게 개도국(신흥국)이 성공할 것인가? 그리고 이 개도국에서 성공한 기업의 특성은 무엇인가? 일본은 제2차 세계대전 중 완전한 폐허가 되었음에도 불구하고 모든 예상 경제성장률을 추월한 전후 경제 기적으로 널리 알려져 있다. 그렇더라도 일본의 괄목할 만한 경제적 성공은 주류 경제학 원리에 부합되지 않는다. 사실 일본의 성장은 의도적인 산업계획Johnson, 1982, 기업의 그룹화Gerlach, 1982, 혹은 일본기업의 우수한 관리능력에 기인한다Ouchi, 1978.

전 MIT 경제 역사학자 앨리스 암스덴Alice Amsden은 '따라잡기' 경제학이라는 위와 같은 문제 또는 후발주자 특히 한국의 성공을 검토했다. 그의 권위 있는 논문Asia's New Giant, 1989에서 한국은 *체계적 학습*을 통하여 스스로를 변화시킬 수 있었다고 암스덴은 주장한다. 문맥상 이것은 크고 강한 현지 대기업(재벌)을 선호하는 정부정책, 성공을 수출하려는 생산, 리버스 엔지니어링 및 매장관리에 역량을 개발하는 이들 기업의 능력을 나타낸다. 그러나 세계적인 기업이 되고자 하는 학습 열망은 역사적인 공백상태에서 발생하지 않았다. 그것은 교육, 학업성취, 효도와 존중, 동료지원 및 집단 응집력에 대한 보상을 제공하는 깊은 문화적 가치에 기초를 둔다Amsden, 1989. 결론적으로 성공은 정부지원, 합리적인 기회를 활용하는 전략, 규모와 대량 생산의 장점, 지원적인 경영구조, 문화 및 프로세스가 합쳐진 것이다.

신흥국과 개도국에서 다국적 기업의 확산과 명성이 커짐에 따라 전통적인 국제경영이론 특히 선진국의 다국적 기업의 성공을 설명하는 데 큰 영향을 미쳤던 소유권-입지-내부화 이론Ownership-Location-Internalization, OLI Dunning, 1990의 유효성과 타당성이 의문시 되고 있다. 비평가들은 이러한 새로운 다국적 기업을 설명하기 위해 내부화의 초기 공식화를 주장했다Rugman, 1980; Buckley, 1983. 다른 관점은 잠재적 기업의 우위, 정부지원, 본국 특성, 학습 궤적, 지역적 배태성을 강조한다. 그러나 이들 새로운 다국적 기업은 선진국 다국적 기업과 유사한 전략을 택하고 있다고 OLI 이론의 지지자들은 주장한다. 비록 다른 환경이 적용하는데 있어서 약간의 차이를 만들지만, 시장 지배력은 기업의 소유권 우위, 입지, 내부화로부터 나타난다.

종합적으로 볼 때, 개도국에서 높은 성과를 내는 기업을 찾는 것은 일종의 호황 산업이 되었다. 지속적으로 훌륭한 경영의 여러 특징들을 찬양하는 베스트셀러를 양산하였다. 선진국의 성공적인 기업 경험을 찬양하는 일부 연구자들이 신흥국가 및 개도국 기업에 적용하였으며, 이는 근대화 이론의 부단한 채택을 반영한다. 비평가들은 다른 관점을 주장하며, 비록 처방이 보편적인 것은 아니지만, 일반적으로 기업 역량, 입지 우위, 정부지원, 학습시스템 및 탁월한 관리능력을 통합한다. 모든 연구에서 공통점의 한 분야는 제도의 중요성과 제도의 발전이 경제적 성공에 미치는 영향을 인정하는 것이다. 우리가 아세안 챔피언을 선정하는 이유를 설명할 때, 이 분야에 주의를 환기시킨다.

제도, 경제 개발, 그리고 기업 성과

경영학자들은 일반적으로 '제도'라는 용어를 개념화하는데 사회학자들의 도움을 받는다. 제도의 본질은 개인과 환경 사이의 관계 또는 '세계와 자신을 중재하는 패턴화된 방식'과 관련 있다. 사회학자 벨라Bellah, 마드센Madsen, 설리반Sullivan, 스위들러Swidler, 팁톤Tipton은 『The Good Society』(1992:10-11)라는 책에서 인간의 행동에 대한 규범을 포함하도록 이해를 수정했다: "긍정적일 수도 있고 부정적일 수도 있는 사회적 제재에 의해 시행되는 개인이나 집단의 기대되는 행동." 노벨상 수상자 더글라스 노스Duglass North: 1990:3는 교환 및 거래를 구성요소로 포함함으로서 제도를 그의 주장의 중심 주제로 잡았다: "인간 상호작용을 형성하는 인간적으로 고안된 구속조건 … 인적 교류에서 인센티브를 구성한다." 이 정의에서 제도는 공식적(법률, 교육, 금융 등)으로부터 비공식적(문화적 규범과 관습)까지 다양하지만, 거래비용을 감소시키면서 불확실성을 해결할 수 있는 능력을 제공한다. 제도 이론의 한 학파는 - 거래비용 분석 - 로널드 코어스Ronald Coase와 노벨상 수상자인 올리버 윌리암슨Oliver Williamson: 1985에 기인한다. 윌리암슨은 조직의 존재와 계약방식의 형태에 대한 주요 설명으로서 거래비용의 감소를 든다.

지난 수십 년 동안, 설명변수로서 제도에 대한 믿음이 처음에는 제도를 "측정하기 쉽지 않다"라는 비판에서 "경제발전의 차이를 설명하는 중요한 요소"로 크게 바뀌었다Acemoglu, Johnson & Robinson, 2005, Mokyr에 의해 인용, 2010:183. 경제발전과 번영은 성장과 경제회복을 위한 지원제도의 발전과 깊은 관련이 있다. 1973년 논문, 「서구세계의 부상」에서 더글라스 노스와 로버트 폴 토마스Robert Paul Thomas는 다음과 같이 주장했다.

> 효율적인 경제조직이 성장의 열쇠다. 서유럽에서 효율적인 경제
> 조직의 개발은 서구의 부상을 설명한다. … 효율적인 조직은 제도적
> 장치와 재산권을 수립하여 개인의 경제적 노력을 사회적 수익률에
> 가까운 개인 수익률로 끌어들이는 활동으로 전환시키는 인센티브
> 를 창출한다. (1973:1)

페루 경제학자 헤르난도 데 소토Hernando de Soto: Mystery of Capital, 2000는 제도, 특히 재산권의 제공을 진보적인 자본주의 조직의 존재 이유로 규정한다. 재산권은 소유자에게 대출, 자본, 공식적 거주 및 기본 서비스에 대한 권리를 부여하기 때문에 재산권이 없거나 소유하기 어려운 가난한 국가는 '죽은 자본'이 많거나 소토의 추정치에 의하면 9.3조 달러에 달한다. 그 이후의 대화에서 소토는 재산권의 부재는 경제성장과 발전이라는 기업가 정신을 저해한다고 주장했다.

이러한 배경에서 선진국의 학자들은 아세안과 같은 개도국에서 성장하는 기업들이 진정한 다국적 기업이 된다는 데 회의적이라는

것은 놀랄 일이 아니다Cuervo-Cazurra & Ramamurti, 2014. 선진국에 버금가는 일인당 국민소득을 자랑하는 상가포르(또한 브루나이)와 수년간 인상적인 성장세를 보인 인도네시아와 태국을 제외하면 다른 국가에서는 일관성이 없어 보인다. 예를 들어, 필리핀은 적어도 5년 전까지는 장기적으로 중-저 성장을 경험했는데 그 이후에는 강력한 경제성장을 보여주었다. 베트남은 상당한 잠재력을 지니고 있지만 지속적인 성공이라는 관점에서 불확실성이 남아있다. 브루나이는 단일산업에 번영의 의존도가 너무 크며, 라오스와 캄보디아는 아직 상대적으로 저개발 국가이다.

　게다가 위에 언급된 많은 국가들의 경제상황은 제도적 공백으로 가득 차있다. 여기서 제도적 공백은 하버드대학교 교수인 타룬 카나Tarun Khanna와 크리슈나 팔레프Krishna Palepu; Winning in Emerging Market, 2010에 의해 시장거래를 촉진하거나 시장을 지원하는 제도(중개자)의 부재로 정의된다. 예를 들면 재산권, 법과 질서, 브로커 정보, 중개자, 계약이행 능력, 효율적인 금융 및 교육시스템의 결함 등이 있다. 개도국에 있는 기업들은 장기간 수익창출 성과를 달성하기 위해 사업운영을 지속적으로 간소화하는데 모든 이런 문제에 직면하게 된다.

　아세안 챔피언들은 가장 힘든 상황에서 어떻게 성공했는가? 그들이 공유하는 공통적인 특징은 무엇인가? 다음 절에서는 기업 성공에 필요한 제도의 개념을 다룬다.

아세안 성공의 재평가: 제도적 토대 활용

아세안 챔피언에 대한 초기 분석에 의하면, 그들의 경제적 환경에 부합하는 올바른 전략을 채택했기 때문에 이 기업들이 성공한 것처럼 보였다. 이 기업들은 건전한 전략 분석, 기회에 민감한 위험 감수, 기업가 정신, 우수한 경영능력 등 선진국에서 높은 성과를 내는 기업들과 유사한 전략을 택했다. 주류의 설명과 일관되게 이 기업들의 경영자들은 선견지명이 있고, 대담하며 기업가 정신이 있는 것으로 결정된다.

그럼에도 불구하고, 불리한 환경 속에서 그들의 경쟁사와 과거의 동종업계 기업이 성공하지 못할 때, 이 기업들이 어떻게 성공했는지에 대해 조사하였다. 사실 이 기업들 중 일부는 정부의 지원을 충분히 받았지만 모든 기업에 해당하는 것은 아니다. 많은 기업들은 가족기업이지만 이것이 표준은 아니다. 게다가 아세안 챔피언은 재무적으로 더 우월한 경쟁사들도 회피하는 위험을 (그 당시에는 부당한 위험) 감수했다. 그러나 이러한 일반화의 수준을 넘어, 공통적인 특징이 있는 것처럼 보인다. 공통적인 특징은 현지 경쟁업체와 다른 나라의 다국적 기업들이 위험하다고 판단한 문제들을 극복했다는 것이다.[5] 우리는 국가 경제발전, 지속적으로 높은 기업 성과, 그리고 기업들이 제도적 실패로 영향을 받는 방식 사이의 관계를 연구했다.

요약하면, 전략과 활동에 대한 심층분석을 통해, 아세안 챔피언은 제도적으로 미흡한 점을 경쟁우위로 전환하는 역량을 키웠다는 것을 알 수 있다. 제도적 부족함으로부터 방해를 받기는커녕, 다

---

5 앞에서 언급한 것처럼, 우리가 아세안 챔피언을 선정하는 의미와 맥락에서 시장을 구축하고 고객을 확보하기 위한 목적이 아니라, 다국적 기업은 원료를 확보하고 저임금 비용에 접근하기 위해 신흥 및 개도국 시장에 진입하였다.

른 기업과 특히 외국 다국적 기업과 경쟁할 수 있는 강점을 구축하는 데 이러한 조건을 활용했다. 데이터 분석을 계속하고 업계 전문가와의 협의를 기반으로 우리는 아래와 같이 판단했다. 우리 챔피언은 과거에는 없었던 폭넓은 시장을 창출하고, 국가의 경쟁우위와 부합한 제품과 서비스를 활용하고, 과거에는 무시되었던 틈새시장을 채우거나, 부족한 기반시설을 선제적으로 개선하고, 목적이 분명한 경영권 승계를 통하여 경영유산을 제도화함으로써 다양한 방식으로 제도적 공백에 대한 솔루션을 제정했다.

이러한 맥락에서 볼 때, 이 기업들은 정치적, 경제적, 또는 사회적 성격에 관계없이 아직도 진화하는 신생제도 속에서 기업가적 기회를 모색했다. 결과적으로 기업들은 경제적 사회적 발전의 신생국가를 닮은 *제도적 공백*에 해결책을 제공한 인적 재무적 자원을 동*원*할 수 있었고, 따라서 본질적으로 *토대*가 되었다. 압축적으로 우리는 이러한 전략과 활동을 *제도적 토대 활용*으로 특징지었다.

이 책에서 구체적 논점으로 옮기는 동안, 우리는 과거의 기업을 아세안 챔피언으로 전환하기 위한 일곱 가지 구체적인 전략을 제시한다(그림 1.1).

- *제도적 유산 보존*: 산업진화와 연계된 방식으로 규범, 문화, 그리고 가치의 세대 간 이전
- *시장 지배력 활용*: 경제성장 초기단계에서 자원사용 및/또는 핵심자산에 대한 접근을 유지함으로써 획득한 시장 지배력
- *선구적인 마케팅 전략*: 선점효과와 같은 혁신적인 마케팅 전략과 진입자에게 초기 우위를 제공하는 초기지만 미래가 밝은 틈새시장의 인식

그림 1.1 제도적 토대 활용

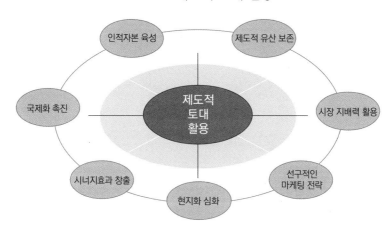

- *현지화 심화*: 현지 요구를 파악하고 대응하고, 현지시장 요구에 부합하는 방식으로 제품을 공급하고 인적자본에 투자할 수 있는 능력
- *시너지효과 창출*: 제품 및 시장 포트폴리오 전반에 걸쳐 통합 강점을 창출하는 인수 및 다각화를 통한 의도적 확장
- *국제화 촉진*: 성장과 수익성의 균형을 이루는 글로벌 시장으로의 체계적 확장
- *인적자본 육성*: 전반적인 전략을 지원하기 위한 인적자본 및 자원을 충분히 활용

이 책의 각 장에서 이 특성의 각각을 자세하게 다룰 것이다. 각 전략은 서로 배타적인 것도 아니고 순서대로 정해진 것도 아니다. *사실 그들은 서로 깊이 관련되어 있다. 성공적인 기업은 기업의 발전과정에서 이 전략의 대부분은 아니지만 일부를 달성할 것이다.* 그럼에도 불구하고 앞으로 각 장에서 전략을 논의할 때, 특정 전략

에서 탁월한 특정 기업의 경험을 강조할 것이다.

종합적으로, 제도적 토대 활용에 대한 초점은 이 책에서 소개된 몇 가지 미묘한 논쟁을 불러일으킨다.

- 주류경영 및 국제경영 이론의 전제와 거의 일치하지 않지만 제도는 중요하다. 제도적 공백은 기업특유의 우위를 창출할 수 있는 많은 기회를 제공한다.
- 후발기업과 추격산업화를 위해, 정부는 의도적인 인센티브 또는 제재를 통해서뿐만 아니라 경쟁 및 제도적 환경을 바꾸는 정책을 제정함으로써 중추적인 역할을 수행할 수 있다.
- 높은 성과를 내는 기업은 자원, 인적자본, 그리고 국가 경쟁우위 기반 위에서 구축한 행정 유산의 창조적 활용을 통해서 제도적 공백에 해결책을 찾았다.
- 심화된 현지화는 개도국과 신흥경제 및 시장해서 성공하려는 기업, 다국적 기업, 또는 다른 기업의 '새로운 표준'이다.
- 인적자본의 육성은 향상된 교육 및 훈련이 지속적인 발전의 신속한 목표를 제공한다는 점에서 성공과 중요한 상관관계가 있다.
- 아세안 기업들은 일정 기간 동안 성공을 거두었지만, 신생의 다국적 기업이 되지 못하고 지역 챔피언으로만 남아 있다.

이 책의 개요

이 책은 프로젝트의 각기 다른 단계에 해당되는 4개의 서로 연관된 부분으로 구성되었다. 1부 *아세안 통합의 전제*는 아세안의 배경을 다룬다. 1장에서는 이 책 전체의 개요와 우리의 핵심 논거를 다룬다. 2장과 3장은 다음과 같은 아세안의 역사를 제시한다. 아세안의 핵심 목적과 운영 플랫폼, 지역통합 달성을 위한 일정, 지금까지의 성과 요약과 관련 문헌의 검토, 2015년 12월에 블록의 공식 선언으로 이끄는 도전. 2부 *아세안 챔피언 – 지속적인 성공을 위한 전략*에서는 제도적 토대 활용 주제를 기반으로 선정된 높은 성과 기업의 전략을 설명한다. 사례연구와 현장 인터뷰를 통한 구체적인 전략은 7개의 독립된 장에서 설명한다: 제도적 유산 보존(4장), 시장 지배력 활용(5장), 선구적 마케팅 전략(6장), 현지화 심화(7장), 국제화 촉진(8장), 시너지효과 창출(9장), 인적자본 육성(10장).

3부, *전략적 과제와 정책적 시사점*에서는 우리의 발견을 종합하고 지역통합을 촉진하기 위한 규범적인 틀을 제시한다. 11장에서는 아세안 경제 공동체AEC의 목표를 달성하기 위한 요구사항에 대한 기업의 시사점을 제시한다. 12장은 미래의 지역통합과 AEC에 대한 저명한 학자와 정책 입안자들의 느낌을 다룬 에필로그를 제공한다.

따라서 우리는 이 책에 대해 세 가지 유형의 독자를 구상한다. 첫 번째 독자는 전략, 경영, 공공정책 분야의 학자 및 정책입안자이다. 현재 신흥시장과 개도국 시장에 대한 선진국의 맥락에서 서구의 지적 전통으로부터 주로 개발된 주류 이론의 적절성과 관련하여 의문이 제기된다. 이 책은 아세안 기업의 제도적 토대에 기초한 특별한 관점을 제시한다. 두 번째 잠재고객은 일반적으로 신흥시장의 변화를 파악하고 이에 대응할 전략을 이해하기 위한 새로운 분석도templates를 찾는 사업가이다. 기존 및 과거의 성공적인 비즈니스 모델이 작동하지 않을 경우 저개발의 변화하는 맥락을 충분히 인식하지 못하는 기업은 큰 어려움에 봉착해 있다. 이 책은 아세안 내 실적이 우수한 기업들의 경험을 바탕으로 해외시장 진입 및 지속적인 경영활동을 위한 대안 로드맵을 제시한다. 이와 관련하여, 세 번째 독자는 아세안에 대한 새로운 통찰력에 관심 있는 정부 관료다. 현재의 주요 관심사는 정부들간의 지역 통합의 주역인 정치적, 사회적 측면에 관한 것이다. 이 책은 새로운 경제 블록의 이점을 보다 완벽하게 인식함으로서 현재의 주도권을 더 확장할 수 있는 미시경제 수준의 가능한 새로운 분석도를 제공한다.

아세안 통합의 역사

서론

모든 시대는 획기적인 사건에 의해 정의되고 구별될 수 있다. 1989년 베를린 장벽이 무너지고, 1991년 소련 해체, 1994년 멕시코 위기, 1997년 아시아 금융위기, 1998년 러시아 위기, 2001년 인터넷 버블 및 2008년 대불황은 각 시대의 정치 경제적 환경을 특징 짓는 주요한 사건이었다Reinhart & Rogoff, 2009; Guillen & Esteban Garcia-Canal, 2013; Booth, 2014. 더욱이 지난 20년 동안 브라질, 러시아, 중국, 인도 등 신흥시장의 부상은 선진시장에서 신흥시장과 개도국으로 글로벌 통상의 진원지를 크게 바꾸어 전략, 경영, 실무에 새로운 과제를 제공한다. 그럼에도 불구하고 아시아 신흥시장에 대한 담론은 중국과 인도의 시장 잠재력을 강조하고 동남아시아의 부활을 경시하는 경향이 있다.

이러한 동남아시아에 대한 관심 부족은 우연이 아니라 역사에 뿌리를 두고 있다. 특히 동남아시아 지역의 개념은 학자들 사이에 논란이 되고 있다Lieberman, 1995; Acharya & Rajah, 1999; Evers, 1999; Acharya, 2012. 지리적 근접성, 공간적인 집중, 불균등한 경제발전, 사회문화적 특성의 다양성, 서구 강국의 식민지로서의 정체성을 제외하고는 각국을 한 지역으로 통합할 여지가 거의 없었다Acharya, 2012; Roberts, 2012. 실제로 어떤 결합 특성이 있다면 그것은 지역 국가들의 다양성이다Acharya, 2012. 그럼에도 불구하고 지리, 사회문화적 요소 및 경제발전의 차이에서 볼 수 있듯이 다양성이 지역정체성에 대한 결과의 합체적인 얼굴인지 여부는 의문이다Acharya, 2012:10. 결국 지역정체성이 다양성과 차이로 특징지어지면, 이것이 어떻게 통합을 향한 추진력에 긍정적으로 작용할 수 있겠는가?

따라서 현대적 해결책으로 이 지역의 지리적/사회문화적/경제적 특성을 뛰어넘는 사회적 구성주의에 기초한 정의를 제안한다. 구성주의에는 단일성('상상의 공동체' 또는 '단순히 상상함으로써 생겨난 지역)Acharya, 2012: 22-23과 정치적 헌신을 불러일으키는 정신적, 이데올로기적 구성이나 새로운 정의 요소로서의 통합에 대한 철저한 선언이Katzenstein, 2005; Chachavalpongpun, 2006 포함된다. 로버트Roberts, 2012의 최근의 제안은 보안공동체의 구속력 있는 요소로서의 협력 및 제도화의 표준을 제시한다. 이 경우 외부 요인에 대한 집단적 안보는 어느 지역통합에서나 정의 요소로 간주된다.

이러한 맥락에서 아세안은 공유되고 구속력 있는 경제, 사회 문화적, 제도적 활동에 기반을 둔 지역 블록을 공식적으로 제정한 것이다. 아세안은 목적지향적인 상호교류와 참여를 독려하여 차이와 다양성을 제거하려고 한다. 아세안이 진정한 지역 블록이 되는 정도는 이러한 구속력 있는 활동의 성공적인 성취에 크게 좌우될 것이다. 이 장에서 우리는 아세안을 형성시킨 역사적인 사건들을 논의한다. 그러나 과거의 역사적 결정에 의해 이 선언문이 어느 정도까지 지지될 수 있겠는가? 이에 대응하여 이 장의 핵심 논거는 경제적, 정치적, 제도적 발전이 밀접하게 결합되고 얽혀 있다는 것이다. 각 부분을 독립적으로 이해하는 것은 불가능한 일이다. 게다가 그들은 지역 전체에 영향을 미치며, 매우 중대한 결과를 초래한다. 따라서 역사적 사건은 아세안의 현재와 미래의 형태에 어느 정도 영향을 미치는 결정을 촉발시킨다. 그럼에도 불구하고 이 장은 원칙적으로 지역주의의 정의, 지역주의의 당위성에 대한 포괄적인 설명이 아닌, 후속 장들에 대한 배경을 설명한다. 전자의 지역주의 문제는 이 장에서 인용된 권위 있는 연구에서 논의된다Acharya, 2012; Das, 2012; Roberts, 2012.

아세안: 식민지 시대의 유산

태국을 제외하고 다른 모든 아세안 회원국은 식민지였다.[1] 의심의 여지없이 현재 동남아시아 영토 경계와 경쟁 구도는 식민통치 또는 제국주의 통치에 대한 증언을 담고 있다. 식민지화는 1494년 토르데실랴스 조약Treaty of Tordesillas에 의해 포르투갈과 스페인이 유럽 이외의 세계를 나누어 가지도록 규정한 산물이다.[2] 그 이전에 크리스토퍼 콜럼버스는 아메리카 대륙으로 항해하여 아메리카에 대한 소유권을 주장하였다. 이 조약에 따라 일련의 항해 탐사가 강화되어 탐험시대the Age of Exploration를 열었다. 이때 바스코 데 가마는 인도에 이르는 직접 해로를 발견하였고, 패르디난드 마젤란은 최초로 세계를 주항하였으며, 헤르난도 코르테츠는 아즈텍 세계

---

1 각 아세안 회원국의 역사에 대한 포괄적인 설명은 Lim(2004) 및 Osborne (2013) 참조.

2 http://en.wikipedia.org/wiki/Treaty_of_Tordesillas.

를 만나 성공적으로 점령하였다. 결국 영국, 프랑스, 및 여러 유럽 국가들이 싸움에 합류하였다. 전해지는 이야기로는 그러한 탐험의 목표는 새로운 무역로를 개척하고, 유럽에서 이용할 수 없었던 많은 향신료와 보조 식품을 확보하고 기독교 신앙을 복음화 하는 것이었다Chanda, 2007. 그러나 실제로 무역과 교환이라는 초기 동기가 약탈과 정복으로 변질되었을 때 탐험의 어두운 면이 있었다Isbister, 2006. 식민지 시대와 제국주의 시대가 시작되었다. 존 이스비스터 John Isbister는 『지켜지지 않은 약속: 빈곤과 제3세계 개발의 배반』 에서 아래와 같이 주장하였다.

> 제국주의는 제3세계 국가들의 현재 공통분모인 빈곤을 초래한 사회세력들을 방출하였다. 제국주의는 대부분 제3세계 국가의 국경을 만들었다. 제국주의는 그들의 자국어를 제공하였다. 제국주의는 제3세계의 많은 정치 운동을 이끌어내는 이데올로기의 근원이었다. 제국주의는 세계 경제를 구성하는 무역패턴과 운송네트워크를 제시하였다. 제국주의는 농장, 광산, 주요 지역 공예품과 제조품을 만들었다. 수백만 명을 도시 빈민굴로 끌어들였고 새로운 엘리트들이 부와 권력을 축적할 수 있는 기회를 제공하였다. 제국주의자들은 제3세계에서 사망률을 낮추고 유례없는 인구 폭발을 일으킨 공중보건조치를 취하였다.(2006: 66)

이 주장이 동남아시아와 아세안 회원국들에 어느 정도 적용되는지는 정상 무역관계에서 압제적인 정복에 이르기까지 다양하고 복잡하지만 식민지화는 파괴적이고 변형적이라는 점을 부인할 수 없다. 식민지화의 광범위한 파급효과는 아세안 경제의 변동성과 아세안 지역 통합의 미래 동력에 영향을 미칠 수 있는 정치적 헌신의 차이로 확대된다.

브루나이의 경우, 포르투갈과 단순한 무역관계로부터 스페인과 군사적 충돌, 그리고 결국 1888년부터 1984년까지 영국에 의한 점령에 이르기까지 극단의 모든 것을 경험하였다.[3] 캄보디아는 프랑스령 인도 지나 연방으로 절정기를 맞았던 프랑스의 보호령으로 시작하였으며, 제2차 세계대전 중 독립을 쟁취하였다. 1602년 네덜란드 동인도 회사가 설립됨에 따라 네덜란드는 제2차 세계대전 때까지 인도네시아를 점령하였고, 1945년 인도네시아는 공식적으로 독립을 선포하였다. 오랫동안 프랑스의 보호국이었던 라오스는 1953년에 독립국가가 되었다. 여러 나라가 통일된 파간왕조Pagan Empire에 이어 미얀마(버마)는 1824년 영국 통치하의 인도의 한 행정구역이 되었지만 1948년에 독립을 하였다. 포르투갈, 네덜란드, 영국이 차례로 말레이시아를 점령하였지만 그 후 이슬람교도의 통과 의례와 이슬람교가 채택되었다. 필리핀은 1521년 페르디난드 마젤란이 도착하면서 스페인의 초기 식민지 시대가 시작되었으며, 필리핀은 1898년까지 스페인 지배하에 있었고, 그 해 미국이 스페인을 패배시키고 1945년까지 점령하였으며, 1945년 필리핀은 주권국가로서 공식적인 독립을 선언하였다. 싱가포르는 1818년에 영국의 스탬포드 라플스 경의 보호 아래 무역전진기지로 등장하여, 말레이시아 연방의 일원이 되었다가 1965년에 인종갈등 문제로 축출되었다. 베트남은 1954년까지 프랑스의 지배를 받았고, 이때 남과 북으로 나누어졌다. 북 베트남이 프랑스를 물리치고, 1973년에는 미국을 패

---

3 Lim (2004: 8-11) 참조. 이 섹션은 또한 10개국에 대해 다양한 Wikipedia 계정에서 인용하였다.

배시켰다. 태국은 식민 통치를 경험하지 않은 유일한 나라였다. 유럽 강국들은 미래의 전쟁과 불화를 예상하여 태국을 전략적으로 중립국으로 유지하는 것이 필요하다고 느꼈다Lim, 2004.

앞에서 언급한대로 식민주의는 파괴적이고 변형적이다. 이스비스터(2006)와 다른 학자들이 지적한 바와 같이 지리적 영토의 경계, 민족성과 언어, 토착문화의 정체성, 그리고 경제상황의 혼란과 변형이 1차적 영향으로 간주될 수 있다. 그럼에도 불구하고 이들 영향은 식민 통치 이후 동남아시아의 궁극적인 변화로 확대된다. 정치적 측면에서, 아세안 국가의 문화에 대한 유럽 유산의 영향을 무시하는 것이 어렵지 않다. 공산주의자들과 비공산주의자들의 전쟁 세력은 캄보디아, 말레이시아, 라오스, 베트남 및 인도네시아의 발전에 있어 중요한 요소였으며, 그 모두가 긴장, 불확실성 및 일시적인 동맹을 낳았다. 인도네시아의 대결konfrontasi 정책은 말레이시아 연방의 발전에 의심과 불안을 불러일으켰다. 필리핀의 사바에 대한 영유권 주장은 1962년에 영국의 분할을 인정하지 않는데서 비롯되었다. 이따금 중국의 침입과 함께 베트남이 이끄는 공산권 블록에 대한 두려움 때문에 긴장이 고조되었다. 베트남의 캄보디아 침공과 미얀마의 회원국에 대한 우려는 아세안의 미래에 대한 불확실성을 악화시켰다. 실제로 공산주의에 대한 두려움은 아세안의 아이디어를 추진하는 많은 추진력 중 하나였다Lim, 2004; Acharya, 2012.

문화적 측면에서 미얀마, 브루나이, 말레이시아, 그리고 싱가포르에 대한 영국의 영향력을 무시하기 어렵다: 필리핀에서 가톨릭교의 스페인 유산, 베트남과 라오스에 대한 프랑스 통치의 영향, 필리핀과 베트남의 언어의 변위, 인도네시아에서 네덜란드의 세속적인 이데올로기Lim, 2004; Acharya, 2012. 식민주의자들의 이탈과 제2차 세계대전 이후 아세안 내 여러 국가의 독립을 가져온 민족주의의 급증에도 불구하고, 과거 식민주의의 부작용이 영토분쟁과 국경충돌에 반영되었다. 식민 통치 이후 아시아 지역 정치인들과 지도자들의 행동과 정책에 따른 이러한 사건들은 식민주의의 2차 영향으로 이해될 수 있다.

식민지주의를 기초로 한 역사적 가정과 전제

한 가지 널리 퍼진 유산은 경제문제다. 특히 동남아시아의 농업 시스템을 효과적으로 변화시킨 수십 년간의 자원 추출이다. 세계 다른 지역의 식민지화 패턴과 비슷하게, 식민지주의의 영향은 유럽의 이데올로기, 특히 자유 무역과 전문화의 교리에 깊이 각인되어 있다Lim, 2004; Isbister, 2006:87.

식민주의의 맥락에서, 전문화는 향신료와 원료의 자원 추출의 측면으로 이해되는데, 지배자는 향신료와 원료를 무역을 통해 수입하거나 원주민 식민지로부터 힘으로 수용하였다Isbister, 2006:87-88. 대부분 식민 통치자들은 자기들을 위한 향신료와 원료를 추출하기 위해 토착 거주지에서 끌어 낸 현지 노동자들의 복지를 전혀 고려하지 않았다Bown, 2010. 식민통치자들은 특히 추출이 농경지의 풍요로움을 피폐시킨다는 것에 개의치 않았다. 대부분 식민지배자들에게 개도국은 1차 산업혁명 직전에 유럽, 특히 영국에서 두드러지게 나타나고 있는 신생 제조업의 중요한 투입물의 원천이었다 Acharya, 2013:118-119.

마르크스 사회학자 임마누엘 월러스틴Immanuel Wallerstein은 「세계 시스템 이론」(1974, 1980, 2004)이라는 제목의 논문에서 의존 이론Dependency Theory의 관점에서 식민지주의에 접근하고 있으며, 그는 제1세계, 제2세계, 또는 제3세계와 같은 것이 없고, 교환, 의존, 거래의 체계적 배치로 구성된 하나의 '세계 시스템'이 있다고 주장한다. 조직 논리는 '자본과 노동의 이분법'과 자본가에 의한 '자본의 끝없는 축적'에 기반을 두고 있다. 이 점에 있어서 자본가는 핵심 국가(선진국, 주로 유럽)의 제조 역량을 강화하기 위하여 주변 국가(제3세계)의 자원을 추출한 식민주의자들을 지칭한다. 추출은 천연자원의 수용에 국한된 것이 아니라 핵심국가 수출을 위해 토착민들은 농산물과 광물을 추출하는 데 작업의 상당 부분을 할애하여야 한다고 명령하면서 토착민의 기본적인 생계(식량) 생산을 줄인 *encomienda* 및 *hacendado*와 같은 작업방식을 구성하였다 Isbister, 2006. 그런 광범위한 영향은 다음 절에서 논의할 농업과 산업화의 현주소에 나타난다.

포스트 식민지 시대의 2차 영향

동남아시아 지역의 근대주의 건설은 동맹국들이 이 지역에서 군사작전을 재정비하려고 할 때, 1943년 동남아시아 군 사령부 최고 사령관으로 루이 마운트배튼Lord Louis Mountbatten의 임명으로 거슬러 올라간다Deutch, Burrell, & Kann, 1957, Roberts, 2012:34에서 인용. 그 당시 군사적 맥락에서 단순히 지리적으로 인접해 있었기 때문에 국가들은 한 지역으로 간주되었다. 실제로 이들 국가들은 문화, 정치체제, 종교, 인구통계, 제도 및 전통의 측면뿐만 아니라, 부분적으로는 식민지시대의 결과지만 동맹국이나 일본/독일과의 친밀감에서도 매우 다양하였다.

시간이 지나면서, 동남아시아 라벨은 풋내기와 초기 모자이크로 부터 열망하는 '안보 공동체'에서 '경제적 연합'에 이르기까지 공통된 열망의 조직화된 집합체로 변형되었다. 그럼에도 불구하고 아세안이 현재 안보 공동체의 요구사항을 충족시키고 있다는 주장에 대해 학자들은 의견이 분분하며Roberts, 2012, 지역경제통합에서 괄목할만한 성과에도 불구하고 아세안은 기능적으로 EU와 비교할 수 없다는데 동의한다Inama & Sim, 2015. 그렇다면, 현재의 경제발전 상태에 비추어 아세안의 지역 통합의 잠재력을 어떻게 평가해야 하는가?

제2차 세계대전의 여파로 유럽, 일본, 미국의 식민 통치가 끝나고 민족주의가 부상하고, 이전의 식민지 국가들에 대한 불신이 심화되었으며 한편으로는 일부 국가들과 안보조약이 체결되고, 떠오르는 냉전 시대로 인한 양극화 요소가 발생하였다Acharya, 2012. 아차리야Acharya: 2012는 이 주제를 자세하게 설명한다. 여기서 그의 주장 일부를 소개한다. 식민주의의 멍에에서 벗어난 이 지역의 신생 독립국가들은 자국의 필요와 열망을 반영한 열렬한 민족주의 이상을 발휘하였다. 그럼에도 불구하고 "동남아시아 지도자들은 지역 정체성을 집단적 정체성보다는 정당 이데올로기의 도구"로 사용하는 경향이 있어 그러한 열망은 지역주의적 목표에 미치지 못했다Acharya, 2012: 106. 탈 식민지화 과정은 안보 및 경제적 문제에 대해 전前 식민 통치자들과 적절한 조정을 한 국가들 사이에 균열을 만들었다. 태국(식민지는 아니지만)과 필리핀은 미국과의 안보를 확보하고 사회주의적/공산주의적 입장에 더 초점을 맞춘 베트남, 캄보디아, 라오스, 미얀마와는 대조적으로 자유 시장 경제 정책을 채택하기 시작하였다_{Acharya, 2012}.

요약하면, 지역주의에 관한 주제가 가끔 회자되지만, 일부 국가에서는 옹호의 도가니로 사용하지 않으면, 그 의미는 종종 당파적 요소, 자급자족적인 민족주의 정서 및 경제 발전에 대한 다른 가정에 의해 가려진다_{Acharya, 2012}. 궁극적으로 이러한 차이, 특히 베트남 전쟁이 가져온 교훈은 번영하는 지역의 핵심이 경제 성장과 발전이었다는 공통된 인식을 갖게 하였다. 이것은 이 지역에 대한 위협이 냉전 시대에 꾸준히 유지되어온 외부 개입의 문제라기보다는, 시간이 지남에 따라 경제적 변화에 따라 수정될 수 있는 이데올로기에 관계없이 극단주의와 분리주의자들에 의해 내세워진 내전의 문제라는 것이 더 널리 인정된 신념이다_{Acharya, 2012}.

아세안의 창립

앞에서 우리는 일차적인 영향 또는 식민지 시대 유산의 결과와 이차적인 영향, 또는 이전의 일본 점령에서 촉발된 그리고 미국의 자유 민주주의 자유시장과 소련이 주도하는 사회주의와 공산권 블록 사이에 부상하고 있는 틈새에 의해 촉발된(지금은 냉전이라고 불림) 새로운 민족주의의 물결을 잉태한 전후 독립의 여파를 구별하는 역사적 배경을 제시하였다.

일본의 점령은 잔인한 것으로서, 동아시아 공동번영 기지_{East Asia Co-Prosperity Base}를 선포하면서 이전에 서로 분리된 지역에 대한 의식과 일체감을 불러 일으켰다_{Beeson, 2009; Acharya, 2012}. 미국과 소련의 치열한 경쟁은 특히 1950년 한국전쟁과 베트남전쟁(1955~1975)의 발발과 함께, 매우 취약한 이웃 국가에 대한 중국의 비타협적인 태도에 대한 두려움으로 어두운 그림자를 던졌다. 또한 미국은 NATO가 유럽에서 채택한 것과 같은 포괄적인 안보정책을 피하고, 대신에 선택된 국가에 군사기지를 설치하는 쌍방 군사협정을 택했다. 따라서 의도적이든 아니든 이데올로기의 관점에서 국가를 재조정하는 결과를 낳았다Beeson, 2009.

공산주의 침략에 대한 어떤 형태의 지역 안보를 향한 초기 운동은 미국을 포함하여 1954년 동남아시아 조약기구SEATO를 만들었다. 또한 사바섬에 대한 필리핀과 말레이시아의 영토분쟁과 말레이 연방 결성에 대한 인도네시아와 말레이시아의 갈등은 안보 집단화를 기반으로 하는 일종의 동맹관계의 긴급성을 강조했다. 이들 집단화에는 1961년 동남아시아 협회(말레이시아, 필리핀, 태국)와 1963년 마필린도(MAPHILINDO: 말레이시아, 필리핀, 인도네시아)가 포함된다. 지역안보 협정의 이 모든 '실험'은 성공을 거두지 못했지만, 1967년 아세안을 설립하는 길을 열었다(2장 결론 부분의 박스 2.1 참고).

아세안이 처음에는 안보문제, 특히 공산주의 위협의 산물이었음은 널리 알려져 있지만, 이 연합은 앞에서 설명한 몇 가지 촉진 사건들의 융합을 나타낸다. 1967년 창립총회 이후 거의 10년 동안 활동이 없었다는 것도 주목할 만하다. 아세안의 소생은 베트남 전쟁에 의해 촉발되었고 아세안의 불간섭 및 합의 형성(ASEAN Way라고 불림)을 지향하는 포괄적인 정책은 이 지역의 다른 국가를 회원국으로 이끌었다(그림 2.1 참고). 그럼에도 불구하고 지역주의에 대한 견해가 다른 느슨한 동맹으로부터 지역경제 발전에 기여하는 강력한 집단으로의 완전한 성숙은 이루어지지 않았으며, 이것은 몇 가지 중요한 사건에 의해 형성되었다. 1997년 아시아 위기

그림 2.1 아세안: 역사 요약

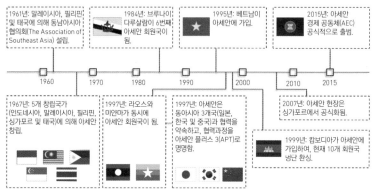

1961년: 말레이시아, 필리핀 및 태국에 의해 동남아시아 협의회(The Association of Southeast Asia) 설립.

1984년: 브루나이 다루살람이 6번째 아세안 회원국이 됨.

1995년: 베트남이 아세안에 가입.

2015년: 아세안 경제 공동체(AEC) 공식적으로 출범.

1960   1970   1980   1990   2000   2010   2015

1967년: 5개 창립국가(인도네시아, 말레이시아, 필리핀, 싱가포르 및 태국)에 의해 아세안 창립.

1997년: 라오스와 미얀마가 동시에 아세안 회원국이 됨.

1997년: 아세안은 동아시아 3개국(일본, 한국 및 중국)과 협력을 약속하고, 협력과정을 아세안 플러스 3(APT)로 명명함.

2007년: 아세안 헌장은 싱가포르에서 공식화됨.

1999년: 캄보디아가 아세안에 가입하여, 현재 10개 회원국 냉난 환성.

국기 이미지는 Wikimedia Commons에서 인용
자료 출처: Das, 2012; ASEAN Secretariat, 2014

의 여파는 가장 두드러진 중요한 사건 중 하나다. 이를 다음 절에서 살펴보겠다.

1997년 아시아 금융위기 - 여파

대부분의 관측통이 보기에 이 지역의 담당자들은 아시아 금융위기를 촉발시킨 사건으로 인해 기습당했다. 대부분의 위기와 마찬가지로 그 사건은 불길한 것이었다. 위기의 근원은 이 지역에 쏟아져 들어간 엄청난 규모의 자금 흐름, 아마도 투자 목적으로 추적될 수 있다Goldstein, 1998. 이러한 맥락에서 아시아 국가의 성공, 특히 제조 강국으로서의 명성은 눈앞에 닥친 붕괴의 씨앗을 뿌렸다. 구체적으로 말해서 일본과 한국의 놀라운 성장은 그들에게 찬사를 안겨 주었고 지나치게 많은 전문가들이 21세기를 '아시아의 세기'로 성급하게 선언하도록 하였다.

엄청난 자본의 유입으로, 번영하는 부동산 및 기타 자산 평가의

허약한 기초 아래에서 금융 거품이 불타고 있었다. 바뀐 것은 아시아의 생산 및 제조 강국에서 지원 금융 인프라가 없는 서구형 금융 시스템으로 잘못된 변형이었다Delhaise, 1998.

위기는 고정 환율을 지지하기 위하여 외환보유고를 방출하려는 정부의 실패한 시도에 이어 태국 바트화의 폭락으로 부동산 부문에서 시작되었다. 이 실패는 투자자들이 이 지역에서 자본을 탈출시킨 경고 신호를 보냈고, 통화를 더 약화시키고 지속적인 자산 디플레이션을 초래했다Delhaise, 1998; Goldstein, 1998. 뒤따른 편집증은 그 지역 전체에 퍼지고 러시아와 브라질로 더 확장된 '전염 효과'와 유사하다. 인도네시아는 통화가치의 80%를 잃은 것으로 추산되며, 말레이시아, 필리핀, 한국, 홍콩, 싱가포르에서는 그보다는 적지만 결과적으로 침체로 나타났다Lim, 2004. 베트남, 라오스, 캄보디아는 외국인 직접투자의 기회를 잃어버렸다Lim, 2004; Acharya, 2012. 1998년 전반적인 성장률은 −7.5%로 급격히 하락하였으며, 세계은행이 동아시아에서 수십 년 만에 "빈곤 감소에 대한 가장 큰 후퇴"라고 할 정도로 심각하였다Acharya, 2012: 243.

더욱 주목할 점은 위기에 직면한 국가들 사이에 큰 차이가 있다는 것이다. 한국은 태국과 인도네시아와 마찬가지로 세계은행의 개혁 프로그램을 마지못해 받아들였지만, 말레이시아 수상 마하티르 모하메드는 서방 선진국에 위기의 책임이 있다는 강한 확신을 가지고, 잘못된 처방이라고 거부하였다. 이어지는 사건과 인도네시아의 폭동 사태로 인도네시아 대통령 수하르토가 축출 당했다.

현재, 위기가 지역통합, 지역의 국제적 위상, 그리고 보다 확실하게 강력한 집단 정체성을 구축하려는 아세안 국가들의 자신감을 약화시켰다. 결국 중국을 비롯하여 동아시아 국가 중 일부 국가는 외환보유고를 비축하여 미래 위기에 대비하는 완충수단으로 활용함으로써 막을 수 있었다. 그럼에도 불구하고 학습의 역설은 위기가 외부의 중요한 세계화 세력으로부터 자신을 보호할 수 있는 역량을 약화시켰지만, 아세안에서 예시된 바와 같이 지역 간 협력의 긴급성을 통해 국가경제 성과를 개선하겠다는 결의를 확고히 하였다. 이제 금융 위기에서 벗어난 30년이 지난 지금, 우리는 아세안 각 국가의 현재 경제 발전과 성과에 주목한다.

아세안 경제

이 절에서는 아세안 10개국에 적용되는 경제발전의 세 가지 측면에 대해 논의한다. 이러한 측면의 일부는 식민지주의에서 시작되었지만 그러한 유산에 의해 확실하게 결정되지는 못하였다. 다른 측면은 정치 체제와 경제발전의 폭넓은 변화가 발생한 식민 통치 후 몇 년 동안 구성된다. 세 가지 측면은 (1) 아세안 국가클러스터 간의 경제적 경계, (2) 아세안 국가 간의 무역의 융합과 발산, 그리고 (3) 아세안 국가 간의 제도적 발전의 불균형이다. 세 가지 측면이 실제로 서로 얽혀있지만 핵심 논증을 강조하기 위하여 별도로 논의된다.

경제적 경계

주요 아세안 국가의 수도를 걷다 보면, 발전의 큰 차이를 목격하게 된다. 많은 경우, 외부인은 화려하게 꾸며진 호텔, 주택지, 공공건물과 허름하고 임시로 지은 주거단지와 빈곤한 환경의 공존을 볼 것이다. 이러한 차이는 특정 국가에만 국한되지 않지만, 아세안 국가 간에 경제발전의 명확한 경계가 있다. 그림 2.2는 동남아시아 국가(2013)의 국가별 경제 개요를 제공한다.

EU의 경우와 마찬가지로, 결과에 거의 영향을 미치지는 않지만 불균등한 경제 발전 수준은 아세안에 대한 하나의 주요 도전 과제이다. 아세안 국가들은 부존자원이 다양하기 때문에 어떤 유형의 지역적 통합도 단기적으로는 개별 국가의 경제를 개선하지는 못할 것이다Lim, 2004:41. 아세안 경제헌장은 다른 회원국의 정치적 간섭 없이 각 국가의 진화하는 진전을 인식하는 데 있어 이 조건을 인식하고 있는 것으로 보인다. 협의에 대한 의지와 불간섭에 대한 이러한 접근방식은 '아세안 방식'으로 널리 알려져 있고, 11장에서 다시 논의된다. 더욱이 아세안 6(싱가포르, 말레이시아, 태국, 필리핀, 인도네시아, 그리고 베트남) 및 CLMV(캄보디아, 라오스, 미얀마, 그리고 이전의 베트남) 블록 간에 차이가 있다.

그림 2.2 동남아시아: 현주소

국가	인구	면적(㎢)	GDP (미화 백만 달러)[1]	GDP, 구매력 평가기준 (백만 국제달러)	일인당 GDP (미국 달러)[2]	일인당 GDP, 구매력 평가기준 (미국 달러)[1]	연평균 GDP 성장률 (2009~2013)	수출의 GDP 비중 (2009~2013)	외국인 직접투자 (미화 백만 달러)	인플레이션 (%, 2014년 기준)[3]
브루나이	417,784	5,770	16,117.5	29,987	39,679	73,775.0	3.0%	78.2%	895.00	-0.2
캄보디아	15,135,169	181,040	15,511.1	46,027	1,047	3,081.8	5.4%	57.2%	1,345.04	3.9
인도네시아	249,865,631	1,910,930	860,849.5	2,388,997	3,467	9,467.1	5.8%	24.6%	23,344.32	6.4
라오스	6,769,727	236,800	10,283.2	32,644	1,505	4,531.6	8.4%	36.0%	426.67	4.2
말레이시아	29,716,965	330,800	312,071.6	693,535	10,420	23,089.0	4.2%	88.6%	11,582.68	3.1
미얀마	53,259,018	676,590	54,661.2	221,479[4]	916	3,464.4	5.9%*	n.a.	2,254.60	5.9
필리핀	98,393,574	300,000	269,024.0	643,088	2,707	6,403.8	5.4%	31.6%	3,663.92	4.1
싱가포르	5,399,200	716	297,941.3	425,259	55,182	78,761.9	5.4%	195.4%	63,772.32	1.0
태국	67,010,502	513,120	387,573.8	964,518	5,678	14,131.6	3.2%	73.0%	12,649.75	1.9
베트남	89,708,900	330,951	171,219.3	474,958	1,909	5,314.7	5.4%	75.6%	8,900.00	4.1
아세안	**615,676,470**	**4,486,717**	**2,395,252.5**	**5,920,492**	**3,837**	**9,389.8**				

노트: 따로 표시되지 않은 숫자는 2013년 기준임.
출처: 세계은행
1 ASEAN Statistics Publications (ASEAN Secretariat, 2014)
2 AEC Chartbook 2014 (ASEAN Secretariat, 2014)
3 Asian Development Bank (ADB) Basic Statistics 2015
4 International Monetary Fund (IMF) World Economic Outlook Database April 2015
* IMF estimate

경제 발전은 GDP 성장률과 지역의 관련된 지표와 밀접한 관련이 있다(그림 2.3). 국가별로 보면 싱가포르와 브루나이는 선진국과 비교할 때 GDP가 높다. 태국, 인도네시아, 말레이시아, 필리핀은 최근 몇 년간 괄목한 증가세를 보였다(그림 2.4 참조).

아세안 국가들은 거대한 인구 면에서 주목할 만하다. 마케팅 및 개발 가능성으로 인해 거대한 인구가 경제 성장을 촉진할 가능성이 높다고 많은 사람들이 믿는다Lim, 2004:3-4. 그러나 인구증가가 개발을 전조할 수는 있겠지만, 빈곤과 소득 불평등을 줄이기 위한 사려 깊은 조치 없이는 이러한 목표를 달성할 수 없다Lim, 2004:15-16. 빈곤이 지속된다면 경제 성장을 저해시켜 훨씬 더 큰 경제 쇠락의 길을 걸을 가능성이 있다.

외국인직접투자FDI는 자본이 국내 사업을 촉진하고, 현지 경영 기술과 역량을 높이며, 노동 생산성을 높이고, 수혜국에게 상당한 재정적 자원을 남겨주는 한 일반적으로 수혜국의 복지를 향상시키는 것으로 여겨진다Lim, 2004:137-138. 아세안의 경우 FDI의 상당 부분이 EU와 일본에서 나왔고, 싱가포르가 선호되는 수혜국이었다(그림 2.5). 이는 다른 아세안 회원국들의 제한적인 정책들과 대조되는 싱가포르의 외국인 투자에 대한 자유정책에 비추어 볼 때 놀랄 일이 아니다Lim, 2004:137.

무역의 융합과 발산

고전 및 신고전주의 경제학에서는 특히 무역의 기초가 전문화와 비교 우위에 뿌리를 두고 있는 경우 무역이 모든 참가국에게 유익하다는 사실이 널리 수용되고 있다. 공동시장은 아세안 경제 공동

그림 2.3 유망한 지역

최근 경제 지표	2009	2010	2011	2012	2013
현재 물가로 GDP(백만 미국 달러)	1,538.2	1,898.1	2,204.6	2,333.7	2,395.3
구매력 평가기준 GDP(백만 국제 달러)	4,419.1	4,803.7	5,140.1	5,553.8	5,920.5
일인당 GDP(미국 달러)	2,610.1	3,161.9	3,619.1	3,781.3	3,837.0
구매력 평가기준 일인당 GDP(국제 달러)*	4,901	5,221	5,520	5,869	9,616
GDP 성장률(% 연변화율)	2.0	7.6	4.9	5.9	5.2
경상수지(GDP의 %)	7.0	6.1	5.4	2.7	2.2
인플레이션(%, 년)	2.7	4.1	5.5	3.8	4.2

아세안의 주요 수출 목적지(2013)		아세안의 주요 수입 원천지(2013)	
1. 중국	12.0%	1. 중국	16.0%
2. EU-28개국	9.8%	2. EU-28개국	9.8%
3. 일본	9.7%	3. 일본	9.5%
4. 미국	9.0%	4. 미국	7.4%
5. 홍콩	6.5%	5. 한국	6.6%

출처: ASEAN Statistics Publications (ASEAN Secretariat, 2014)
　　　 AEC Chartbook 2014 (ASEAN Secretariat, 2014)
　　　 Asian Development Outlook 2014 (Asian Development Bank, 2014
* 세계은행과 INMF 경제전망 데이터베이스(2015년 4월) 자료를 사용하여 계산

그림 2.4 격차가 큰 회원국

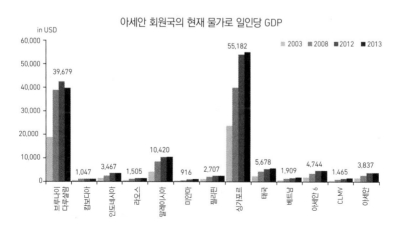

아세안 회원국의 현재 물가로 일인당 GDP

그림 2.5 아세안에 누적 외국인직접투자 순유입

아세안에 외국인직접투자(FDI)의 순유입, 2009-2013

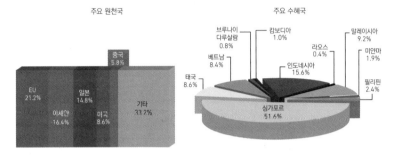

주요 원천국

중국
5.8%

EU
21.2%

일본
14.8%

아세안
16.4%

미국
8.6%

기타
33.7%

주요 수혜국

브루나이
다루살람
0.8%

캄보디아
1.0%

말레이시아
9.2%

베트남
8.4%

라오스
0.4%

미얀마
1.9%

인도네시아
15.6%

태국
8.6%

필리핀
2.4%

싱가포르
51.6%

EU-28개국과 일본으로부터 FDI 유입은 아세안 전체 FDI 유입의 약 36%를 차지한다. 싱가포르는 이 지역으로 FDI 유입의 50% 이상을 받는다. 그 다음에 인도네시아(15.5%), 말레이시아(9.2%), 태국(8.6%), 베트남(8.4%) 순이다.

노트: 2012-2013년 데이터는 잠정적인 숫자다. 원천국에서 라오스에 데이터는 얻을 수 없었다. 2012년의 아세안의 역내 역외 구분은 아세안 사무국에 의해 추정되었다.

데이터의 출처: 아세안 FDI 데이터베이스

2014년 AEC Chartbook에서 인용

체AEC의 초석 중 하나이기 때문에 무역은 단순히 자유재량이 아니라 필수적이다. 이 절에서 우리는 아세안 국가의 무역 성향과 아세안 역내 무역 현황을 논의한다.

그림 2.6에서 아세안의 상품 무역의 추세를 보여준다. 눈에 띄는 점은 아세안과 다른 국가 사이의 역외 무역이 역내 무역을 압도하고 있다는 것이다. 그림 2.7에서 아세안 각 회원국의 역내 및 역외 무역에 대한 구체적인 정보를 보여준다. 11장에서 다시 논의하겠지만, 아세안 역내 무역의 상당 부분은 싱가포르와 말레이시아 사이에 있다. 보다 광범위하게 교역하는 아세안 5(태국, 싱가포르, 말레이시아, 인도네시아, 그리고 필리핀)와 CLMV(캄보디아, 라오스, 미얀마, 그리고 베트남) 국가 사이에 분명한 경계가 있다는 점은 놀랄 일이 아니다. 그림 2.8에서 아세안 역내 무역의 분야를 우선순위

그림 2.6 아세안 역내 무역 추이

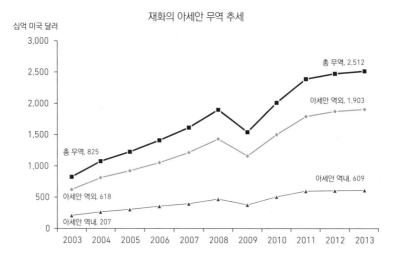

재화의 아세안 무역 추세

십억 미국 달러

총 무역, 2,512

아세안 역외, 1,903

총 무역, 825

아세안 역외, 618

아세안 역내, 609

아세안 역내, 207

2003 2004 2005 2006 2007 2008 2009 2010 2011 2012 2013

2013년에 지역의 총 무역은 이전해의 2조4천7백6십억 달러 수준에서 약간 상승한 2조5천백2십억 달러를 기록했다. 아세안 역외 무역이 아세안 총무역의 3/4을 계속해서 차지하고 있다.

자료출처: 아세안 무역 데이터베이스

아세안 사무국의 AEC Chartbook 2014에서 인용

별로 보여준다(전자가 가장 높고, 그 다음은 자동차 분야다).

그림 2.9와 그림 2.10에서, 아세안 상품 거래에 대한 통계가 각 회원 국가별로 제공된다. 놀랍지 않게도, 태국, 말레이시아, 인도네시아, 그리고 베트남이 최근에 괄목할 만한 성장을 했지만 싱가포르가 상품 수출을 선도하고 있다. 운송 물류에 의해 눈에 보이고 따라서 계산이 가능한 상용 상품과 달리, 상용 서비스는 명확하지 않다Lim, 2004. 일반적으로 서비스는 운송(육로, 항공, 해상), 여행(숙박, 건강, 교육 등을 위해 획득한 재화), 그리고 상용 서비스(커뮤니케이션 서비스, 건설, 금융 거래, 그리고 비즈니스 관련 서비스; Lim, 2004:166 참조; AEC Chartbook, ASEAN Secretariat, 2014 참조)로 나눌 수 있다. 그림 2.11에서 아세안 지역의 서비스 무

그림 2.7 아세안 역내 및 역외 무역 요약(2013)

국가	아세안 역내 무역		아세안 역외 무역		총 무역(백만 미국 달러)
	금액(백만 미국 달러)	총 무역의 비중(%)	금액(백만 미국 달러)	총 무역의 비중(%)	
브루나이	4,488.0	29.8	10,569.2	70.2	15,057.2
캄보디아	4,119.1	22.5	14,205.0	77.5	18,324.2
인도네시아	94,661.8	25.6	274,518.7	74.4	369,180.5
라오스	3,729.3	63.4	2,155.6	36.6	5,884.9
말레이시아	119,032.2	27.4	315,196.5	72.6	434,228.7
미얀마	9,869.0	42.1	13,576.5	57.9	23,445.4
필리핀	22,786.2	19.1	96,322.7	80.9	119,108.9
싱가포르	206,672.3	26.4	576,593.2	73.6	783,265.5
태국	103,668.6	21.7	374,578.7	78.3	478,247.3
베트남	39,531.9	14.9	225,242.1	85.1	264,774.0
아세안	**608,558.3**	**24.2**	**1,902,958.2**	**75.8**	**2,511,516.5**

출처: ASEAN Statistics (아세안 사무국, 2014)

그림 2.8 아세안 역내 무역의 중요한 분야

7개 중요한 통합 분야에서 아세안 역내 수출의 추세

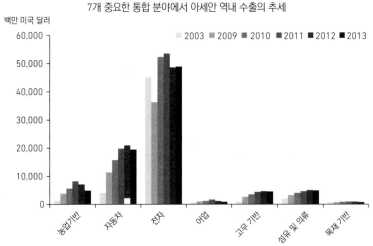

2013년에 전자제품의 아세안 역내 수출은 이전 해의 486억 달러보다 약간 늘어난 489억 달러를 기록했다. 아세안 역내 수출에서 전자제품의 비중은 2003년에 39%에서 2013년에 15%로 감소했다.

자료 출처: 아세안 무역 데이터베이스
아세안 사무국의 AEC Chartbook 2014에서 인용

그림 2.9 아세안에서 제품의 수출입, 2008-2013

	수입(백만 미국 달러)						수출(백만 미국 달러)					
	2008	2009	2010	2011	2012	2013	2008	2009	2010	2011	2012	2013
브루나이	2,572	2,449	2,538	3,629	3,572	3,612	10,319	7,200	8,907	12,465	13,001	11,448
캄보디아	6,508	5,830	6,791	9,300	11,000	13,000	4,708	4,196	5,143	6,704	7,838	9,300
인도네시아	127,538	93,786	135,323	176,201	190,383	187,294	139,606	119,646	158,074	200,788	188,496	183,344
라오스	1,403	1,461	2,060	2,404	3,055	3,020	1,092	1,053	1,746	2,190	2,271	2,264
말레이시아	156,348	123,757	164,622	187,473	196,393	206,014	199,414	157,244	198,612	228,086	227,538	228,276
미얀마	4,256	4,348	4,760	9,019	9,181	12,043	6,882	6,662	8,661	9,238	8,877	11,233
필리핀	60,420	45,878	58,468	63,693	65,350	65,097	49,078	38,436	51,496	48,305	52,099	56,698
싱가포르	319,780	245,785	310,791	365,770	379,723	373,016	338,176	269,832	351,867	409,503	408,393	410,250
태국	179,225	133,709	182,921	228,787	249,988	250,723	177,778	152,422	193,306	222,576	229,236	228,530
베트남	80,714	69,949	84,839	106,750	113,780	132,033	62,685	57,096	72,237	96,906	114,529	132,033

출처: UNESCAP Statistical Yearbook for Asia and the Pacific 2014

그림 2.10 아세안에서 제품의 수출입(GDP의 %), 2008-2013

	수입(GDP의 %)						수출(GDP의 %)					
	2008	2009	2010	2011	2012	2013	2008	2009	2010	2011	2012	2013
브루나이	17.9	22.8	20.5	21.7	21.1	21.0	71.7	67.1	72.0	74.7	76.7	66.6
캄보디아	62.9	56.1	60.4	72.5	78.4	86.5	45.5	40.3	45.7	52.3	55.8	61.9
인도네시아	25.0	17.4	19.1	20.8	21.7	20.3	27.4	22.2	22.3	23.7	21.5	19.8
라오스	26.5	26.2	30.6	29.8	33.6	30.6	20.7	18.8	25.9	27.2	25.0	23.0
말레이시아	67.7	61.2	66.5	64.9	64.4	64.6	86.4	77.7	80.2	78.9	74.7	71.5
미얀마	16.5	13.2	11.5	16.3	15.4	19.0	26.6	20.2	20.9	16.7	14.9	17.7
필리핀	34.7	27.3	29.3	28.4	26.1	24.4	28.2	22.8	25.8	21.6	20.8	21.2
싱가포르	167.8	130.2	134.1	137.7	137.3	130.3	177.4	142.9	151.9	154.2	147.7	143.3
태국	61.8	47.8	54.1	62.7	64.8	63.0	61.3	54.5	57.2	61.0	59.4	57.5
베트남	81.4	66.0	73.2	78.8	73.0	80.5	63.2	53.9	62.3	71.5	73.5	80.5

출처: UNESCAP Statistical Yearbook for Asia and the Pacific 2014

역통계가 나와 있다. 아세안 각 회원국의 서비스 무역을 평가해 보면, 싱가포르를 제외하고 서비스 무역은 상품 무역보다 훨씬 낮다(그림 2.12).

아세안 국가들이 무역에 종사하는 한, 그들의 수출 특성은 무엇인가? 역사적으로 식민지 유산의 결과로, 주요 수출품은 원자재다

그림 2.11 아세안에서 서비스의 수출입, 2008-2013

	수입(백만 미국 달러)						수출(백만 미국 달러)					
	2008	2009	2010	2011	2012	2013	2008	2009	2010	2011	2012	2013
브루나이	1,403	1,434	1,612	1,825	n.a.	n.a.	867	915	1,054	1,209	n.a.	n.a.
캄보디아	1,036	909	972	1,323	1,546	1,768	1,645	1,525	1,669	2,213	2,545	2,786
인도네시아	28,245	22,896	26,089	31,323	33,887	34,855	15,247	13,156	16,766	20,690	23,113	22,343
라오스	108	136	263	331	341	n.a.	402	397	511	550	577	n.a.
말레이시아	30,270	27,472	32,320	37,976	42,895	45,206	30,321	28,769	31,801	35,851	37,615	39,930
미얀마	617	617	789	1,090	n.a.	n.a.	303	313	363	612	n.a.	n.a.
필리핀	8,557	9,020	11,864	12,085	14,009	14,628	9,717	13,951	17,607	18,740	20,322	21,685
싱가포르	87,442	83,454	100,571	113,286	123,849	128,659	99,249	75,552	94,489	109,330	117,348	122,447
태국	45,926	36,515	45,029	52,136	53,074	55,297	33,037	30,157	34,326	41,573	49,643	58,975
베트남	7,956	8,187	9,921	11,859	12,520	13,200	7,006	5,766	7,460	8,691	9,620	10,500

출처: UNESCAP Statistical Yearbook for Asia and the Pacific 2014

그림 2.12 아세안 서비스 무역

총 아세안 서비스 수출, 광범위한 범주로 분류

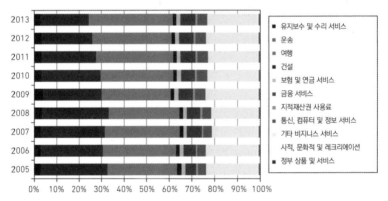

노트: BPM6에 기초하여 제조서비스에 대한 자료를 구할 수 없었음. 2014년 9월 30일 기준 2013년에 대한 자료는 잠정적인 숫자임.
자료 출처: 아세안 사무국 데이터베이스
아세안 사무국의 AEC Chartbook 2014에서 인용

Lim, 2004; Acharya, 2012. 이 장의 앞에서 논의한 것처럼, 식민 통치자들은 동남아시아를 포함한 그들의 식민지를 자국의 소비와 산업화를 위한 원료의 원천으로 보았다Isbister, 2006; Acharya, 2012. 1980년

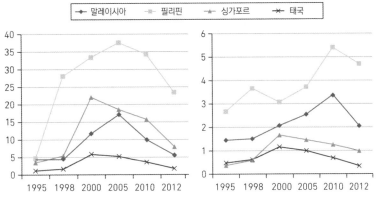

그림 2.13 4개 아세안 국가에서 집적회로 및
반도체 장치의 수출 비중(1995-2012)

출처: The Observatory of Economic Complexity

대까지 이러한 무역패턴은 유지되었다. 아세안에 대한 광범위한 시
사점을 논의하기 위하여 11장에서 이 문제를 다시 제기하겠다.

2000년대 접어들어 지금까지 말레이시아, 필리핀, 싱가포르 및
태국에서 수출 유형의 큰 변화가 있어서 반도체, 집적회로, 전자밸
브 및 튜브가 주요 수출품이 되었다(그림 2.13). 몇몇 학자들에게
이것은 농산물에서 벗어나 이들 국가의 산업화의 진전으로 보여진
다Lim, 2004:168-169.

그럼에도 불구하고, 집적회로의 본질에 대한 면밀한 검토를 해
보면 아세안 국가와 다른 나라(대만, 중국)에 가치사슬의 노동집약
적인 요소를 위치시키려는 주요 수입업자(주로 미국과 다른 선진국
의 반도체와 컴퓨터 기업들)의 전략이 드러난다. 저임금 노동자들
이 아세안 국가에서 세심한 핀 조립을 처리하기 위해 채용되고, 고
부가가치 및 수익을 거두는 미국(기타 지역)에서 최종단계를 완료
하는 궁극적인 목표를 달성하였다. 완제품이 아세안 국가로 다시

반입될 때, 이들은 진정한 가치와 노동 투입의 의미 있는 기여를 실제로 활용하지 못한다.

비즈니스 프로세스 아웃소싱(주로 콜센터)이 인도에서 필리핀으로 그리고 좀 더 적은 규모로 말레이시아로 옮겨가면서, 선진국 다국적 기업들이 고부가가치와 수익을 유지하는 유사한 패턴이 존재한다. 필리핀의 경우와 마찬가지로, 특히 아웃소싱으로 인한 이익은 현지 기업과 그 부속인력 풀에 국한되어 있다. 그러나 시장 정보, 비즈니스 분석 및 법률서비스와 같은 고부가가치 서비스를 포함하는 지식 프로세스 아웃소싱의 최근 개발로 인해 글로벌 가치사슬에 연결된 국가의 역동성이 곧 바뀔 수 있다Cattaneo, Gereffi, Staritz, 2010. 그러나 진정한 '낙수 효과trickle-down effects'가 소득 불평등과 전반적인 경제 번영을 적절히 개선할 수 있을지는 여전히 미지수다. 무엇보다 아세안의 핵심 목표 중 하나인 지역가치 네트워크의 수립에 의미가 있다. 이는 11장에서 논의된다.

제도발전의 불균형

1장에서 살펴본 바와 같이 경제학자 더글라스 노스Douglass North는 경제적 발전에 있어서 제도의 역할에 대한 선구자적 업적으로 1993년 노벨 경제학상(William Fogel과 공동수상)을 수상하였다. 널리 알려진 논문(1991)에서, 노스는 제도를 "정치적, 경제적, 사회적 상호 작용을 구조화하는 인간적으로 고안된 제약 조건"[4]으로 정의하였다. 그의 정의에서 공식적(헌법, 법률, 재산권) 및 비

---

4 http://en.wikipedia.org/wiki/Douglass_North#cite_note-edegan-5로부터 인용하였다. (2015년 7월 21일 접속)

공식적('제재, 금기, 관습 및 행동 규범'에 관한 문화적 규범과 신념)의 두 가지 유형의 제도가 있다. 제도는 불확실성을 줄이고, 거래비용을 낮춘다는 점에서 모든 사회에서 안정성을 창출한다는 목적을 가지고 있다. 그러나 제도가 효과적인 교환의 시장 시스템의 발전을 저지한다면, 제도는 또한 안정성을 약화시킬 수도 있다.

노스의 연구를 토대로 한 연구가 많았지만, 최근 경영학자인 타룬 칸나Tarun Khanna와 팔레푸Palepu의 연구는 노스의 논문을 신흥시장 및 개도국의 맥락으로 확대시켰다. 그들의 공식에서, 주요 중개자의 역할과 같은 시장 유도 메커니즘의 부재는 경제발전을 저해할 수 있는 '제도적 공백institutional voids'을 만든다. 그들의 연구에서, 이러한 공백은 매우 일반적으로 정의되며, 단순한 중개관계에서 교육시스템, 언론 및 주요 커뮤니케이션 구조의 개방성, 정치적 안정과 같은 광범위한 제도로 확대된다.

아세안에 적용해 보면, 인재풀(혹은 격차)을 포함한 교육수준, 그리고 전반적인 인간개발 이 두 가지 제도가 중요하다. 인적 및 사회적 자본이라고 명명된 이 제도는 글로벌 환경에서 경쟁의 요구조건을 충족시키는 전문적 및 사회적 기술의 장기 발전의 중요성을 강조한다.

그림 2.14에는 아세안 각국의 교육 통계가 나와 있다. 초등, 중등, 및 고등교육의 교육수준과 경제 발전 수준의 상관관계가 널리 알려져 있지만 그 패턴은 다양하다Lim, 2004. 대부분의 아세안 국가에서 학생들의 등록률이 크게 개선되었고, 식자율도 높아졌다. 획기적인 진전을 이룩한 국가는 선진국에 비견할 만하다. 물론 교육수준만으로는 충분하지 않다. 교육의 유형과 교육이 경제발전의 기술적, 사회적, 경제적 요구 사항을 구체적으로 지원하는 정도가 핵

심주장이다Lim, 2004;50-52. 공정하게 말하면, 그러한 요구사항은 아세안뿐만 아니라 선진국에도 적용된다.

제도적 발전과 관련하여 아세안에 반영될 수 있는 다양한 조치가 취해질 수 있다. 그럼에도 불구하고, 우리는 이 장에서 전체 척도를 제공하고 이 책 후반부에 아세안 챔피언에게 적용되는 구체적인 제도적 공백을 논의할 것이다. 특히 유엔 개발 계획United Nations Development Programme은 지난 수년 동안 인간개발 지수 Human Development Index를 개발하여 발표해 왔다. 이 지수는 "인간 개발의 주요 차원에서의 평균 성취도를 요약한 척도로 길고 건강한 삶, 풍부한 지식, 적절한 생활수준이 포함된다. 인간개발지수는 각 차원에 대한 표준화 지수의 기하평균이다." 구체적으로 기대수명, 교육요소, 예상 교육 기간, 일인당 GNI를 기준으로 한 생활수

그림 2.14 초등 교육 등록률

국가	초등교육 등록률						식자율(%)
	총		여자		남자		
	1990	2012	1990	2012	1990	2012	
브루나이	91.5 (1991)	95.7	90.4	95.1	92.5	96.2	95.4 (2011 est.)
캄보디아	82.7 (1997)	98.4	75.9	97.0	89.3	99.7	73.9 (2009 est.)
인도네시아	97.9	95.3	95.9	95.9	99.7	94.7	92.8 (2011 est.)
라오스	64.9	95.9	53.9 (1992)	94.9	62.2 (1992)	96.8	72.7 (2005 est.)
말레이시아	96.2 (1994)	97.0 (2005)	96.3	95.0 (2003)	96.0	98.5 (2003)	93.1 (2010 est.)
미얀마	88.9	114.2 (2010)	85.4	113.6 (2010)	92.3	114.7 (2010)	92.7
필리핀	98.4	88.6 (2009)	97.5	89.5	99.3	87.9	95.4 (2008 est.)
싱가포르	103.7	77.9 (2005)	102.3	77.8 (2005)	105.1	78.0 (2005)	95.9 (2010 est.)
태국	93.9 (2006)	95.6 (2009)	93.1	94.9	94.6	96.2	93.5 (2005 est.)
베트남	97.9 (1998)	98.2	104.3 (1991)	105.1	105.5 (1991)	104.3	90-95 (2011 est.)

식자율은 읽기와 쓰기가 가능한 15세 이상의 인구 비중으로 정의된다. 자료는 The CIA Factbook 2015

출처: United Nations Millennium Indicators Database Online
　　Secretariat of the Pacific Community National Minimum Development Indicator Database
　　National Bureau of Statistics China Statistical Yearbook 2013
　　Taipei Educational Statistical Indicators Online
　　UNESCO Institute for Statistics Data Centre IndexMundi
　　Trading Economics

준 및 기타 관련 지표를 평가한다. 아세안에 대한 자료는 그림 2.15
에 나와 있다.

결론

모든 지역은 제도 역사에 기록된 사건의 산물이다. 지역으로서
동남아시아는 전전 식민지 점령 시대에서 지역주의의 다양한 시각
을 저해하는 전후 민족주의로 변모하였다. 이 주제의 학자들이 생
각한 지역통합이 어느 정도 진행되었는지는 이 장의 범위를 벗어난
다. 그러나 집단 정체성을 규정하려는 투쟁의 역사는 아세안의 창
립으로 이어졌다. 아세안은 목표가 완전히 실현될 때 경제적, 정치
적, 문화적 연합으로부터 집단적 이익을 약속한다(박스 2.1 참조).

학자들은 아세안이 안보공동체 또는 진정한 지역연합 표준이
될 잠재력에 도달했는지 의심한다Robers, 2012. 경제적 진보가 궁극

그림 2.15 인간 개발 지수(Human Development Index: 아세안)

국가	HDI 지수	순위	HE	ED	IN	IE	GI	PV	EM	LS	TR	MB	EN
브루나이	0.852	30	78.55	8.68	70,883.48	n.a.	n.a.	n.a.	68.1	n.a.	112.54	0.8	22.87
캄보디아	0.584	136	71.92	5.77	2,805.43	0.440	0.505	46.79	85.8	3.9	113.58	-2.3	0.29
인도네시아	0.684	108	70.83	7.51	8,970.35	0.553	0.500	5.90	70.7	5.4	50.07	-0.6	1.80
라오스	0.569	139	68.31	4.58	4,351.27	0.430	0.534	36.82	85.0	4.9	82.27	-2.2	0.29
말레이시아	0.773	62	75.02	9.53	21,823.93	n.a.	0.210	n.a.	65.5	5.9	163.01	3.1	7.67
미얀마	0.524	150	65.18	3.95	3,998.06	n.a.	0.430	n.a.	83.1	4.4	n.a.	-0.4	0.17
필리핀	0.660	117	68.70	8.88	6,381.44	0.540	0.406	7.26	69.3	5.0	64.79	-1.4	0.87
싱가포르	0.901	9	82.32	10.20	72,371.23	n.a.	0.090	n.a.	72.5	6.5	379.14	15.0	2.66
태국	0.722	89	74.40	7.32	13,364.30	0.573	0.364	1.01	77.0	6.3	148.83	0.3	4.45
베트남	0.638	121	75.95	5.49	4,892.41	0.543	0.322	6.45	80.9	5.5	179.98	-0.4	1.73

HE=건강
ED=교육
IN=일인당 GNI(PPP$)
IE=불평등 조정된 HDI

GI=성차별 지수
PV=빈곤율
EM=고용률
LS=삶의 만족 지수

TR=국제무역(GDP의 %)
MB=이동성(인구 천 명당 순 이주율)
EN=환경(일인당 이산화탄소 배출량(톤))

출처: United Nations Development Programme Human Development Report 2014

적인 정치 통합의 조력자가 될 수 있는 정도는 아직 해결되지 않은 문제이다. 그러나 통합을 향한 모든 이니셔티브와 마찬가지로, 진보는 이동하고 진화하는 목표의 관점에서 가장 잘 묘사된다. 명시된 목표가 이미 충족된 정도와 통합에 대한 나머지 장애물을 극복하기 위한 과제는 다음 장에서 논의된다.

박스 2.1 ASEAN의 창립

1967년 8월 8일, 인도네시아, 말레이시아, 필리핀, 싱가포르, 태국 5개국 외상들이 태국 방콕의 외무부 본관 건물에 모여 문서에 서명하였다. 이 문서 덕분에 동남아시아 국가 연합ASEAN이 탄생하였다. 문서에 서명한 인도네시아의 아담 말릭Adam Malik, 필리핀의 나르시소 라모스Narciso R. Ramos, 말레이시아의 툰 압둘 라작Tun Abdul Razak, 싱가포르의 라자라트남S. Rajaratnam, 그리고 태국의 타낫 코만Thanat Khoman 5개국 외상은 후에 개도국의 가장 성공적인 국가 간 조직의 창립자로 환영을 받았다. 그리고 그들이 서명한 문서는 아세안 선언ASEAN Declaration으로 알려져 있다.

아세안 선언은 단지 5개 조항을 포함하는 짧고 간단한 문서였다. 아세안으로 알려진 동남아시아 국가 지역협력 협회 설립을 선언하고 협회의 목표와 목적을 밝혔다. 이러한 목표와 목적은 경제, 사회, 문화, 기술, 교육 및 기타 분야에서의 협력뿐만 아니라 정의와 법치를 존중하고 유엔헌장의 원칙을 준수함으로써 지역의 평화와 안정을 증진시키는 것이다. 협회는 목적, 원칙 및 목표에 동의하는 동남아시아 모든 국가에 참여를 위해 개방할 것이라고 규정하였다. 아세안은 "동남아시아 국가들이 우호와 협력을 통해 함께 묶고, 공동의 노력과 희생을 통해 그들의 번영과 평화와 자유를 보장하는 공동의 의지를" 표명했다고 선언하였다.

태국이 특정 분쟁에 대해 인도네시아, 필리핀, 말레이시아 간의 화해를 중재하는 동안, 지역 협력의 순간의 왔거나 지역의 미래는 불투명할 것이라는 사실은 4개국에 달려있었다. 역사적인 과정에서 살아남은 두 명의 주인공 중 한 명인 태국의 타낫 코만은 아래와 같이 회상하였다. "3명의 분쟁 당사자 간의 화해를 기념하는 연회에서, 나는 아담 말릭에게 지역협력을 위한 또 다른 기구를 창설하겠다는 생각을 꺼냈다. 말릭은 주저 없이 동의하였지만 정부와 대화하고 지금은 대결이 끝난 말레이시아와의 관계를 정상화할 시간을 요청하였다. 한편 태국 외무부는 새 기관 설립을 위한 초안을 준비하였고, 몇 달 후 모든 준비가 끝났다. 나는 방콕 회의에 동남아시아 연합ASA의 2개의 전 회원국과 말레이시아, 필리핀, 인도네시아를 핵심 회원국으로 초청하였다. 또한 싱가포르는 새 조직에 동참하라고 당시 외상이었던 라자라트남을 보냈다. 새 조직이 ASA 회원국과 인도네시아만으로 구성될 예정이었지만, 싱가포르의 요청은 긍정적으로 검토되었다."

그래서 1967년 8월 초 5명의 외상은 방콕의 남동쪽으로 100킬로미터도 안 되는 비교적 한적한 휴양지인 뱅샌Bang Saen에서 4일을 보냈다. 그곳에서 그들은 매우 비공식적인 방식으로 문서를 협의하였다. 그들은 나중에 "스포츠 셔츠 외교"라고 기술하는 것을 즐겼다. 그러나 그것은 결코 쉬운 과정은 아니었다. 각자는 심의 과정에서 다른 사람들과 다른 역사적 정치적 입장을 표명하였다. 그러나 협상테이블에 모일 때마다 선의와 유머가 있었고, 그들은 골프코스에서 샷을 하고, 서로의 게임에 대해 덕담을 교환하면서 결국 차이점을 극복하였다. 이러한 심의 스타일은 결국 아세안 장관급 회담의 전통이 되었다.

이제, 어려웠던 협상과 뱅샌의 비공식적인 스타일을 뒤로 하고, 아세안 선언(또한 방콕 선언이라고도 함)에 깨끗하게 서명이 된 이것은 몇 가지 형식이 필요할 때가 왔다. 최초의 발표자는 조국의 첫 외교관이 되기위해 의회의 의장자리를 포기한 오랫동안 의원직을 지낸 전직 기자 출신의 나르시소 라모스 필리핀 외상이었다. 그는 당시 66세였고, 그의 유일한 아들인 피델 라모스Fidel V. Ramos 미래의 대통령은 내전 중인 베트남에서 필리핀 시민운동 그룹과 함께 활동하였다. 그는 선언문 서명에 앞선 지루한 협상을 상기시켰고, "5개국 장관의 선의, 상상력, 인내심, 그리고 이해력에 진심으로 감사드린다"라고 말했다. 어쨌든 이러한 어려움에도 불구하고 아세안이 창립되었다는 것은 그 기초가 굳건히 자리 잡고 있음을 의미한다고 말했다. 그리고 그는 서명식에 참석했던 외교관, 관료, 언론인들에게 대단히 긴급한 상황이 장관들로 하여금 모든 역경을 극복하게 하였음을 주지시켰다. 그는 불확실하고 위중한 시기에 동남아시아 국가들의 생존을 위협하는 세력에 대해 어둡게 말하였다.

그가 말하기를 "동남아시아의 분열된 경제는 각국이 제한된 목표를 추구하고, 이웃국가들 간의 중첩되거나 심지어는 상충되는 노력으로 빈약한 자원을 낭비하는 것은 성장의 무능력과 선진국에 지속적인 의존이라는 약점의 씨앗을 뿌린다. 그러므로 아세안은 보다 실질적인 결집된 행동을 통하여 이 풍요로운 지역의 아직 미개발된 잠재력을 일깨울 수 있다."

인도네시아의 정치담당 총리와 외무상인 아담 말릭Adam Malik

이 말할 차례가 되자, 그는 1년 전 방콕에서 인도네시아와 말레이시아 간의 평화회담이 끝난 후, 말레이시아와 태국의 동반자들과 아세안 같은 조직의 아이디어를 개진했다고 회상한다. 20년 전 자국 독립 투쟁에서 '분노한 젊은이들' 중 한 명인 아담 말릭은 그 당시 50세였고, 경제와 정치적 혼란에 직면해있는 인도네시아를 이끌고 있던 수하르토 장군 휘하의 5명의 상임위원회 위원 중 한 명이었다. 그는 불행한 대결 정책 이후에 이웃 국가들과 울타리를 고치려는 인도네시아의 노력에서 대통령이 지명한 대표였다. 지난 한 해 동안 장관들은 "지역 협력을 위한 새로운 연합체를 건설하기 위해 서둘러 추진"이라는 아세안 발상의 실현을 위해 함께 노력했다고 그는 말했다.

아담 말릭은 동남아시아에 대한 인도네시아의 비전을 "지역 외부로부터의 부정적인 영향으로부터 스스로를 방어할 수 있을 정도로 강하게 자립할 수 있는 지역으로 발전시켜나가는 것이라고 말했다. 지역 국가들이 서로 효과적으로 협력한다면, 그리고 결합된 천연자원과 인력을 고려한다면, 그런 비전은 희망사항이 아니라고 그는 강조한다. 그는 회원국 간 전망의 차이를 언급했으나 그러한 차이는 성의와 이해, 믿음과 현실주의를 통해 극복될 것이라고 그는 말했다. 각고의 노력과 인내가 필요하다고 그는 덧붙였다.

다음 순서인 말레이시아 부수상인 탕 압둘 라작Ton Abdul Razak은 동남아시아 국가들도 자신들에게 일어난 일에 대해 책임을 져야한다고 주장했다. 연설에서 그는 동남아시아의 모든 국가를 포함하는 아세안 비전을 제시했다. 그 당시에 압둘 라작은 국방부장관 겸 국가발전 장관이었다. 국가 생존이 다른 나라들과 말레이시아의 관계의 가장 중요한 요지였을 때였기 때문에 국방부장관으로서 그는 말레이시아의 외교문제를 담당했다. 지역 국가들이 자신들의 운명을 결정하고 외부의 개입과 간섭을 막는 공동의 책임을 지지 않는 한 동남아시아는 위험과 긴장으로 가득 차 있을 것이라고 인식해야 한다고 그는 강조했다. 역내 분쟁의 분출을 막기 위해 단호하고 공동의 행동을 취하지 않는다면 동남아시아 국가들은 서로 속임수에 영향을 받기 쉽다.

"우리 동남아시아 국가와 국민들은 함께 모여서 우리 지역의 새로운 시각과 새로운 틀을 형성해야 한다. 우리가 함께 생각하고 행동하지 않는 한, 그리고 우리가 우정과 친선의 관계로 묶여 있고, 자신의 이상과 포부를 새겨 넣은, 그리고 우리 자신의 운명을 형성하는데 단호한 동남아시아 국가의 가족에 속해 있음을 행동으로 증명하지 않는 한, 개별적으로 또는 공동으로 우리는 독립적이지만 격리된 사람으로 오랫동안 생존할 수 없다는 사실을 깊이 인식해야 한다"라고 압둘 라작은 말했다. 그는 "아세안의 설립과 함께 우리는 그 길에 확고하고 과감한 조치를 취했다"라고 덧붙였다.

전 싱가포르 문화부장관이었으며, 그 당시 최초의 외무상이었던 라자라트남은 지난 20년 동안 민족주의의 열기가 더 나은 생활수준을 위한 동남아시아 사람들의 기대를 충족시켜주지 못했다고 지적했다. 아세안이 성공하려면, 국가적 사고와 지역적 사고가 결합되어야 한다고 주장했다.

"우리는 두 단계로 생각해야 한다." 라자라트남은 말했다. "우리는 국익을 생각할 뿐만 아니라 지역 이익에 비추어 국익을 정해야 한다. 그것은 우리 문제에 대한 새로운 사고방식이다. 이것들은 두 가지 다른 것들이며 때때로 충돌할 수 있다. 둘째, 우리가 진정으로 진지하다면, 지역의 존재는 우리 각자의 국가에서 그러한 관행과 사고에 대한 고통스러운 조정을 의미한다는 사실을 받아들여야 한다. 우리는 이러한 고통스럽고 어려운 조정을 해야 한다. 우리가 그렇게 하지 않으면 지역주의는 여전히 유토피아로 남아있을 것이다.

그러나 라자라트남은 아세안이 오해받을 수 있다는 두려움을 표명했다. "우리는 아무것도 반대하지 않는다. 어느 누구에게도 반대하지 않는다"고 그는 말했다. 여기서 그는 오늘날에도 불길한 의미를 지닌 발카나이제이션(여러 작은 지역으로 분열시킴)이라는 용어를 사용하였다. 유럽과 세계 다른 지역에서처럼 동남아시아에서 외부세력이 이 지역의 발카나이제이션에 지대한 관심을 가지고 있다. 그는 "우리는 분열된 동남아시아가 아니라 안정된 동남아시아를 보장하기를 원한다. 진정으로 동남아시아의 안정, 동남아시아의 번영 및 보다 나은 경제 및 사회 여건에 관심 있는 국가들은 세계평화에 기여할 수 있는 공동의 자원과 공동의 지혜를 모으기 위해 함께 가는 작은 국가들을 환영할 것이다"라고 말했다.

아세안의 목표는 파괴하는 것이 아니라 창조하는 것이라고 태국 외무상 타낫 코만Thanat Khoman은 그의 차례가 되었을 때 강조했다. 베트남 전쟁이 격화되고, 미군이 인도차이나에서 영원히 주둔할 것처럼 보였을 때, 그는 그 지역에서 그들의 궁극적인 철수를 예견하고 그에 따라 태국의 외교정책을 5년 이후에라도 명백해질 현실에 맞추어 적용했다. 그는 동남아시아 국가들이 긴급한 상황에 적응하고 보다 긴밀한 협조와 통합으로 나아갈 수밖에 없다고 말했을 때 이를 염두에 두었을 것이다. 아세안의 목표를 설명하면서 그는 아래와 같이 말했다. "우리 시대의 필요에 부응하고, 우리

국민의 즐거움과 물질적 및 영적 발전, 안정과 진전의 조건을 위해 효율적으로 가져올 수 있는 새로운 사회 건설. 특히 이 지역에 있는 수백만의 남성과 여성들은 과거의 지배와 복종에 대한 낡은 구식의 개념을 지우고 그것을 주고받는 새로운 정신, 평등과 동반자 관계로 대체하는 것이다. 무엇보다도 그들은 그들 자신의 집의 주인이 되고 자신의 운명을 결정할 고유의 권리를 즐기기를 원한다. ..."

그는 동남아시아 국가들은 자유와 주권을 박탈하려는 시도를 막는 한편, 무지와 질병, 굶주림이라는 물질적 장애물로부터 스스로 벗어나야 한다고 말했다. 각 국가가 독자적으로 이를 달성할 수 없지만, 같은 열망을 가진 국가들이 모여서 협력함으로써 이러한 목표를 달성하기가 더 쉬워진다. 그리고 나서 타낫 코만은 결론을 내렸다. "오늘 우리가 결정한 것은 우리 자신과 나중에 가입할 국가와 앞으로 올 세대가 자랑할 수 있는 장기적이고 지속적인 성취의 작은 시작이다. 동남아시아, 잠재적으로 부유한 지역, 역사, 정신적 물질적 자원이 풍부한 지역, 실제로 고대로부터 내려온 아시아 전 대륙은 고통 받는 수백만 명의 사람들에게 내리는 행복의 빛이 될 것이다."

태국 외무상은 그의 동료 각각에게 감사패를 수여함으로써 아세안 회의 창립을 마감했다. 인도네시아 외무상에게 수여된 감사패에 새겨진 표제는 "아담 말릭이 아세안 창립에 기여한 공로를 인정하면서, 특히 아세안의 명칭을 그가 제안했다."

지금까지 아세안의 잉태, 명명, 탄생을 소개했다. 타낫 코만이 말레이시아와 인도네시아의 동료들과 대화하면서 아세안 아이디어를 제기한지 불과 14개월만이다. 약 3주 후에 인도네시아는 말레이시아와 외교관계를 회복할 것이다. 그 후 싱가포르와 외교관계를 복원할 것이다. 필리핀과 말레이시아가 곧 사바(Sabah)에 대한 주권문제로 삐걱거릴 것이기 때문에, 그것이 아세안 내에서 분쟁의 끝은 결코 아니다. 아세안 국가들 간의 많은 분쟁은 오늘날에도 계속되고 있다. 그러나 모든 회원국은 평화로운 방법과 상호수용의 정신을 통해 그들의 차이점을 해결하는 데 전념하고 있다. 모든 분쟁은 적절한 시기가 있지만, 당면과제에 방해가 되는 것은 허용되지 않는다. 그 당시 중요한 과제는 지역의 대화 및 협력의 틀을 마련하는 것이다.

두 페이지짜리 방콕선언은 아세안의 설립 취지와 구체적이 목표를 담고 있다. 이는 작은 단계를 기반으로 조직을 운영하는 방식과 더 많은 결속 및 제도화된 협약을 위한 자발적 및 비공식적인 조치를 나타낸다. 모든 창립 회원국과 신규 회원국은 방콕선언 정신을 굳게 지켰다. 지난 몇 년 동안 아세안은 1976년 동남아시아 공동체 조약Treaty of Amity and Cooperation in Southeast Asia과 1995년 동남아시아 비핵 조약Treaty of the Southeast Asia Nuclear Weapon-Free Base과 같은 공식적이고 법적 구속력이 있는 협약을 점진적으로 도입해왔다.

인도차이나에서의 분쟁을 배경으로 창립자들은 모든 동남아시아 국가를 위한 공동체를 건설할 수 있는 예지력을 가지고 있었다. 따라서 방콕선언은 "협회는 전술한 목적, 원칙 및 목표에 동의하는 동남아시아 지역의 모든 국가에 참여의 길이 열려있다"고 공표했다. 아세안의 포괄적인 전망은 동남아시아뿐만 아니라 여러 다른 역외 정부 간 기구가 공존하는 아시아 태평양 지역의 공동체 형성을 위한 길을 열었다.

원래 아세안 로고는 창립회원국 각각을 위해 5단의 갈색 벼줄기를 선보였다. 볏단 아래에는 "ASEAN"이라고 파란색으로 표시되었다. 이들은 파란색 테두리로 둘러싸였고 노란색 바탕이다. 갈색은 힘과 안정성을, 노란색은 번영을, 파란색은 아세안 문제를 다루는 진지한 정신을 상징한다. 아세안이 1997년 30주년을 맞이함에 따라, 로고의 볏단은 10개로 늘어났다. 이는 동남아시아 10개국을 대표하고 모든 국가의 국기의 색상을 반영하였다. 진정한 의미에서, 아세안과 동남아시아는 창립자들이 구상한 것처럼 하나가 될 것이다.

출처: 이 기사는 1997년 8월 8일 아세안 30주년을 기념하여 발간된 *아세안 30주년사*의 첫 장에서 인용하였다. 자밀 마이단Jamil Maidan과 준 아바드Jun Abad가 작성했으며 허락을 받아 전재하였다.

아세안 경제 통합을 향하여

서론

정치적 경제적 연대가 역사적으로 증대되었지만 지역 경제 통합, 즉 인접지역 또는 지리적으로 밀집된 국가들을 무역블록으로 모으는 것은 최근의 현상이다. 사실 맥클럽Machlup, 1977은 1942년 이전에 그런 참조를 찾을 수 없다고 주장했다El-Agraa, 2011:1. 그 이후로 지역통합은 유명해져서 세계적으로 널리 보급되었다Bagwell & Staiger, 2002.

지역통합은 정치적/안보, 경제적, 그리고 문화적/제도적 측면에서 분석되었다. 실제로 특히 정치적 및 경제적 측면은 불가분하게 얽혀 있다. 모든 정치적 결정은 경제적 파급을 초래할 수밖에 없으며 반대의 경우도 마찬가지다. 그럼에도 불구하고 각 의사결정은 조음articulation, 구현implementation 및 발전advancement의 방식으로 다른 시간대에 운영된다는 점을 인식해야 한다. 그럼에도 불구하고 각 의사결정은 다른 의사결정의 진행을 가속화할 수 있는 지렛대를 제공한다. 예를 들어 경제 통합과 협력의 성공은 미래의 문화적 제도적 이니셔티브뿐만 아니라 정치/안보를 위한 토대를 마련할 수 있다(반대의 경우도 마찬가지이다).

3장에서는 아세안 지역통합의 세 기둥(다른 두 가지는 정치 및 문화) 중 하나인 아시아 경제 공동체AEC의 설립에 초점을 둔다. 우리는 아세안 사무국의 출판물과 이 지역의 권위 있는 학자들의 연구를 토대로 경제적 목표와 이정표의 진전 상황을 논의한다. AEC 스코어카드Scorecard라고 불리는 진전에 대한 논의가 있은 후에 아세안 챔피언에 대한 이후 토론을 위한 토대가 되는 민간부분의 역할에 대해 몇 가지 함의를 제공한다.

경제통합의 정의

국제 경제 통합은 일반적으로 '개별 국가를 보다 큰 규모의 자유 무역 지역으로 합병하는 현상 또는 과정'으로 정의된다El-Agraa, 2011:1. 국제 지역통합은 일반적으로 의도된 협력의 정도와 구속력 있는 약속의 형태에 따라 다른 구조로 분류된다.

가장 기본적인 수준에서, '자유무역지대FTA'는 그들 사이의 관세를 줄이거나 없애는 데 동의하는 2개 이상의 국가를 구현한다.[1] 한 국가에서 무관세로 재화를 수입하여 그 재화를 다른 나라에 재수출하는 위험을 줄이기 위하여 FTA 참가국에 '원산지 증명'의 규칙이 적용된다.

자유 무역이 경계가 정해진 특정 지역으로 확장되었지만 비참여 국가로부터의 수입에 대해 공통된 관세가 있을 때, 이는 '관세 동맹'을 창출한다. 국가가 유로화처럼 공통 통화를 채택할 때 '통화 연

---

1 http://en.wikipedia.org/Economic integration. 포괄적인 설명은 El-Agraa (2011: 1-3) 및 Jovanovic (2006: 21-24) 참조

합'이 된다.

더 포괄적인 것은 관세 동맹의 특징을 결합한 '공동시장'이지만 참여국들이 노동, 서비스, 기술, 자본 및 기타 특정 요소의 자유로운 이동을 추가한다. 공동시장이 통화를 공유하여(통화 연합), 일반적으로 재정 및 경제정책의 조화는 아니더라도 조정이 수반되는 경우, 더 완전한 통합을 향한 추가 단계가 달성된다. 그러한 예는 유럽 공동체이다. '완전한 경제통합'은 결의안과 가능한 분쟁을 감독하고 해결하기 위한 초국가적 기구의 창설을 의미한다. 대표적인 예는 미국이다.

이 장에서 전개되겠지만, 아세안의 확장(아세안+1, APEC)은 비참여 국가를 희생시키면서 완전히 독점적인 헌장을 만들 때 그들의 의도가 차별적이지 않아야 한다는 점에서 특별한 경우를 구성한다. 예를 들어, 아시아 태평양 경제협력기구APEC는 El-Agraa(2011:3)가 '열린 지역주의'라는 용어로 구성되어 결국 포럼에 가입하는 국가의 무역제한을 효과적으로 제거한다.

경제/지역 통합의 이점은 무엇인가? 경제학자 바이너Jacob Viner는 그의 기초논문인, 「국제무역이론의 연구」(1937)와 「관세동맹의 이슈」(1950)에서 고전적(전통적) 개념을 정의하였다. 거기에서 무역창출과 무역전환의 차이를 소개하였다. 바이너의 연구에서 무역창출은 관세동맹으로 모든 관계자에게 관세감축과 가격하락이 이루어질 때 발생하며, 이는 경제통합에 대한 순익을 가져온다. 반대로 무역전환은 동맹국 내 2개의 불평등한 국가 사이의 교환이 비효율적인 생산국이 역내에서는 낮은 가격을 제공하지만 역외국보다 높은 가격을 제공하는 결과를 초래할 때 발생한다. 그럼에도 불구하고 순익의 계산결과에 따라 어떤 동맹은 잘 작동하고, 어떤 동맹은 작동하지 않을 가능성의 여지를 남겼다.

이후의 실증적 연구는 경제개선을 유도한 요인과 경제적 이익을 계산하기 위한 보다 세분된 척도를 밝히려고 시도하였다. 경제 통합 이론에서, 헝가리 경제학자 발라사Bela Balassa는 역내에서 무역 장벽이 감소하였을 뿐만 아니라 생산요소의 이동성이 통합의 수요와 잠재력을 향상시킨다는 사실을 입증하였다Balassa, 1961:10-15. 계속되는 연구결과에 따르면, 국가는 경제적 동맹에 포함됨으로써 이득을 얻지만, 그 이득 특히 GDP와 생산성의 증가는 소규모 국가보다 큰 국가 간에 차이를 보였다Jovanovic, 2006.

위의 연구는 경제적 통합 회원국의 성과에 초점을 두었지만, 경영학자인 포터Michael Porter는 그의 『국가의 경쟁우위』(1990)에서 국내 기반의 밀접한 요소에서 얻은 경쟁력과 이득을 강조하였다. 요소는 (1) 생산요소 조건, (2) 수요 조건, (3) 관련 및 지원 산업, (4) 기업전략, 구조 및 경쟁관계와 두 가지 외생변수 (1) 정부 및 (2) 기회가 있다. 포터의 연구는 경제적 연합이 아닌 산업 클러스터의 이점에 국한되지만, 글로벌 시장에서 경쟁우위를 확보하기 위해서 경제적 통합이 역내 내부요소를 어떻게 활용할 것인가에 대한 깊은 통찰력을 제공한다. 그럼에도 불구하고 포터의 연구는 선별된 국가에 크게 경도되어 있고 다국적 기업의 역할을 경시하기 때문에, 처방전의 일반화 가능성에 의문이 있다Allio, 1990 참조.

경제 협력과 연합의 전반적인 효과는 긍정적이지만, 어떤 기구의 성공은 순수한 경제 척도를 뛰어 넘는 몇 가지 요소에 달려있다. 여기에는 참여자의 정치적 의지, 통합 목표와 목적에 대한 참여자의 몰입, 통합의 범위와 복잡성, 현재까지 참여자들의 배경과 성과, 진행 상황을 매핑mapping하고 분쟁을 해결하는 현실적인 프로세스가 포함된다. 이를 위해 다음 절에서는 아세안의 형성과 조직의 공식 스코어카드에서 지금까지 달성된 성과를 검토하고, 마지막으로 잠재적 참여 기업에 대한 시사점을 제공한다.

진도평가

2003년 발리 서밋Bali Summit에서 대표들은 아세안 경제 공동체 AEC를 지역 통합을 위한 포괄적인 한 기둥으로 발표하였다. 다른 두 기둥은 아세안 안보 공동체와 아세안 사회/문화 공동체이다. 구체적인 실행 시간표가 정해졌는데 AEC는 2015년, 다른 2개의 기둥은 2020년이 목표다. 2007년에 서명한 이 선언은 아래와 같이 규정한다. *"AEC는 아세안을 단일 시장과 생산기지로 확립하여, 기존의 경제 이니셔티브를 강화하기 위하여 새로운 메커니즘과 조치를 통하여 아세안을 보다 역동적이고 경쟁력 있게 만든다. 우선순위가 높은 분야에서 지역통합을 가속화하고, 사업가, 숙련된 노동력과 재능인의 이동을 촉진하며, 아세안의 제도적 메커니즘을 강화할 것"*ASEAN Secretariat, 2008:2 아세안 지도자들은 진전 상황을 모니터링하기 위해 EU 역내시장 스코어카드를 모델로 한 AEC 스코어카드를 만들었는데, 이는 "2015년까지 AEC를 설립하기 위하여 아세안이 총체적으로 그리고 각 회원국이 개별적으로 착수해야 하는 구체적인 행동을 파악"하는 데 목적이 있다Rillo, 2011. 또한 중요한 것은 스코어카드가 '준수 도구'로 설계되지는 않았지만 주로 '이러한 조치의 영향을 평가'하기 위하여 설계되었다Rillo, 20113:21. 따라서 청사진의 핵심요소가 17개 있는 AEC 스코어카드의 구조가 그림 3.1에 있다.

그림 3.1 AEC 청사진의 핵심 요소

단일 시장 및 생산 기지	경쟁적 경제 지역	공평한 경제 개발	글로벌 경제로 통합
1. 재화의 자유로운 이동 2. 서비스의 자유로운 이동 3. 투자의 자유로운 이동 4. 자본의 자유로운 이동 5. 숙련 노동력의 자유로운 이동 6. 우선순위가 높은(중요한) 통합 분야 7. 식품, 농업 및 임업	8. 경쟁 정책 9. 소비자 보호 10. 지적재산권 11. 인프라스트럭처 12. 조세 13. 전자상거래	14. 중소기업 개발 15. 아세안 통합 이니셔티브(IAI)	16. 대외 경제 관계에 대한 일관된 접근 17. 글로벌 공급 네트워크에 대한 참여 강화

자료 출처: ASEAN Economic Community Blueprint (2008)
Das, 2012에서 인용

이 절을 읽으면서 중요한 고려사항 중 하나는 스코어카드가 지속적으로 업데이트 된다는 것이다. 사실 스코어카드는 2015년 12월부터 공식적으로 정지되었다. 그림 3.2에서 2015년 12월 가장 최근의 성과를 보여준다. 미래에 목표를 달성할 수 있는 정도는 여러 요인에 따라 달라지며, 그중 일부는 이 책을 쓸 때 알려지지 않았다(11장 참조). 이와 관련하여 우리는 진전의 궤적에 영향을 줄 수 있는 추세와 발전에 초점을 맞추었다.

기둥 1: 단일 시장 및 생산 기지

단일 시장 및 생산의 목표는 아세안 역내 투자 및 자본의 이동을 향상시킬 뿐만 아니라 참가국 간 관세를 제거하려는 의지이다. 간단히 말해서 이 의지는 자유시장 체제의 교훈에 부합한다. 이에 따라 다섯 가지 핵심요소가 단일 시장과 생산 기지라는 목표를 이루고 있다. (1) 재화의 자유로운 이동, (2) 서비스의 자유로운 이동,

그림 3.2 1단계 및 2단계 아세안 경제 공동체 이행 스코어카드

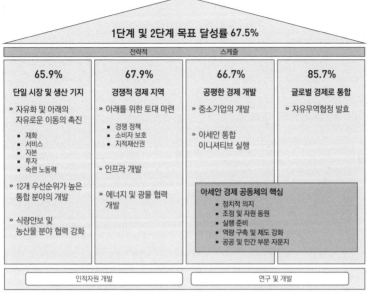

노트: 2011년 12월 현재, 1간계 및 2단계 이행률은 각각 86.7%와 55.8%이다.
자료 출처: 아세안 경제 공동체 스코어카드(2012)

(3) 투자의 자유로운 이동, (4) 자본의 자유로운 이동, (5) 숙련된 노동력의 자유로운 이동이다. 그림 3.3은 2012년 단일 시장 및 생산 기지와 관련된 성과에 대한 최근의 평가를 제시한다.

2010년 현재 아세안 6개국(브루나이 다루살람, 인도네시아, 말레이시아, 필리핀, 싱가포르, 태국)에 대한 관세는 사실상 철폐된 것으로 보고되었다. CLMV 지역(캄보디아, 라오스, 미얀마, 베트남)에서는 2015년 초에 관세 철폐에 대한 진전이 있었고, 나머지 7%의 관세 철폐는 2018년까지 완료될 것으로 예상된다ASEAN, 2015b. 지금까지 이것은 AEC의 가장 성공적인 실행단계로 인정된다.

그러나 비관세 장벽 철폐는 훨씬 덜 성공적이며 더 어려운 도전

그림 **3.3** 단일 시장 및 생산 기지 스코어카드

핵심 분야	1단계(2008-2009)		2단계(2010-2011)		총 조치	
	완전 이행	부분 이행	완전 이행	부분 이행	완전 이행	부분 이행
재화의 자유로운 이동	9	0	23	24	32	24
서비스의 자유로운 이동	10	3	13	17	23	20
투자의 자유로운 이동	5	1	5	8	10	9
자본의 자유로운 이동	1	0	5	0	6	0
숙련 노동력의 자유로운 이동	–	–	1	0	1	0
우선순위가 높은(중요한) 통합 분야	28	0	1	0	29	0
식품, 농업 및 임업	8	0	5	6	13	6
총 조치 건수	61	4	53	55	114	59
이행률*	93.8%		49.1%		65.9%	

* 이행률은 총 조치 건수대비 완전 이행된 건수의 비율로 계산된다.
　(–)는 이 단계에서 취해진 조치가 없음을 나타낸다.
아세안은 기둥 I에서 숙련된 노동력 및 자본의 자유로운 이동과 우선순위가 높은 분야의 통합에서 괄목할 만한 성과를 거두어 65.9%의 이행률을 보였다.
자료 출처: 아세안 경제 공동체 스코어카드(2012)

이 되고 있다Das, 2013. 아세안의 비관세 장벽에는 '금융 통제 수단
(예: 다중 환율) 및 수량 통제 수단(예: 비자동 인허가, 쿼터, 금지,
및 기업 특정 제한; Ando & Obashi, 2010)'이 포함된다. 관세율
의 50% 가까이가 비관세 장벽과 관련이 있다는 연구 결과가 있다
Ando & Obashi, 2010. 산업측면에서 보면 식품 및 화학 산업에서 비관
세 장벽이 비교적 널리 퍼져있다Ando & Obashi, 2010.

　적시 실행을 보장하기 위하여, 아세안은 아세안 단일 창ASEAN
Single Window: ASW, 관세 통합, 준수 표준의 조화 및 향상된 정보 흐
름으로 구성된 무역 촉진책을 도입하여 아세안을 단일 시장(상품,
서비스, 투자) 및 생산 기지로 용이하게 하는 방향으로 나아갔다.
아세안 단일 창ASW은 '개별 회원국의 10개의 단일 창구가 운영되고
통합되는 환경'이다ASEAN Secretariat, 2008:8. 이 환경에서 포괄적인

것은 '데이터의 단일 제출, 데이터의 단일 및 동시 처리 및 세관 통관을 위한 단일 의사결정…'이다ASEAN Secretariat, 2008:8.

그럼에도 불구하고 미래의 장애물을 극복할 수 있다는 낙관적인 견해가 있지만 개별국가에 대한 이행은 여전히 과제로 남아 있다Kartika & Atje, 2013: 40-41. 아세안은 또한 7개 선별된 국가(브루나이, 인도네시아, 말레이시아, 필리핀, 싱가포르 태국 및 베트남)에서 ASW 파일럿 프로젝트를 지역 수준에서 시작하였다. 성공적인 실행을 위해 운송 및 물류비용을 줄이고, 다양한 방식으로 각국이 직면하는 인프라를 개선할 필요가 있다는 점에 유의해야 한다Kartika & Atje, 2013: 43.

따라서 AEC 경제 공동체는 서비스 무역의 자유로운 이동을 구상한다. "역내에서 국가 간 서비스를 제공하고 기업을 설립하는 데 아세안 서비스 공급업체에 실질적으로 제한이 없는 서비스 무역"ASEAN Secretariat, 2008:10 이러한 측면에서 이행은 재화의 자유로운 이동에 비해 크게 뒤떨어져 있음에도 불구하고, 국가 간 무역에 대한 제한이 적어도 80개 소부분에서 완화된 서비스의 경우에는 여전히 개선의 여지가 있다Rillo, 2011.

서비스 무역의 증가는 자유화 약속과 밀접한 관련이 있으며, 아세안 회원국은 공식 패키지 일정표에 의해 규율되는 특정 서비스 부분에 대한 계약을 구속하는 것에 동의한다Nikomborirak & Jitdumrong, 2013: 53-54. 또한 상호인증협약MRA: Mutual Recognition Arrangements을 사용하면, 전문 서비스 공급업체가 통합 목표에 따라 서비스 이동을 촉진할 수 있는 자격을 공식화 한다Nikomborirak & Jitdumrong, 2013: 55. 2015년 현재 공학, 건축, 간호, 회계, 측량, 의학, 치과 및 관광 서비스와 같은 8개 분야의 상호인증 협약이 부여되었다ASEAN, 2015a. 앞서 **AEC Blueprint**의 일환으로 항공 운송, e-ASEAN, 의료 및 관광(그리고 2015년경 다른 분야) 분야에 대한 서비스 제한을 철폐하기로 합의하였다Nikomborirak & Jitdumrong, 2013: 57. 그러나 다음 절에서 논의되겠지만, 노동의 이동은 비숙련 노동자가 아닌 전문가에게 국한되어 있다. 더욱이 금융 자유화에 관한 협약은 유연하고 선택적인 경향이 있다. 종합적으로 전문가들은 앞으로 통합된 아세안 서비스 부문의 전망에 대해 낙관적이지 않다.

투자 및 자본의 자유로운 이동. 투자의 지속적인 유입과 유출은 효과적인 국제 통합에 필수적이다. AEC 경제 공동체 헌장은 아래와 같이 말한다. *"자유롭고 개방된 투자 체제는 아세안 역내 투자뿐만 아니라 해외직접투자를 유치하는 데 있어서 아세안의 경쟁력을 높이는 데 중요하다. 새로운 투자와 재투자의 지속적인 유입은 아세안 경제의 역동적인 발전을 촉진할 것이다. … 아세안 투자 협력은 아세안 투자지역에 대한 기본협정을 통하여 실행된다."* ASEAN Secretariat, 2008:13

아세안 포괄적 투자협정은 "국가 간 투자활동을 자유화하고 보호하며 외국인 투자자의 처우에 있어 국제적 우수사례를 따른다." Manila Bulletin, 2016:1 기록은 혼합된 결과를 보여준다. 1997~1999년 아시아 금융위기 이전의 외국인 투자의 정점(글로벌 주식의 5% 및 총 해외직접 투자 스톡의 개도국 비중 중 20%)을 찍었으나, 위기 이후 이러한 이정표를 능가하지 못하고 있다Bhaskaran, 2013:81.

중국과 인도가 아시아 금융위기의 여파로 외국인 직접투자의 표지가 된 것이 좋은 이유다. 당연히 위기를 수반한 폐허가 외국 투자가들의 신뢰를 악화시켰다. 그럼에도 불구하고 동남아시아는 여전히 투자 수익성이 가장 높은 곳 중 하나이며, 아세안이 시작되면서 중국과 인도의 지속적인 매력에도 불구하고 이 지역은 매력적인 성역이 될 수 있다고 보고되었다Bhaskaran, 2013:81-82.

숙련 노동력의 자유로운 이동. 아세안 경제 공동체는 다음과 같이 선언하였다. *"수혜국의 현행 규정에 따라 관리된 이동성을 허용하거나 재화, 서비스, 및 투자 무역에 종사하는 자연인의 이동을 촉진하기 위하여…"* ASEAN Secretariat, 2008:18 이 헌장에서 아세안은 자격을 갖춘 인력을 위한 비자 및 고용 허가서 발급을 용이하게 하고, 아세안 대학 네트워크를 통한 서비스 협력의 조화와 표준화, 특정 직업에 대한 핵심역량 및 자격증 개발, 각 아세안 회원국의 연구 역량을 강화한다. 아세안은 또한 역내 이동을 완화하기 위하여 8개 직업에 대한 상호인증협약을 체결하였다.

그럼에도 불구하고 이 목표를 달성하는데 여러 가지 장애물이 남아 있기 때문에 문제가 있다. Yue2013:121-122는 임금과 기회의 큰 격차, 지리와 사회문화적-언어적 배경에서 비롯된 문제점, 불균등한 교육 개발 수준과 같은 요인을 언급하였다. 또한 Yue2013:122-123는 특정 국가의 인적자원을 고갈시키는 두뇌 유출을 우려한다. 비록 두뇌유출이 이 지역의 전반적인 발전을 향상시킬 수는 있지만. 따라서 아세안 국가 간 숙련 노동력의 자유로운 이동의 미래를 평가할 때 '손익' 계산에 대한 인식이 중요하다.

기둥 2: 경쟁력 있는 경제 지역

경쟁력 있는 경제 지역의 목표는 '공정한 경쟁 문화 조성'이다

ASEAN Secretariat, 2008:22. 이런 관점에서 부수적인 목표는 아세안 역내에서 공통 경쟁 정책의 도입, 실행 담당 기관의 네트워크 구축, 역량 구축 프로그램에 집중, 그리고 경쟁 정책에 대한 지역의 가이드라인을 포함한다. 구체적인 활동은 소비자 보호 조치, 지적재산권의 보호, 인프라 개발, 조세 정책 및 전자상거래의 향상 및 개선이 있다. 그림 3.4는 2012년 경쟁적인 경제 지역 구축 목표와 관련된 최근의 성과를 보여준다.

지금까지 소비자 권리에 대한 인식(아세안 소비자 불만)을 높이기 위한 노력 외에도 몇몇 기관 특히 아세안 소비자 보호위원회가 구성되었다. 또한 아세안 지적재산권 행동계획 2011-2015가 제정되었다. 소비자 보호와 지적재산권 보호에 관한 정책과 조치를 강화

그림 3.4 경쟁적 경제 지역 스코어카드

핵심 분야	1단계(2008-2009)		2단계(2010-2011)		총 조치	
	완전 이행	부분 이행	완전 이행	부분 이행	완전 이행	부분 이행
경쟁 정책	2	0	2	0	4	0
소비자 보호	2	0	5	4	7	4
지적재산권	-	-	4	1	4	1
운송	15	10	6	8	21	18
에너지	0	0	2	1	2	1
광물	1	0	7	0	8	0
ICT	2	0	4	0	6	0
조세	-	-	0	1	0	1
전자상거래	-	-	1	0	1	0
총 건수	22	10	31	15	53	25
이행률*	68.7%		67.4%		67.9%	

* 이행률은 총 조치 건수대비 완전 이행된 건수의 비율로 계산된다.
 (-)는 이 단계에서 취해진 조치가 없음을 나타낸다.
기둥 II에서 2011년 12월 말 경쟁 정책과 지적 재산권, 그리고 광물 및 ICT의 지역 협력 분야에서 괄목할만한 진전으로 약 67.9%의 이행률을 기록했다.
자료 출처: 아세안 경제 공동체 스코어카드(2012)

하기 위한 노력이 계속되어 왔다.

그러나 아세안의 주목 받은 분야는 인프라 개발이다. 헌장에 명시된 바와 같이 "*아세안 내에서 효율적이고 안전하며 통합된 운송 네트워크는 아세안 자유무역지대의 충분한 잠재력을 실현할 뿐만 아니라 단일 생산, 관광 및 투자 목적지로서의 이 지역의 매력을 높이고 개발 격차를 좁히는 데도 기여한다. 아세안 운송은 또한 인접한 동북아 및 남아시아 국가들과 아세안을 연결시키는 데 중요하다.*" ASEAN Secretariat, 2008:25

이와 관련하여 아세안 2015년 보고서에 따르면, 아세안 운송 행동 계획, 싱가포르-곤명 철도 링크, 아세안 고속도로 네트워크, 아세안 단일 선적 시장, 아세안 단일 항공 시장(그리고 여객 항공 서비스의 완전 자유화에 관한 아세안 다자간 협정), 정보 통신 기술 ICT 시스템의 상호 연결성 및 기술적 상호 운용 능력, 에너지(에너지 협력에 대한 아세안 행동 계획) 및 광산 협력, 인프라 프로젝트의 자금 조달이 주요 관심사다.

그들의 연구에서 아비딘과 로슬리Abidin & Rosli, 2013는 인프라 개발이 여전히 아세안 일정을 위한 이정표 달성의 관점에서 갈 길이 멀다고 보고하였다. 그들은 더 나은 조정과 통합의 어려움뿐만 아니라 자금조달 계획의 필요성을 지적하였다. 그들의 권고안에는 다음과 같이 명시되어 있다. "프로젝트 실행을 위한 지역의 제도적 메커니즘의 구축, 지역 계획 및 모니터링 역량 강화, 재정 필요성 충족, 국가 인프라 우선순위를 지역 비전으로 일원화하고, 인프라 표준 조화 작업을 가속화시키는 것이다." (2013:161)

「Thinking globally, Prospering Regionally: ASEAN Economic Community 2015」 아세안 보고서에서, 주요 도로를 물

리적으로 연결하는 아세안 고속도로 네트워크의 형태로 추가적인 진전이 있었고, 아세안 전략망의 국경 간 6개의 연결망(16개 중에서)이 건설되었으며 트랜스 아세안 가스 파이프라인처럼 운영이 가능하다. 아세안 오픈 스카이와 관련된 추가 의정서가 합의 되었다. 통신 인프라도 향상되었다.

2014년 무역 및 물류의 효율성을 측정하는 세계은행의 물류 성과에서, 지역으로서 아세안은 높게 평가되지 않았다.[2] 싱가포르(1위)만 세계 주요국과 비교할 만하며 말레이시아(27위)와 태국(31위)은 상대적으로 양호하다. 인도네시아(43위), 베트남(53위), 필리핀(65위)은 두 번째 계층을 구성하며, 마지막으로 캄보디아(81위), 라오스(117위), 그리고 미얀마(147위)는 세 번째 계층에 속한다.

기둥 3: 공평한 경제 개발

경제의 생산적인 성장은 대기업과 중소기업 간의 균형에 달려있다. 두 부문은 상호 보완적인 역할을 한다. 일반적으로 중소기업은 대기업의 공급업체 또는 중요한 중개자 역할을 한다. 많은 국가에서 중소기업은 주류기업이 관여하지 않는 채워지지 않은 틈새시장에 특화하고 집중하는 경향이 있기 때문에 기업가 정신의 원천이다.

이를 위해 아세안은 중소기업 발전을 위한 공평한 경제 개발을 계획하였다. 아세안 헌장에서는 네 단계로 구분되고 여기에 소개하면 다음과 같다. (1) 중소기업 육성 가속화, (2) 자원의 접근

---

2 http://lpi.worldbaank.org/international/global (2015년 8월 1일 접속) 참조. 브루나이는 정보부족으로 순위에서 제외되었다.

성 및 기타 형태의 역량 구축을 통한 중소기업의 경쟁력 및 역동성 강화, (3) 부정적인 거시경제 조건 및 금융위기에 대한 회복력 강화, (4) 아세안 성장에 대한 중소기업의 전반적인 기여 증가ASEAN Secretariat, 2008:31. 그림 3.5는 2012년 아세안 경제 공동체 내에서 공평한 경제 개발을 위한 목표와 관련된 최근의 성과를 제시한다.

이를 위해 2000년 아세안은 아세안 통합에 착수하였다. 우선순위는 '인프라, 인적자원관리, 정보통신 기술, 지역통합 역량강화, 에너지, 투자환경, 관광, 빈곤감소 및 삶의 질 향상'이다ASEAN Secretariat, 2008:32. 2010년에 아세안은 2015년을 목표로 중소기업을 위한 전략실행계획을 실행하였다. 이 사업에서 아세안 멀티미디어 자조self-reliant 시스템 툴킷 패키지 및 중소기업 서비스 센터 타당성 조사가 수행되었다. 또한 우수한 아세안 중소기업 목록 2011이 출판되었다. 마지막으로 아세안이 성공하기 위해서는 잘사는 국가의 경제적 이익이 더 작은 국가로 흘러 내려가야 한다는 인식이 있다Initiative for ASEAN Integration and the ASEAN Framework for Equitable Economic Development.

그림 3.5 공평한 경제 개발 스코어카드

핵심 분야	1단계(2008-2009)		2단계(2010-2011)		총 조치	
	완전 이행	부분 이행	완전 이행	부분 이행	완전 이행	부분 이행
중소기업 개발	1	0	4	3	5	3
아세안 통합 이니셔티브(IAI)	2	0	1	1	3	1
총 조치 건수	3	0	5	4	8	4
이행률*	100%		55.5%		66.7%	

* 이행률은 총 조치 건수대비 완전 이행된 건수의 비율로 계산된다.

기둥 III은 지금까지 중소기업 개발 및 아세안 통합 이니셔티브를 위한 다양한 활동의 이행이 계속 이루어짐에 따라 목표 조치의 66.7%를 달성했다.

자료 출처: 아세안 경제 공동체 스코어카드(2012)

소다리스Sotharith: 2013:163-164는 아세안 맥락에서 중소기업의 강점에 대해 자세히 설명한다.

중소기업은 아세안 국가의 경제발전과 성장에 없어서는 안 될 필수 요소이며, 법인의 수와 그들이 채용한 노동력의 비중에서 대기업을 압도하기 때문이다. 아세안 내에서 중소기업은 전체 기업의 96% 이상과 국내 고용의 50~85%를 차지한다. 중소기업의 총 GDP 기여도는 30~53%이며 중소기업의 수출 기여도는 19~31%이다. … 중소기업은 아세안의 중추이며 중소기업의 발전은 지속적인 성장을 위해 필수적이다.

아세안에 대한 중소기업의 중요성과 중소기업 육성 전략에도 불구하고, 이 기둥은 여러 가지 과제를 안고 있다. 중소기업을 위한 자금지원, 끊임없이 변화하는 소비자의 요구와 선호에 부응하는 중소기업의 필요성, 경영기술의 부족, 중국, 일본 및 한국에 대해 전반적으로 약한 경쟁적 지위Sotharith, 2013:172-173.

기둥 4: 글로벌 경제와의 통합

아세안 헌장은 "아세안은 상호의존적인 시장과 세계화된 산업으로 점점 더 글로벌화된 환경에서 운영되고 있다. 아세안 기업들이 국제적으로 경쟁할 수 있도록 하기 위해, 아세안이 보다 역동적이고 강력한 글로벌 공급체인이 되기 위해, 내부시장이 외국인 투자에 매력을 갖도록 보장하기 위해서는 AEC의 경계를 넘어서는 것이 무엇보다 중요하다. AEC와 관련된 정책을 개발할 때 외부 규칙과 규제가 점차 고려되어야 한다." ASEAN Secretariat, 2008:33

이러한 목표를 달성하기 위해 아세안은 자유 무역과 포괄적인 파트너십에 대한 전반적인 접근방식에 '아세안 구심성ASEAN Centrality'을 채택한다. 또한 아세안은 생산 및 글로벌 공급망을 개발하는 데 있어서 모범사례와 표준을 확인하고 국제표준을 모색하고 있다. 또한 아세안은 '산업 역량과 생산성을 향상시키기 위하여 덜 개발된 아세안 회원국을 대상으로 한 기술지원 패키지'를 개발하려고 노력하였다ASEAN Secretariat, 2008:26. 그림 3.6은 2012년에 글로벌 경제로 아세안을 통합시키려는 목표에 관한 최근의 성과를 제시한다.

아세안+1(중국, 일본, 한국, 호주, 뉴질랜드 및 인도 포함)과 같은 확장된 네트워크에서 진전은 뚜렷하다. 더욱이 아세안은 세계 총 생산량의 약 30%를 차지하고 약 22.7조 달러의 GDP와 세계 인구의 거의 절반에 해당하는 34억 명의 시장을 지닌 역내포괄적경제동반자협정Regional Comprehensive Economic Partnership: RCEP과 성공적으로 협상하였다. 이 협약에 대한 추가 작업은 2016년까지 계속될 것으로 예상되지만, RCEP은 시장 접근, 무역 원활화 및 규제 개혁을 개선할 것으로 예상되며, 이는 아세안이 보다 집단적이고 적극적인 글로벌 플레이어가 될 수 있는 길을 열어 줄 것이

그림 3.6 글로벌 경제로의 통합 스코어카드

핵심 분야	1단계(2008-2009)		2단계(2010-2011)		총 조치	
	완전 이행	부분 이행	완전 이행	부분 이행	완전 이행	부분 이행
대외 경제 관계	5	0	7	2	12	2
총 조치 건수	5	0	7	2	12	2
이행률*	100%		77.8%		85.7%	

* 이행률은 총 조치 건수대비 완전 이행된 건수의 비율로 계산된다.
글로벌 경제 통합을 위해 아세안은 중국, 일본, 한국, 호주, 뉴질랜드 및 인도와의 다양한 자유 무역 협정 비준을 포함하여 확인된 조치의 85.7%를 이행하였다.
자료 출처: 아세안 경제 공동체 스코어카드(2012)

다ASEAN, 2015a. 또한 미국 상공회의소의 조사에 따르면 미국기업의 54%가 이미 아세안 전략을 가지고 있다고 지적하였다Thinking Globally, Prospering Regionally: ASEAN Economic Community 2015.

지적한 바와 같이 아시아 경제 공동체의 진전을 감시하는 것은 움직이는 목표다. 이 분야의 학자들은 스코어카드를 향상시킬 수 있는 방법을 제안하였다Das 2012, 2013 참조. 더욱 두드러진 제안 중에는 지역통합에 대한 특정 이니셔티브의 영향에 대한 목표 달성 (부분 또는 전체 공감대로 측정됨)을 구별하는 것이 필수적이다 Das, 2012, 2013; Rillo, 2013. 이는 모든 이니셔티브가 지역 가속화에 동등한 영향을 미치는 것은 아니며 일부는 다른 요소보다 훨씬 많은 영향을 미친다는 인식하에 시행되었지만 시행된 이니셔티브의 비율을 측정할 때 거의 언급되지 않았다Rillo, 2013 참조.

AEC 스코어카드에 기록된 한 가지 중요한 시사점은 지역 통합에 필요한 성공 요인이다. 가장 중요한 것은 통합을 가능하게 하는 회원국들의 집단적 정치적 의지다Inama & Sim, 2015. 아세안은 국가마다 다양한 동기를 갖고 있기 때문에 집단적으로 행동하는 것이 어려울 수 있지만 이것은 적절한 실행을 위한 선행조건이다. 또 다른 요인은 상대적으로 작은 자원으로 조정을 해야 한다는 부담이다Inama & Sim, 2015. 아세안 사무국은 예를 들어 유럽연합에 할당된 자원에 비해 상당히 작고 부적합하다는 점을 부인할 수 없다. 조정이 이루어지지 않는 한, 통합으로 인해 발생하는 복잡성은 참여자를 압도할 수 있으며, 규정 준수를 위한 노력을 무시할 수 있다. 결국 그것은 단순한 질문으로 요약될 것이다. 참여자들이 집단적으로 유익하지만 자신의 국익을 해칠 수 있는 통합에 참여할 것인가? 지금까지 핵심 주체는 정부와 기관이었다. 현 시점에서 민간 부문의 역할은 중요하다고 인정되었지만 최소한으로 간주되었다. 아세안 경제 공동체의 4개 기둥은 현재 및 미래의 기업에 중요한 영향을 미친다. 이것이 다음 절의 주제이다.

민간 부문에 대한 시사점

이러한 아세안 이니셔티브의 중요성은 현 시점에서 각국 정부와 각 기관에 국한되어 왔다. 이해할 수 있다. 결국 생산기지를 구축하고 구속력 있는 계약의 형태로 경쟁력을 육성하기 위한 복잡한 협약 및 기타 제안이 정부차원에서 이루어져야 한다. 이전 절에서 언급했듯이 이러한 결정은 다면적이고 복잡하며 정치적이다. 대부분은 아니지만 많은 결정은 기업의 관할권과 통제권 밖에 있다. 그렇더라도 민간 부문에 대한 관심을 가져야 할 분야가 있다.

산업이 중요하다

공동시장의 개념은 매력적이고 위안이 되지만, 현실은 무역을 할 때 일부 산업이 다른 산업보다 유리하다는 것이다. 사실 무역은 승자와 패자를 만든다. 2장에서 아세안 역내 및 역외 무역에 대한 통계가 제시되었다. 2014년 아세안 무역은 역외 국가와 총 무역의 75.7%를 차지하였다. 특히 싱가포르, 말레이시아, 인도네시아는 다른 아세안 회원국들보다 훨씬 더 광범위하게 역외 국가들과 교역하였다. 아세안 역내 무역은 아세안 총무역의 24%에 머물러 있다. 여기에는 말레이시아에서 제조업을 운영하는 싱가포르 기업의 입지 때문에 싱가포르와 말레이시아 사이의 무역이 큰 비중을 차지한다

(역내 무역의 약 20%로 추산).

성공적인 교역관계는 두 가지 요인에 달려있다: 거래되는 상품 및 서비스의 유형(즉 산업에서 광범위하게 대표되는) 및 거래 파트너의 상대적인 강점 및 경쟁력. 식민지 유산의 한 가지 단점은 식민지가 일반적으로 선진국의 산업화 노력의 주요 공급자로서 여겨졌다는 점이다. 따라서 많은 경우 교역상품의 유형은 식민지 지배자가 식민지의 비교우위로 간주한 것과 일치하여 매우 유사하다Lim, 2004; Acharya, 2012. 아세안 국가들의 수출품이 비슷하기 때문에 그들 간의 무역이 거의 없다는 것은 놀랄 일이 아니다. 이 장에서 지적한 바와 같이 무역은 개방적이고 무역을 수용하는 정도에 달려 있다. 우라타와 안도Urata and Ando, 2011는 싱가포르는 외국인 투자에 매우 개방적이라고 보고하였다. 필리핀, 태국, 인도네시아, 캄보디아는 비교적 개방적이다. 그러나 미얀마, 말레이시아, 브루나이, 라오스는 폐쇄적이다.

두 경영학자 멘도자와 시리반Ronald Mendoza & Charles Siriban, 2014은 지역 통합의 목표가 완전히 실현이 되면 어떤 산업이 아세안 역내 무역에 도움이 되는지를 분석하였다. 산업별로 볼 때 은행, 제조, 항공 운송, 유틸리티 및 인프라가 특히 중요하다. 통합 및 네트워크 외부효과의 결과로 얻을 수 있는 규모의 경제로 인해 은행업은 특히 흥미롭다. 비슷한 이유로 제조업은 통합, 생산, 공동 유통 채널 및 설비로 인한 경제적 이익을 제공한다. 항공 운송은 덜 제한된 항공노선뿐만 아니라 공동시설 및 유틸리티를 통하여 경제적 이익을 달성할 수 있다. 또한 석유, 가솔린, 물과 같은 유틸리티는 확장된 설치 기반, 그리고 규모 및 범위의 경제로부터 이익을 얻을 수 있다. 더구나 어떤 나라는 자유화 수준은 높은데 촉진수준은 낮을 수 있다.

멘도자와 시리반에 따르면 일부 승자는 자유화가 심화됨에 따라 고통을 받거나 손해를 볼 수도 있다. 그러한 예가 필리핀의 경우 설탕이다. 그러나 예측되는 수축에도 불구하고 설탕산업은 다른 상품에 대한 더 저렴한 투입물 및 소비자 선택의 확대로 손실을 보충할 수 있다.

정부관계 개발

아시아 국가들, 특히 일본, 한국, 그리고 최근의 중국의 성공이 주류 경제 발전의 교훈에 부합하지 않는다는 점을 부인하기 어렵다. 한 가지 구체적인 예가 경제 발전에서 정부의 역할이다. 자유시장 주의자들에게 정부는 있다 하더라도 최소한의 역할에 그쳐야 한다. 예를 들어 외국의 적으로부터 국가를 보호하는 일, 상업을 위한 최소한의 인프라 조성과 같은 시장 제도 지원에 국한되어야 한다. 그러나 최근의 경제 기적으로 여겨지는 일본과 한국의 학자들은 민간 부문의 지원뿐만 아니라 기업 전략과 활동에 대한 공동 참여자로서 정부의 역할을 강조한다Johnson, 1982; Amsden, 1992.

기업 차원의 연구, 특히 '거친 다이아몬드'라 불리는 급성장 기업에 대한 연구에서 정부 지원의 중요성과 성공의 결정 요인들 간의 연관성을 강조한다Park, Zhou, & Ungson, 2013. 무역, 생산, 투자 및 경쟁력과 관련한 중요한 문제에 대해 정부와 정부가 권한을 부여한 기관들이 아세안 협상을 주도하였기 때문에, 아세안 유망 기업들은 그들과 관계를 개발하는 것이 필수적이다. 사실 추세에 따르지 않는다는 것은 순진하고 무모한 일일 수 있다. 이 주장은 뒷장에서 확장되고 명료하게 설명된다.

핵심역량 개발

무역은 단순히 의도적인 문제가 아니라 경쟁 역량의 문제이다. 어떤 기업은 무역에 종사하고 싶어 하지만 그렇게 하기에는 자원이 부족하다. 성공을 위한 요구사항은 기업의 무역 유산 및 수출 지향 마인드에 대한 약속이다. 무역유산 개발은 자의적이지도 편의적이지도 않고 의도적이며 포괄적이다. 세계시장에서 일본 기업의 성공은, 제2차 세계대전 이후 늦은 출발에도 불구하고, 강력한 정부 지원, 산업 그룹 내에서의 조정(계열), 강력한 노사관계, 그리고 무역 조직(총합무역상사)으로부터 끊임없는 지원에 의해 촉진되었다. 마찬가지로 한국의 경우 강한 정부 정책, 기업 그룹 구조(재벌), 직장 우수성에 대한 집중, 그리고 불가해한 'can-do' 태도가 현대, 기아자동차, 삼성을 현지 챔피언에서 글로벌 강자로 바꾸어 놓았다.

아세안 국가 중 싱가포르는 현재 '오성급' 수출 경제로 평가받고 있다. 비록 태국, 말레이시아, 인도네시아(석유 및 가스 수출로 브루나이 포함)가 유망한 궤적을 가지고 있지만. 이는 우호적인 수출 환경에 있는 기업이 반드시 성공하며, 나머지 아세안 국가의 기업들이 어려움을 겪고 실패할 것이라는 것을 의미하지 않는다. 성공은 결국 비전을 가지고 핵심역량을 개발할 뿐만 아니라 시간이 지남에 따라 지속적으로 높은 성과를 달성할 수 있도록 성공에 대한 깊은 몰입을 하는 기업에 달려있다. 이 주장은 앞으로 이어질 장에서 자세하게 설명될 것이다.

2부
아세안 챔피언:
지속적인 성공을 위한 전략

ASEAN Champions: Strategies for Enduring Success

∶

아세안 챔피언은 누구인가?
이 기업들의 어떤 특징이 다른 기업들과 구별되는가?
이 기업들의 공통점이 무엇인가?

이어지는 6개의 장에서 광범위한 연구와 10개 아세안 국가의 현지 인터뷰, 다양한 2차 출판물을 토대로 한 아세안 챔피언에 대한 자세한 담론을 보여준다.

이 연구에서 아세안 챔피언의 성공은 매우 불리한 정치적 및 경제적 상황에도 불구하고 강한 현지 기업으로 변모할 수 있는 그들의 능력에 기인한다고 생각한다. 특히 제도적 공백과 저개발로 특징지어진 저개발 시장에서 이들 기업 대부분은 기회를 활용하고 혁신적인 전략을 수립할 수 있었다. 초보적인 제도의 환경 속에서 그들은 위험과 불확실성을 수용할 수 있는 인적 및 재정적 자원을 활용할 수 있었다.

6개의 장에서 구체적인 전략을 분석한다. 제도적 유산 보존(4장), 시장 지배력 활용(5장), 선구적인 마케팅 전략(6장), 현지화 심화(7장), 국제화 촉진(8장), 시너지효과 창출(9장), 인적자본 육성(10장).

제도적 유산 보존

서론

유산의 개념은 일반적으로 시간이 지남에 따라 부의 이동 또는 세대 간 자본의 지속적인 계승을 의미한다. 조직의 성공에 관한 기술에서, 부의 개념은 유형자산과 무형자산을 모두 포함하도록 확대되고 더욱 다듬어졌다. 부상하는 초국적 기업에 대한 그들의 연구에서, 바틀렛과 고샬Bartlett and Ghoshal, 1987, 1990은 미묘한 표현을 사용했다. "행정 유산administrative heritage" – 혹은 역사, 전통, 관습, 문화 및 리더십 계승의 융합. 구체적으로 행정 유산은 *"수십 년에 걸쳐 구축된 조직 자산 및 역량의 구성, 신속한 전환이 불가능한 경영자 책임 및 영향력의 분배, 구조변경이 이루어진 후 오래 지속되는 일련의 관계이다."* (1987:8)

계속되는 연구에서 행정 유산은 넓게 그리고 다른 방법으로 해석되었다. 때때로 행정 유산은 공유되고 구속력 있는 신념, 규범, 가치로 정의되는 기업문화에만 국한된다. 그럼에도 불구하고 기업문화는 행정 유산의 필수 요소이지만 문화는 더욱 제한적이며 유산을 구성하지 않는다. 비록 리더의 지속적인 패턴 및 이들을 구현하는 가치관이 행정 유산을 형성하고 영향을 주지만, 행정 유산은 강력한 리더십과 혼동되어서는 안 된다.

행정 유산은 기업의 전반적인 역사, 특히 현재의 전략, 자원(재무 및 인적자원), 및 시간이 지남에 따라 개발된 역량으로 이어지는 중추적 사건의 맥락에서 주로 이해된다. 바틀렛과 고살(1987, 1990)이 언급했듯이, 행정 유산은 변화의 원동력이 될 수도 있고, 변화의 방향이 지배적인 규범, 가치 및 자원에 부합한다고 가정할 때, 변화에 제약이나 장애물이 될 수도 있다.

아세안을 정의하는 개발도상국의 기업에 대한 본 연구에서, 행정 유산은 제도 개발과 불가분의 관계로 얽혀있다. 바틀렛과 고살은 외부환경과 관련하여 기업의 국제화 전략에서 이 제도와의 연관성을 인정하지만, 제도 자체는 연구의 초점이 아니다. 따라서 그들의 연구에서 행정 유산은 주로 형태와 개발에서 내부적이다.

특히 아세안에서는 식민지주의의 주요 영향과 식민주의 이후의 새로운 국가주의 정서가 제도 발전에 깊숙이 박혀있다. 그럼에도 불구하고 1장에서 지적한 바와 같이 진화하는 제도는 신흥 경제 및 개발도상국의 기반이며 국가 경제 발전의 결정 요인이다.

주요한 역사적 사건과 정부 결정을 조직 발전과 결합시킨 제도적 개발의 전반적인 영향을 강조하기 위해 우리는 *제도적 유산* institutional legacy이라는 용어를 사용하여 성공적인 아세안 챔피언의 한 가지 특징을 설명하려고 한다. 제도적 유산은 조직 역사, 자원, 자산 및 인적 자원이 국가와 지역에서 경제발전의 진화하는 제도적 특징과의 결합을 의미한다. 이 장의 주제인 제도적 유산을 보존한다는 것은 역경에도 불구하고 유산에서 파생되는 우위를 유지할 수 있는 능력을 강조한다. 따라서 제도적 토대 활용에 대한 우리의 논거에 맥락을 더해준다.

제도적 유산을 뒷받침하는 것은 제도와 시간이 지남에 따른 기업 발전의 공동 *진화*에 더 중점을 둔다. 생물학에서 공동 진화는 생존과 성장을 위해 상호 포용적이고 호혜적인 두 연동 기관 또는 개체의 변화로 설명될 수 있다. 한 가지 유명한 예는 지속적인 수분작용 과정에 있는 호박벌과 꽃의 발전이다.[1] 호박벌은 풍성한 꽃밭에서 번창한다. 관련하여 꽃은 지속적인 수분작용으로 더욱 다양해진다. 따라서 다른 하나 없이 생존하고 진화하고, 번영할 수 없다Wikipedia, 2011.

투쉬만, 뉴만, 로마넬리Michael Tushman, William Newman, and Elaine Romanelli :1986는 탐색과 활용의 상호작용과 이에 따른 전략, 조직 구조 및 프로세스가 어떻게 변화하는지를 설명하기 위하여 공동 진화를 조직이론에 적용하였다. 아세안 맥락에서 개도국의 제도는 미숙하고, 후진적이며 유동적이다. 그럼에도 불구하고 정부정책의 변화와 같은 중추적인 변화는 조직을 위한 적절한 기회를 창출할 수 있다. 제도적 변화는 또한 발전에 대한 태도의 근본적인 변화를 수반한다.

그럼에도 불구하고 이러한 기회를 활용하는 것은 자기유희의 결과가 아니다. 그것은 위험에 관계없이 예지력 있는 기업가정신과 시장 진입에 대한 깊은 의지를 수반한다. 제도가 지속적으로 변함에 따라, 조직은 그에 대한 새로운 요구사항을 충족시키기 위해 대응력과 적응력을 갖추어야 한다. 제도가 변하는 경우, 비탄력적인 조직은 무기력해지고 궁극적으로 대응력이 뛰어난 조직으로 교체되기 쉽다. 초기 제도 요구를 충족시키는 데 성공한 조직은 더 많은

---

1 http://en.wikipedia.org/wiki/Coevolution (2015년 7월 1일 접속)에서 채택된 예

기회 및 시장 니즈를 창출할 수 있다. 신흥시장의 정부는 경제성장에 따라 새로운 시장과 사회적 요구를 충족시키기 위해 성공적인 중개자에 의존한다.

앞으로 소개될 사례에서 우리는 특정 국가의 제도적 변화와 모범적인 기업이 그러한 기회를 어떻게 활용하는가를 설명한다. 우리는 제도적 유산의 개념을 공동 진화의 맥락 속에 위치시킨다. 이는 제도적 유산의 양날의 특징을 버리지 않는다. 행정 유산과 마찬가지로 기업의 새로운 행동은 유산에 의해 활성화되거나 제한될 수 있다. 사실 우리는 주요 기회를 다루는 데 실패한 기업들이 그들 자신의 유산에 의해 제약을 받았다고 주장한다. 따라서 제도적 유산을 활용할 수 있는 능력은 실패한 기업과 성공적인 기업을 구분하는 요소이다. 이 장에서 우리는 성공을 가져온 제도적 유산의 사례를 설명한다. 따라서 이들 사례와 제도적 유산의 맥락을 간단히 미리 소개한다.

- 홀심 필리핀(*Holcim Philippines, Inc.*: 필리핀): 필리핀 시멘트 업계의 발전과 보조를 맞춘 혁신적인 시장 선도 업체
- 시암 시멘트 그룹(*Siam Cement Group*: 태국): 태국의 신생 산업을 활용한 기업
- 서밋 오토 바디 인더스트리(*Summit Auto Body Industry Co., Ltd*: 태국): 자동차 및 부품 산업 분야의 혁신적인 선도 기업
- 다오후안 그룹(*Dao-Heuang Group*: 라오스): 시장 개혁 기간 동안 기업가적 중개자에서 전국 챔피언
- 파 이스턴 대학교(*Far Eastern University*: 필리핀): 교육 분야에서 오랜 역사를 지닌 비전 있는 리더

- 아얄라 랜드(*Ayala Land, Inc.*: 필리핀): 토지 개발 및 건설 분야에서 가치 중심의 리더
- 리포 카라와치(*PT Lippo Karawaci Tbk.*: 인도네시아): 부동산 개발에 새로운 기준을 세운 개척자
- 이이아이(*EEI Corporation*: 필리핀): 엔지니어링 장비 제작자에서 중공업 프로젝트의 거물급 기업
- 기타 아세안 챔피언: 어보이티즈 전력회사(*Aboitiz Power corporation*: 필리핀), 아디닌 그룹(*Adinin Group of Companies*: 브루나이): 가족 경영 전통산업

홀심 필리핀

역사적 사건은 비즈니스 환경과 따라서 기업의 발전, 전략 및 성공 또는 실패에 중대한 영향을 미친다. 이러한 주요 외부 충격이 기업에 기회 또는 도전을 제공하느냐는 역사적 우연뿐만 아니라 기업의 통찰력과 전략적 사고에 달려있다.

필리핀의 한 시멘트 공장은 1921년 세부 섬에 있는 미국 계약자의 도움을 받아 중앙 정부에 의해 세워졌다. 이 회사는 세부 포틀랜드 시멘트 회사Cebu Portland Cement Company: CEPOC를 결성하여 그 당시 유일한 두 주요 생산자가 되었고, 마침내 2차 세계대전 중 일본의 점령 때까지 국내 시멘트 생산량의 2/3 이상을 차지하였다. 미국이 필리핀을 해방시키려고 했을 때, 수도인 마닐라의 대부분은 미국의 습격과 일본의 약탈로 바르샤바에 이어 세계에서 두 번째로 폐허가 된 도시로 전락하였다. 미국이 주도한 뒤이은 전후 재건 노력과 주택, 건축물, 도로 및 인프라에 대한 억눌렸던 수요가 시

멘트 사업에 유망한 기회를 제공하였다. 1949년 현지 생산량은 8백만 백bags/년이었는데, 소비량은 1천만 백이었다Albarracin, 1969.

1956년 필리핀 대통령 막사이사이Ramon Magsaysay는 시멘트를 포함하여 정부가 소유하고 운영하는 산업의 민영화를 추구하였다. 로자리오Ramon V. del Rosario Sr.의 지도력 하에 있는 진취적인 필리핀 실업가 그룹은 최근에 필리핀 투자경영 컨설턴트Philippine Investment Management Consultants: PHINMA를 설립하여 국가 산업 분야의 발전에 적극적으로 참여하였다. 1957년에 PHINMA는 마닐라 북쪽 약 280km에 있는 라 유니언La Union 지역에서 CEPOC의 새로운 공장에 대한 입찰을 받았다. 이것은 필리핀에서 정부소유 기업의 최초의 성공적인 민영화였다. 다른 시멘트 회사가 성장하는 시장을 이용하여 부유한 필리핀 가족들에 의해 설립되었지만, PHINMA는 점차 시멘트 보유량을 확장하고, 여러 시멘트 공장을 관리하여, 필리핀에서 가장 큰 생산업자가 되었다.

스위스 회사인 홀심Holcim은 지방 시멘트 회사에서 소수 지분을 인수하여 1969년에 필리핀 시장에 진출하였으나, 2002년에 회사에서 다수 지분을 인수하여 필리핀에서 보다 적극적으로 확장하기 시작하였다. 이때 PHINMA는 철강, 에너지, 종이 및 부동산을 포함한 다른 분야로 성공적으로 다각화되었다. 2004년 홀심은 성공적으로 PHINMA 시멘트 사업부와 합병하여 공식적으로 홀심 필리핀으로 알려지게 되었다.

합병은 회사를 국제적인 브랜드와 제휴시킴으로써 회사의 현지 시장 리더십을 강화했을 뿐만 아니라 시장 지식 및 기술 전문성에 역동적인 시너지를 창출하여 홀심 필리핀은 다양한 애플리케이션을 위한 다양한 종류의 시멘트를 포함하는 제품 포트폴리오를 개발할 수 있었다. 50년 동안 시멘트 제품에 주력한 후, 회사는 또한 레미콘 및 골재 처리로 사업을 확장하였다. 시멘트 제품외에도 홀심 필리핀은 현재 도로, 포장 및 주택뿐만 아니라 산업, 구조 및 특수 목적의 콘크리트를 생산한다Holcim Philippines, 2010.

홀심 필리핀은 다양한 제품을 제공하는 것 외에도 최근 고객 맞춤형 제품에 더 많은 부가가치 서비스를 제공하기 위해 노력해 왔다. 회사는 고객을 위한 주택 건설 솔루션 및 기술 지원을 제공하는 고객 지원 센터인 Holcim Helps-U-BulidHUB를 개발하였다. 회사는 '인류, 지구 및 이익'의 세 가지 핵심요소TBL에 대한 신뢰를 바탕으로 Geocycle이라는 대체연료, 원자재 및 폐기물 관리 부서를 개발하여, 폐기물 공동 처리, 분석 및 운송과 같은 다양한 서비스를 제공하는 폐기물 관리 솔루션 브랜드로 성장하였다Holcim Philippines, 2013.

투명하고 혁신적이며 미래 지향적이며 사람 중심 전략에 따라 홀심 필리핀은 필리핀 시멘트 업계에서 지속적으로 유명하고 신뢰받는 브랜드가 되고 있다. 홀심 필리핀을 차별화시킨 것은 회사를 시장 리더십의 지위로 이끈 지속적인 혁신과 회사의 유산을 결합하는 능력이다. 그동안 홀심 필리핀은 산업 및 국가 경제 발전을 성공적으로 활용할 수 있었다. 이러한 성공은 국가 산업 발전에 적극적으로 참여하겠다는 의지와 함께, 역사적인 사건, 정책 변화 및 기술적 진보를 활용하는 혁신적인 사고와 결합된 일정 수준의 사업가적 통찰력을 요구하였다.

시암 시멘트 그룹

　필리핀과 마찬가지로 시멘트 산업의 발전은 태국의 국가 경제 발전과 밀접하게 연관되어 있다. 라마 5세Rama V 국왕의 후임자인 6세 국왕이 이끄는 태국은 20세기 초 경제를 현대화하려고 하였다. 근대화로의 전환은 시멘트를 포함한 건축 자재에 대한 수요를 전례 없는 수준으로 끌어 올린 인프라와 건물에 대한 투자를 필요로 하였다. 1913년 라마 6세는 국가의 수입 건설 자재 의존도를 낮추고 인프라 비용을 줄이며 산업역량을 개발하기 위해 시암 시멘트 주식회사를 설립하였다.

　이 당시 태국에는 경영진의 재능과 기술적 노하우가 부족하였다. 따라서 시암 시멘트SCG는 네덜란드의 시멘트 생산 설비 및 기계 제조업체인 F.L. Smidth & Co.와 합작투자를 통해 기술적 전문성과 함께 필요한 기술을 제공하고자 하였다. 네덜란드 투자자가 회사에서 최대 25%의 지분을 소유할 수 있도록 허용함으로써, 시암 시멘트는 해외 파트너가 제공한 지적 자산과 재정적 자원의 중요성을 인식하였다. 실제로 네덜란드 경영자들은 1974년까지 회사의 최고위직을 유지하였다. 외국 파트너십은 시암 시멘트가 외국 브랜드가 더 나은 품질을 제공한다는 대중의 인식과 일치시키기 위해 현지 브랜드를 활용하는 데 도움이 되었다. 이 회사는 오늘날 자사의 전문적인 경영 시스템 및 기업 문화를 태국 왕실 유산, 네덜란드의 경영 효율성 및 기술적 우수성의 시너지효과가 있는 조합의 결과로 본다.

　SCG의 역사를 통틀어 기술 및 R&D에 대한 투자는 항상 회사의 우선순위에 있었고, 자체 실험실을 설립하고 지역 및 국제 연구

기관과 협력하였다. 최근 협력기관 중 하나는 옥스퍼드 대학교의 R&D 우수 센터였다.

현재 SCG는 시멘트 제품을 넘어 다각화를 하여, 동남아시아 지역에서 콘크리트, 제지 및 석유 화학 제품 사업을 성공적으로 수행하고 있다. SCG의 경험은 잠재적인 이점의 관점에서 저개발의 초기 단점을 해결하고, 태국 군주국과 관계를 구축했다는 점에서 홀심 필리핀의 경험과 유사하다. 군주국의 지원으로 회사를 창립한 것과 산업 발전에 뒤지지 않도록 외국 파트너십을 맺은 것이 회사의 유산에 큰 영향을 미쳤다. 이 회사는 파트너십으로부터 중요한 기술적인 전문지식뿐만 아니라 경영 능력을 습득하여 업계에서 지속적인 성장을 위한 토대를 마련하였다.

서밋 오토 바디 인더스트리

전 맥킨지 컨설턴트인 오마에 겐이치Ohmae Kenichi: 1980는 개도국의 진보의 역사를 삐그덕 거리는 마차에서부터 자전거 및 오토바이, 그리고 자동차 및 현대 운송에 이르기까지 일련의 진화하는 니즈로 설명하였다. 개인 운송에서의 이러한 이정표는 지원 및 보조 산업 측면에서 분류될 수도 있다. 서밋 오토 바디 인더스트리SAB는 1986년 태국의 주랑쿨Sunsurn Jurangkool이 그의 부상하는 서밋 그룹의 자회사로 설립하여 자동차 배기 시스템, 차체 부품, 압연 성형 부품 및 메커니즘 부품을 생산하고 있다. 주랑쿨은 1972년에 오토바이 시트와 자동차 인테리어 부품 제조업체를 설립하였으며, 초기에는 기업가로서의 경력을 쌓은 이후 자동차 산업에 종사해 왔다.

1980년대는 태국의 자동차 부품 산업에 좋은 기회였다. 1975년부터 태국 정부는 엄격한 현지 콘텐츠 요건을 점차 강화하여 자동차 부품을 1970년대 말 승용차의 경우 25%에서 1990년대까지 디젤 엔진 픽업 트럭의 경우 70%까지 현지화 하도록 강요하였다. 1980년대 배기 파이프, 디젤 엔진 부품, 라디에이터 및 배터리를 포함한 핵심 부품의 현지 소싱이 의무화 되었다. 현지 콘텐츠 요구사항이 엄격해짐에 따라 태국에 투자한 자동차 회사, 특히 일본 기업들은 공급망을 구축하고 현지 부품 제조업체와 협력하여 현지 공급업체와 더 밀접한 관계를 유지하기 시작하였다Techakanont, 2011. 일본은 미국에 일본 수출품의 비용을 증가시킨 1985년 플라자 협정 이후 미국 달러에 대한 일본 엔화의 절상에 대응조치로 새로운 시장과 대체 생산 기지를 모색함에 따라 태국 자동차 산업에 투자하는 데 특히 관심이 많았다.

자동차 현지 콘텐츠 요구사항과 같은 정책 발전과 태국에 대한 일본의 투자 유입을 이용하여 SAB은 태국 자동차 산업과 함께 성장하였다. 그들의 제품에 대한 수요가 증가함에 따라, SAB은 태국 투자청이 제공하는 특별 인센티브를 활용하기 위하여 태국 정부가 만든 특별 경제 구역에 자회사를 설립하였다. 1994년 라엠차방 산업단지Laemchabang Industrial Estate와 2004년 라용 산업단지Rayong Industrial Estate에 자회사가 설립되었다.

SAB은 자동차 바디 부품 시장의 선두 주자이다Summit Auto Body Industry Co., Ltd., 2005b. 국제 자동차 제조업체의 엄격한 안전 및 기술 요구 사항에 따라 그들에게 각인된 유산의 직접적인 결과로 R&D 및 지속적인 혁신에 막대한 투자를 하였다. SAB은 다양한 자동차 부품, 동력계 시스템 및 툴링 기능을 위한 품질 테스트 연구소 등 여러 연구 센터를 운영하고 있다. 그들은 또한 독점적인 통합 생산 기술, 우수한 품질 보증 시스템 및 세계적인 수준의 품질과 환경 친화적인 경영 시스템을 개발하였다Summit Auto Body Industry Co., Ltd., 2005a.

홀심 필리핀과 마찬가지로 SAB은 정부 정책의 변화와 함께 경제 상황의 발전을 활용하였다. 홀심 및 SAB 사례는 아세안 챔피언이 국제 개발에 의해 차례로 영향을 받는 본국의 발전에 신속하게 대응한 방법을 보여주었다. 홀심 필리핀 및 SCG와 마찬가지로 혁신이 SAB의 제도적 유산의 특징이었다. SAB은 진화하는 자동차 산업에 부합하는 제품을 만들고 제공할 수 있는 혁신 역량에 중점을 두었다. 사실 혁신은 SAB이 다양한 제품과 확장을 성공적으로 수행하는데 있어 통일된 요인이었던 기업문화의 핵심 부분이었다.

다오후안 그룹

식품 및 음료는 모든 경제에서 필수적이지만 업계의 기본 구조는 작고 분산된 소매점부터 대규모 글로벌 기업에 이르기까지 다양하다. 개도국에서 이 구조는 일반적으로 시간이 지남에 따라 다각화되는 현지 기업가적 벤처의 형태를 띤다. 그럼에도 불구하고 성장은 모든 기업에게 골고루 혜택이 돌아가지 않으며, 기업들은 이러한 전환기에 실패할 수도 있다. 한 강자기업 다오후안 그룹은 1991년 다오후안 수출입 회사로 설립되어 변화하는 환경에 진화하는 요구를 충족시킨 모범사례다. 이 회사는 원래 위스키, 와인 및 담배 제품을 수입하였다. 그러나 이후 몇 년 동안, 커피콩을 이웃 국가로 수출하는 것을 시작으로 다른 분야로 제품을 다양화하였다.

현재 이 회사의 주요 사업은 커피, 차, 수입 소매 및 부동산 임대, 의약품 및 항공 예약 서비스와 같은 여러 가지 다른 사업을 포함한다.

사장이자 최고경영자인 르앙 리땅Leuang Litdang이 그녀의 회사를 설립했을 때, 라오스는 사회주의 경제에서 자유화된 국가로 전환하면서 국제무역을 개방하기 시작하였다Soukamneuth, 2006. 이 무역회사는 싱가포르, 프랑스, 미국으로부터 담배제품, 알코올 음료 및 향수를 수입하기 시작하였다. 수출 기회를 모색하기 위하여 이 회사는 라오스의 농업 부문과 방대한 농장 토지에 주목하였다. 1998년 이 회사는 몇몇 현지 재배자가 생산한 커피콩을 이웃국가에 수출하였다. 수출품으로서 커피의 잠재력을 본 회사는 라오스에서 수출 지향형 커피 재배의 가능성을 모색하였다. 커피 생산에 대한 경험이나 전문 지식이 거의 없기 때문에 다오후안은 사업에 대해 더 배우기 위해 해외로 눈을 돌려, 국제 모범 사례를 연구하고, 현지 농부들에게 커피 재배 방법을 가르치기 위해 베트남 커피 재배자를 고용하였다.

라오스의 새로운 농산물 수출 창출은 일자리 창출과 경제 발전을 의미하기 때문에 라오스 정부는 회사의 이니셔티브를 적극적으로 지지하였다. 정부는 이 회사가 현지 농부들과 계약 재배 협정을 맺도록 도왔고, 다오후안이 커피콩 재배에 적합한 6만5천 평방 마일의 비옥한 토지를 사용할 수 있게 하였다.

이 회사는 재배 방법 및 가공 기술에 대한 집중적인 연구를 완료하는 데 8년이 걸렸고, 2008년 최초의 커피 생산 공장을 완료하는 데 3년이 더 걸렸다. 노력과 헌신이 보람을 얻은 것 같았다. 2012년 라오스 정부의 재정 지원을 받아 다오후안은 동남아시아에서 가장 큰 인스턴트 커피 공장을 성공적으로 오픈하였다.

커피 생산에 대한 야심찬 모험과 더불어 리땅은 새롭게 발전하는 라오스 경제에서 여러 다른 투자기회를 찾았다. 그녀는 소매 경영, 자산 관리 및 의약품을 포함한 다른 제품 및 서비스 분야에서 사업을 시작하였다. 2007년 리땅 기업들은 다오후안 그룹으로 통합되었다.

통합 후 회사는 향후 성장을 위한 전략을 개념화하였다. 농공산업을 기반으로 한 다오후안은 차, 음료 및 식품을 제공하는 데까지 확대하였다. 이 회사는 5년 안에 라오스 증권 거래소에 상장할 계획이다.

표면적으로, 음식과 음료는 선진국이건 신흥시장이건 모든 경제에서 필수적인 요소이다. 그들 사이의 차이점은 농업 산업의 발전과 제도 및 인프라, 특히 시장 중개자의 기능에 있다. 다오후안은 비즈니스 개척 단계의 수출입 사업에서처럼 기업가적 중개자의 고전적인 사례이다. 다오후안은 손을 더럽히고 행동으로 실천하는 것만이 우위를 확보할 수 있는 유망한 기회로 보았다. 다오후안은 커피를 수익성 있는 수출거래 기회로 생각하고, 신뢰할 수 있는 공급망이 없는 상황에서 자체적으로 공급망을 설립하기로 결정하였다. 다오후안은 저개발의 도전 과제를 성공적으로 자체 및 국가의 지속 가능한 성장 기회로 전환시켰다. 국제적으로 벤치마킹하고 선도적인 관행에서 학습할 수 있는 강력한 경영 능력을 키워 시장기회를 활용하고 새로운 정부지원 및 비즈니스 기회를 열 수 있게 하였다.

파 이스턴 대학교(FEU)

교육 기회는 개도국에서 개발을 위한 도가니를 제공한다. 그럼에도 불구하고 교육은 성공과 신분상승을 위한 전제조건이지만 그것을 보장하지는 않는다. 교육에 대한 접근성 부족은 중요한 제도적 공백이다. 필리핀은 로마 카톨릭의 스페인과, 나중에 공공 교육에 막대한 투자를 한 미국의 식민지였기 때문에 수많은 교육기관의 본거지이다. 필리핀 고등 교육기관의 70% 이상이 사립 기관이지만Commission on Higher Education, 2012, 국가의 명문대학 및 대학교 대부분은 비영리 조직으로 종교 종파나 국가에 의해 운영이 되고 있다. 그들은 장기적인 지속가능성과 재정적 성공을 위해 기부금에 크게 의존한다. FEU는 필리핀 증권거래소에 영리를 목적으로 상장된 3개 교육기관 중 하나다. 이 대학교는 경영학, 법학, 공학, 컴퓨터 과학에 이르기까지 광범위한 학부 및 대학원 프로그램을 제공한다.

FEU는 1928년에 설립된 회계 대학Institute of Accountancy과 1919년에 설립된 Far Eastern College의 합병으로 1934년에 설립되었다. 설립자 레이예스Nicanor Reyes는 직장인 학생을 수용하지 못한 기존 교육 시스템에서 공백을 인정하였다. 고등교육 기관은 자녀들의 대학교육에 재정지원을 할 여력이 있는 고소득 가정에서 온 학생들을 교육시켰다. 그는 또한 경제 발전으로 인해 상업 활동이 증가하고 있는 시기에 지방 회계사가 부족한 점을 지적하였다. 증가하는 요구를 충족시키기 위하여 필리핀의 대기업들은 미국과 영국인 회계사를 채용해야만 했다. The Institute of Accountancy는 원래 직장인 학생을 위한 야간 대학으로 설립되었다. 1930년대에 레이예스는 Far Eastern College와 합병을 통하여 The Institute of Accountancy를 종합대학교로 설립을 모색하여, 새로 설립된 FEU는 회계 및 경영학을 전공으로 교양교육을 제공할 수 있었다. 그 후 1931년에 교육대학, 1934년에 법학대학, 1936년에 기술대학 등 여러 단과대학이 설립되었다.

2차 세계대전 때 일본의 점령군이 마닐라 캠퍼스를 장악하자 대학의 확장과 일상 업무는 중단되었다. 1945년 대학은 즉시 재개되었다. 10년 후 국가의 성장하는 의료 수요를 충족시키기 위하여 대학병원과 함께 간호대학 및 의과대학을 설립하였다. 1970년에 건축대학과 미술대학이 설립되었고, 1990년대 초 IT 시대가 도래하자 현지 컴퓨터 학교와 합작투자를 통하여 정보 기술 동아시아 대학 East Asian Institute of Information Technology을 설립하였다. FEU 전 역사를 통하여, FEU는 필리핀이 경제발전에 따라 산업 수요를 채울 수 있도록 필리핀인에게 교육 기회를 제공하려고 노력해왔다.

"우리의 목표는 직장인 학생들과 일반 학생들에게 접근 가능하고 저렴하며 FEU 졸업생의 고용가능성을 높이는 가치 있는 교육을 제공하는 것이다." – 회장 몬티놀라Aurelio Montinola III, Chairman

"레이예스의 비전은 전공이 학생들에게 능력을 제공할 수 있어야 한다는 것이다. 그것이 우리가 먼저 회계학을 시작한 이유다. 왜냐하면 필리핀에서 필리핀인들은 회계업무를 볼 수 없었고, 필리핀인들이 외국인만큼이나 유능하다는 것을 보여주기를 그들은 원했고 우리도 원했다. … 그것이 내가 지금 생각하고 있는 것들 중의 하나다. 레이예스 시대에 회계학 및 법학에 버금가는 다른 전공은 무엇이 있는가? 새로운 경제에서 필리핀인들에게 능력을 제공할 수

있는 것이 무엇인가?" – 사장 알바Michael Alba, President

최근 몇 년 동안 대학 네트워크는 적극적으로 확장하여 필리핀의 주요 비즈니스 지역인 마카티Makati와 마닐라에서 남쪽으로 54km 떨어진 실랑Silang, Cavite에 위성 캠퍼스를 설립하였다.

교육 기관이 장기적으로 재정적으로 성공하는 경우는 드물기는 하지만, FEU는 적시에 국민들의 니즈에 초점을 두고 시간이 지남에 따라 지속적인 개선을 통해 자사의 유산을 강조하였다. FEU는 역사를 통틀어 필리핀의 발전 스토리를 형성하는 데 도움을 준만큼 필리핀 경제 발전의 필요에 긴밀히 적응해왔다. 교육의 제도적 공백을 메우고 지속적인 경제 성장을 위해 필요한 역량을 제공하는 것이 기업가적 통찰력이었다.

아얄라 랜드

국가 경제 발전의 또다른 핵심기관은 부동산 및 재산관리이다. 선진국에서는 이 산업이 중요한 서비스를 제공하는 핵심 중개기관이다. 재산 관리의 중요성을 감안할 때, 서비스는 훌륭한 관리 프로세스 및 경영 능력을 통해 이 산업을 지원할 수 있어야 한다. 개도국에서 중개자 채널은 범위가 훨씬 좁아, 주택 및 인프라의 성장에 영향을 미친다.

필리핀에서 가장 큰 기업 중 하나인 아얄라 주식회사Ayala Corporation의 부동산 사업을 담당하는 아얄라 랜드는 국내 최고의 부동산 개발업체이다. 아얄라 랜드Ayala Land, Inc.가 공식적으로 1988년에 설립되었지만, 필리핀에서 가장 오래된 기업인 Ayala

Compania(현재 Ayala Corporation)에서 오랫동안 유산을 이어가고 있으며, 특히 마닐라 수도 외곽에 있는 마카티Makati에 있는 이전 농지를 개발하여 필리핀 최고 비즈니스 중심지역CBD으로 만든 것으로 알려지고 있다.

아얄라-록사스Ayala-Roxas 가족은 1851년 예수회에서 농장(또는 hacienda)을 구입하였다. 1930년대 중반에 닐슨L.R. Nielson이 이끄는 외국인 투자자 그룹이 사적으로 마닐라에 공항 개발에 관심을 갖게 되었다. 아얄라 가족이 이 사실을 알았을 때, 그들은 교외의 부동산을 이상적인 장소로 제안했고, 아직 많이 개발되지 않았고, 사람들이 드문드문 살고 있었지만 성장하는 수도에 매우 가까웠다. 제안은 받아들여졌으며 마닐라의 첫 번째 공항은 1937년에 완공되었다. 이 공항에서 1941년 아시아에서 가장 오래된 항공기인 필리핀 항공Philippine Airlines을 포함해 많은 처녀비행이 이루어졌다. 제2차 세계대전이 시작되면서 공항의 상업적 운영이 중단되었고, 미국 공군에 헌납되었다. 전후 잠시 운영이 재개되었지만, 1948년에 더 큰 공항이 다른 곳에서 오픈되었고, 시설 소유권은 곧 아얄라 가족에게 이전되었다. 부동산 기회를 포착한 아얄라 주식회사는 전 공항의 두 교차 활주로를 도로로 전환하여 회사의 거대한 상업 및 주거 개발 프로젝트의 중심에서 Ayala Triangle이 될 양면을 형성하였다. 처음 계획되었을 때 야심차고 선견지명이 있다는 뜻으로 아얄라 마스터 플랜Ayala Master Plan은 한때 한적하고 눈에 띠지 않았던 마닐라 교외에서 대규모의, 복합 용도의, 특별한 목적을 위한 공동체를 구상하였다.

이 첫 번째 모험의 성공은 아얄라 주식회사의 핵심 사업 중 하나인 부동산 개발의 토대를 마련하였다. 1970년대에 이 회사는 마카티와 마닐라에서 더 남쪽으로 떨어진 교외인 알라방Alabang에서 동일한 종합계획 및 복합용도 개발 방식을 사용하여 마카티에서 초기 성공을 재현하고자 하였다. 1980년대와 1990년대에 이 회사는 필리핀 중부와 남부에서 기회를 모색하기 시작하였다. 새로운 개발로는 마카이 아얄라 센터에서 동쪽으로 4km 떨어진 포트 보니파치오에 있는 전 군사기지에서 개발된 번성하는 비즈니스 구역 Bonifacio Global City와 마카이 상업중심지역CBD에서 남쪽으로 40km 떨어진 로사Rosa에 누발리NUVALI가 있다.

시장과 지리적인 범위를 확대하고자 하는 아얄라 랜드는 다른 부동산 회사와 함께 전국적으로 여러 합작투자 프로젝트에 참여해왔다. 이 부동산 회사의 대부분은 저명한 필리핀 비즈니스 가족들이 운영하는 대기업에 속해 있다. 예를 들어 Bonifacio Global City 프로젝트는 캄포스Campos 가족의 Evergreen Holdings와 함께 개발되었다. 이 회사는 세부Cebu의 새로운 상업지구를 어보이티즈 랜드Aboitiz Land와 함께 개발하였고, 알칸타라Alcantara 가족의 Alsons Group과 함께 다바오Davao의 복합용도 공동체를 개발하였다. 합작투자 및 전략적 파트너십을 통해 위험을 줄이고 자본을 최적화하면서 회사는 빠르게 확장할 수 있었다GMA News, 2013.

모든 프로젝트에서 아얄라 랜드는 비즈니스 및 주거 단지 개발에 비전 있는 리더십을 발휘하여 국가 경제 발전에 기여하였다. 사장 겸 CEO인 빈센트 디Bernad Vincent Dy는 2014년 회사를 대표하여 동남아시아 부동산 상Southeast Asia Property Award을 수락할 때 분명히 밝힌 바와 같이 아얄라 랜드의 장기 비전이 진정한 성공 요인이었다. 그는 아래와 같이 말했다. "장기적인 유산을 남기는 것의 선호와 세대를 위한 지속적인 가치를 창출하고자 하는 욕구가 처음부터 아얄라 랜드를 발전시킨 원동력이다."Ayala Land, 2014 다른 사례와 마찬가지로, 아얄라는 본국의 경제 개발 스토리와 밀접한 관련이 있는 훌륭한 경영과, 변함없는 기업 문화를 지속적으로 유지해왔다. 가족 경영이 다른 기업에서 어려움을 겪었지만, 가족 구성원 간의 성공적인 승계의 유산은 아얄라 그룹의 유산이다.

리포 카라와치

필리핀과 마찬가지로 인도네시아에서도 부동산 개발이 활발하였다. 리포 카라와치는 주거 및 도시 개발, 대규모 통합 개발, 소매 쇼핑몰, 병원, 호텔 및 레저 및 자산관리와 관련된 인도네시아의 주요 부동산 개발업체이다. 이 회사는 시가총액, 자산 및 매출면에서 가장 큰 상장된 부동산 회사로, 주요 지역에서 가장 큰 다각화된 토지개발은행 보유를 자랑한다.

리포 카라와치가 경쟁사와 차별화되는 이유는 인도네시아에서 타운십 개발의 선구자적인 전략에 있다. 모든 부동산 프로젝트에서 이 회사는 도로 인프라, 청결한 수질 위생, 전기 송전선, 병원, 학교, 기타 기본필수품과 같은 종합 시설을 건설한다. 회사 최초의 타운십 프로젝트인 탕게랑 시티Tangerang City는 자카르타에서 서쪽으로 약 25km 떨어져 있으며, 리포 카라와치뿐 아니라 타운십 개발을 시작한 다른 인도네시아 부동산 개발업체들을 위한 미래 타운십 개발 프로젝트의 모델이 되었다. 인도네시아의 중산층 인구 증가는 부동산에 대한 수요를 촉발시켰고 특히 중산층 부동산 구매자가 마스터 플랜 개발을 통해 보다 나은 삶의 질을 추구함에 따라 특히 타운십 프로젝트에 대한 수요가 급증하였다.

인도네시아에서 타운십 개발의 선도기업인 이 회사는 처음에는 미국 건축가, 스코틀랜드의 타운십 매니저 및 여러 외국 조경 전문가의 재능을 빌려야만 하였다. 해외에서 수입된 전문기술과 인도네시아의 성장하는 중산층과 상류층의 세련미가 맞아떨어져 이들은 리포 카라와치의 세계적 수준의 개발 부동산을 기꺼이 구입하였다.

선도 프로젝트 탕게랑 시티의 성공에는 비전 있는 리더십과 국가 경제 발전에 대한 믿음이 필요했다. 1990년대 초 이 회사가 타운십 건설을 계획하였을 때, 다른 사람들은 엄청난 규모의 운영, 즉 도시 조성을 감안할 때, 미친 짓이라고 보았다. 그러나 리더들은 그것을 국가의 새로운 부동산 개발 표준으로 삼는 기회로 간주하였다Wijaya, 2014.

리포 카라와치는 리포 그룹의 자회사로 불과 3년 더 일찍 설립되었으며, 인도네시아 수도 자카르타 근처, 동쪽으로 씨카랑Cikarang, 서쪽으로 탕게랑 지역에 2개의 타운십을 개발할 권리를 취득하였다. 두 프로젝트 모두 비용과 규모가 너무 커서 야심차게 생각되었다. 2개 타운십은 각각 약 3,000 헥타르의 면적을 차지하였다.

회사는 타운십 개발 비용을 조달하기 위해 자본소스를 찾아야 했다. 1996년 리포 카라와치는 인도네시아 증권거래소에 상장되어 3,080만 주의 주식을 상장하였다. 리포 카라와치를 차별화시킨 것과 그 유산의 중요한 요소는 신흥 개발을 예측하고 시장 진입과 연계된 내부 역량을 구축하는 능력이었다. 비전을 따라갔고, 해외에서 도입된 새로운 전략과 능력으로 이전에는 아무도 하지 못했던 무언가를 만들어내는 도전을 하였다.

EEI Corporation

이 장의 마지막 사례는 중공업 프로젝트의 엔지니어링 장비에서 국가적 거대 기업으로의 전환과 관련이 있다. 이것은 주로 산업 및 국가 개발에 뒤쳐지지 않는 능력과 내부 역량의 의도적인 확장과 조율함으로써 달성되었다. 1931년 은퇴한 미 해군 장교가 설립한 이래 그 당시에는 엔지니어링 장비 및 공급회사Engineering Equipment and Supply Company: EESCO로 알려진 이 회사는 1930년대 광산개발 붐을 일으키는 동안 광산업을 중심으로 기계 및 분쇄기구 공급업체로 시작하였다EEI Corporation, 2014.[2] 오늘날 EEI의 핵심 사업은 중공업 프로젝트를 전문으로 하는 건설이다.

EEI의 성장 경로는 지속적으로 성장과 이익을 추구하는 회사의 태도에 의해 결정되었다. 호황을 누리고 있는 광산업에서 시작되었지만, 나중에 기계류 분배를 넘어 관련 활동을 수행하게 되었다. 1934년에 이 회사는 일반 기계 작업, 철강 제조, 용접 및 판금 작업, 및 기어 커팅으로 나뉘었다. 이 시기에도 EEI는 해외에서 성공적으로 계약을 맺고 국제 시장에 처음 노출되었다. 1937년에 회사는 미 육군 터널공사를 시작했고, 1939년에는 미 해군용 세관 감시선을 만들었다. 회사는 또한 미국 해군 연안 선박의 제조 및 건설에도 참여하였다.

제2차 세계대전이 발발했을 때, 이 회사는 다른 필리핀 산업과 마찬가지로 문을 닫아야만 했다. 전쟁이 끝날 무렵, 대부분의 광산들은 임박한 패배에 직면해 퇴각하는 일본군에 의해 완전히 파

---

2 1930년대는 필리핀의 미국 식민 통치가 최고조에 달했던 시기였다. 이 기간은 또한 필리핀에서 대규모 광업(특히 금)의 호황기였다.

괴되었다. 이로 인해 필리핀 광산업은 사실상 마비 상태에 빠졌다 Boericke, 1945. 결과적으로 회사는 다른 분야에서 기회를 모색하기 시작하였다. 1946년에 EEI는 기계 판매 업무를 성장시키고 철강 제조 및 설치에 진력했다. 쓰레기 트럭 차체를 만들고 미 해군 선박을 건조하여 정부에 공급하기 시작하였다. 당시 회사는 수입 사업으로부터 변신하여 엔지니어링 공장 시설에 집중하고, 계약업체로서의 역량을 강화하기 시작하였다.

1959년에 지역 비즈니스 그룹인 벤구엣Benguet Corporation 이 EESCO의 다수 지분을 인수했으며, 1969년에 Engineering Equipment, Inc. EEI로 이름을 바꾸었다. 이때 회사는 석유 회사와 클락 필드의 미군 기지를 위한 기기제작에 뛰어 들어, 필리핀에서 전력 용광로 설치의 선구자이며 LPG 탱크 제조의 선두 주자가 되었다.

1970년대에 EEI는 중동에서 건설 서비스를 제공할 기회를 포착했고, 1974년에는 아랍 에미리트 연합UAE, 사우디아라비아에서 사업을 시작하였다. 10여 년 동안 석유와 에너지 가격이 상승하면서 산유국에서 건설 수요가 크게 증가하였다. 1978년에는 EEI는 해외 사업부를 신설하고 중동에서 사업을 다각화하여 말레이시아에 진출하였다. 같은 기간 중동지역에서 필리핀의 숙련된 건설 노동자와 기술자들이 계약직으로 취업하면서 해외 필리핀 노동자the overseas Filipino worker, OFW 현상의 시작을 알렸다. 증가하는 실업문제를 해결하고자 한 필리핀 정부가 새로운 추세를 가속화 시켰다.

오늘날 EEI 매출의 절반 이상이 해외 계약으로부터 나온다. 특히 사우디아라비아, 쿠웨이트, 카타르, 이라크, 싱가포르, 말레이시아 및 뉴칼레도니아를 포함한 많은 국가에서 프로젝트를 완수하였다. 이 회사가 중공업 분야를 전문으로 하고 있어 국내 시장에서 수요가 제한적이기 때문에 이것은 의도적이었다.

EEI는 어디서나 사업할 길을 모색하고 있으며, 작업이 진행되는 곳이면 어디든 갈 의향이 있다. 사장 겸 CEO인 카스티요Roberto Jose Castillo는 다음과 같이 말한다. "*우리는 건설회사이기 때문에 일이 있는 곳이면 어디든 간다.*" 지리적으로 제한되어 있지 않고, 특정 산업에서 일하기를 선호하지도 않는다. 이 회사는 또한 종합적인 건설 서비스를 제공한다. 다양성과 유연성으로 인해 기업은 국제적 위기에 대한 노출을 완화하고 사업을 다각화하여 특정 부분의 불황이 회사에 큰 타격을 주지 않도록 하였다. 실제로 다각화는 2008년 금융위기를 잘 넘길 수 있는 회사의 능력으로 인정받았다. EEI의 유산은 산업 기술 분야에서 역량을 발휘할 수 있는 비즈니스 기회를 찾고자 하는 비전 있는 리더십을 토대로 구축되었으며, 필요한 내부 역량을 개발하고, 분야와 국경을 뛰어넘어 빠르고 광범위한 성장을 지원할 수 있는 조직배치를 관리하며 관련 다각화를 추구하였다.

기타 아세안 챔피언: 어보이티즈 전력회사 및 아디닌 그룹

가족기업은 신흥국과 개도국의 두드러진 특징이다. 그러나 유산은 관리 인재 및 역량의 성공적인 세대 이전에 기반하며, 한 세대에서는 탁월했지만 후속 세대에서는 그렇지 못한 기업에 기반하지 않는다. 앞서 설명한 사례에서, 아얄라 랜드는 필리핀에서 성공한 기업 중 하나일 뿐 아니라 전문적으로 관리가 잘 된 회사 중 하나로 간주된다. 우리의 연구에서 두 가족기업은 세대별 재능관리에서 두

드러졌다.

비록 어보이티즈 전력회사Aboitiz Power Corp.의 법인 설립은 1998년에 이루어졌지만, 어보이티즈 가족은 1918년 전력분야에 관여했으며, 세부에서 시작한 전기회사인 비사얀 전기회사Visayan Electric Company의 지분 20%를 소유했다. 가족이 운영하고 전문인이 이끄는 기업으로서의 명성을 얻은 사려 깊은 인수 및 파트너십을 통하여 이 가족은 이후 지열, 수력, 석탄, 석유 분야에서 주도적인 지위를 확보하였다. 마찬가지로 1982년 브루나이에서 설립된 대기업인 아디닌 그룹Adinin Group of Companies은 가족기업의 좋은 사례다. 치과 기술자로 일하기 시작한 병원에서 경력을 쌓은 후 하지 아드닌 Haji Adnin은 아들인 무사 아드닌Musa Adnin과 함께 Haji Adinin and Sons Co. 설립에 참여하였고, 이 회사가 나중에 아디닌 그룹이 되었다. 하지 아드닌과 무사 아드닌은 잡일을 하면서 터득한 사업 수완을 활용하였고, 기업의 초기 단계에 이들을 실전에 응용하였다. 회사가 건설 관련 서비스로 다각화하고 나중에는 국제 대기업으로 진입한 것은 그들의 리더십, 기회 추구 행동 및 노력 덕분이었다.

결론

아세안 챔피언의 공통적인 특징에 대한 우리의 평가에서, 제도적 유산의 개념은 산업 성장의 비슷한 경로와 역사 및 공유 전통의 영향으로 인해 적절한 출발점이다. 그러한 영향은 널리 퍼져있고 포괄적인 경향이 있다. 제도적 유산은 역사, 산업 개발, 국가 정책, 경영 능력 개발 및 후속 전략을 다루기 때문에 이후 장에서 설명할 성공의 다른 특징과 중복된다. 그럼에도 불구하고 우리는 특정 기업의 후속 개발 및 성공에서 중추적인 역사적 사건의 역할을 강조한다. 틀림없이 우리의 접근법은 편향되어 있으며 성공적인 사례를 설명하는데 제한적이다. 우리는 많은 실패 사례가 유산을 성공적으로 활용하지 못했다고 추측하지만, 여기에서 실패에 초점을 맞추지 않는다.

우리의 사례 연구에서, 이 선도 기업들이 시간이 지남에 따라 지속적인 성장을 위해 고유한 제도적 유산을 개발하는 데 적용한 유사한 프로세스를 인정한다. 경제 개발, 시장 변화, 지역 경제를 지원하는 산업 정책, 그리고 제도적 공백을 극복하기 위한 사회적 경제적 니즈로 인해 최초의 비즈니스 기회가 있었다. 그 다음에 이러한 기회를 활용한 기업가적, 비전 있고, 야심찬 지도자가 있었고, 산업 챔피언으로서 성장을 위한 기반을 마련한 제도적 유산을 낳았다. 이 기업들은 국가 경제 성장을 촉진하는 정부, 시장, 소비자들 사이의 핵심 중개자로 부상하였다. 제도적 유산을 창출하고 육성하는 변수의 종합이 그림 4.1에 제시되어 있다.

산업 발전과 시장 변화가 초기 기회를 열었지만, 이러한 주요 기업들은 거기에서 멈추지 않았다. 이들이 경제 성장과 신규 고용의 주요한 엔진이었기 때문에 정부 지원을 확보함으로써 더 많은 기회를 낳았다. 새로이 확인된 비즈니스 기회에서 강력한 정부관계 및/또는 개척 전략을 통해 리더십을 구축하는 것이 가능해졌다. 기업들이 그들의 초기 성공을 지속시킬 수 있는 내부 역량과 핵심 역량을 구축할 수 있게 됨에 따라 유산은 발전하고 더욱 강해졌다. 이들은 국제 파트너십, 선도기업 벤치마킹 및/또는 중요한 전문지식의 국제 소싱을 통해 내부 역량을 개발하였다. 다른 분야와 지역으로의 지속적인 성장은 여전히 경제 성장을 위한 주요 중개자로서의

그림 4.1 제도적 유산 보존

제도적 유산에 기초를 두고 있다. 제도적 유산은 성공적인 경영 과
도기, 기업가적인 혁신적인 전망 및 역경의 초기시기를 다루는 불
가사의한 능력에 의해 강조된다. 결국 기업들은 신생 토대를 육성
하고, 중요한 기간에 핵심 역량을 개발하고, 여러 시장과 분야에서
기회를 모색할 수 있었다. 우리가 제도적 토대 활용의 일부로 유산
을 포함하는 것은 이 맥락이다. 이 특징은 다국적 기업을 포함한
다른 많은 기업에서도 이와 관련하여 성과를 거두지 못했다는 점
에서 주목할 만하다.

종합적으로, 제도적 유산을 활용한다는 것이 성공을 보장하지
않는다. 그러나 제도적 발전은 국가 경제 발전과 밀접하게 연관되어
있기 때문에, 기업은 제한된 기회를 활용하기 위해 기업이 할 수 있
는 일에 큰 의미가 있다. 다음 장에서는 아세안 챔피언의 두 번째
기둥인 (제도적 유산과 관련되어 있지만 거기에 포함되지는 않는)

역사적인 독점이나 과점 체제에서 발생하는 시장 지배력에 대해 설명한다.

5장 ————————————————————————

시장 지배력 활용

서론

경제학 및 산업조직론의 주요 이론적 바탕은 시장 지배력에 대한 연구이다. 폭넓게 정의하면, 상대적으로 불완전한 시장이나 진입 장벽이 높은 시장에서 가격을 책정함으로써 경쟁을 통제할 수 있는 기업의 능력을 의미한다. 시장 지배력은 산업 구조와 밀접한 관련이 있다. 전형적으로 시장 지배력은 지배적인 판매자(독점) 또는 소수의 기업이 시장 점유율(과점 또는 과소 독점)의 수준이 불균형할 때 나타나는 매우 집중된 구조와 관련이 있다. 시장 지배력은 정부, 변화하는 경쟁 환경의 결과 혹은 순전히 좋은 행운으로 발생할 수 있다.

기본 경제 이론에서 독점은 일반적으로 불리하게 취급되며 시장 실패의 주요 원인으로 간주된다Scherer, 1980:9-27 참조. 독점기업은 자체 이익을 극대화하기 위하여 가격을 책정하고 생산량을 결정할 수 있는 능력을 지니고 있기 때문에 결과적인 가격과 생산량의 조합이 사회에 최적이 아닐 수 있다. 특히 독점 기업이 완전 경쟁에서 지배적인 가격보다 높은 가격으로 판매할 때 그렇다Martin, 1988: 25-290 참조. 높은 가격은 판매 및 생산 수준이 차선책이 되어 결국 구매할 고객이 줄어든다. 그리고 그러한 기업의 독점력은 큰 이익 마진으로 보상하기 때문에, 자원은 진입 장벽을 높이고 경쟁을 억제함으로써 그러한 힘을 보존하는 데(사회적 관점에서) 낭비되고 있다.

그럼에도 불구하고 일부 경제학자와 정책입안자들은 고도로 집중된 산업과 독점 기업이 특히 경쟁시장보다 효율적으로 국민에게 봉사할 수 있다는 것에 동의한다Martin, 1988 참조. 자연독점의 경우 소위 대기업이나 조직은 규모의 경제로 인해 여러 중소기업보다 장기 평균 비용이 낮은 재화 또는 서비스를 제공할 수 있다. 역사적으로 하나의 기업이나 조직이 공공재에 더 잘 봉사할 수 있으며 위험이 중소기업에게 너무 크다고 옳건 그르건 정부가 판단할 때 독점기업이 발생한다. 더 설명하자면, 정부가 다른 기업에게 고통 없는 진입 장벽을 세우면 기업은 독점기업이 된다. 국가 우편 서비스는 역사적으로 공급업체가 2개 이상일 경우 중복된 경로, 산재한 고객 및 많은 우체통의 비효율을 초래할 수 있다는 점에서 독점성이 지지된다. 비슷한 논리가 전력회사, 발전소, 철도 시스템, 그리고 규모의 경제를 보여주는 다른 산업으로 확대될 수 있다. 이러한 자연 독점이 공익을 성공적으로 수행하도록 보장하기 위하여 독점기업이 수익성이 좋지 않거나 경제적으로 실현 불가능한 부문을 제공하도록 요구하거나 정부 규정에 가격을 조정하도록 요구하는 것과 같은 조건을 정하는 것이 일반적이다.

시장 지배력은 다른 회사가 특정 생산 프로세스를 사용하거나 동일한 제품을 생산하지 못하도록 하는 독점기술(특허 및 저작권)로 인해 발생할 수도 있다Scherer, 1980. 독점적인 재산권으로부터 나오는 독점력으로 보장되는 이익은 혁신에 필요한 추진력을 제공하고 연구 개발에 대한 고비용 투자를 정당화한다고 주장한다. 마지막으로 기업이나 기업 집단은 희소한 자원(석유, 귀중한 광물), 유리한 입지(유리한 항구와 공급자까지의 거리), 또는 경쟁자가 쉽게 모방할 수 없는 경영자의 탁월한 능력(선견지명이 있는 지도자)을 통해 혜택을 누릴 수 있다.

전통적인 이론 논문은 시장 지배력을 의심스럽게 불리한 조건으로 다루지만, 시장 지배력을 가진 기업의 실제 행동과 지배력의 영향은 상당히 다를 수 있다. 경제학 전공 학생들은 경쟁이 없기 때문에 독점 기업이나 과점 기업이 한계 비용 이상으로 가격을 인상할 수 있어서 비효율성과 경제적 복지를 저해시킨다고 생각한다. 이 논리는 고도로 집중된 기업과 산업구조(미국의 Ma Belle과 같은)를 나누기 위해 반독점 정부 규제를 정당화하기 위해 사용되었다Scherer, 1980 참조. 예를 들어 구글은 검색엔진 세계에서 지배적인 시장력을 가지고 있으며, 미국의 웹 검색은 68%, 유럽은 90%가 넘는다.[1] 구글은 검색엔진을 다른 상용 서비스와 번들로 묶어서 유럽의 규제 당국에 의해 반경쟁적 행위로 기소되었다. 따라서 구글의 지배력을 약화시킬 수 있는 위협이 발생하였다.

다른 인터넷 회사와 마찬가지로, 구글은 네트워크 효과로 인해 많은 사용자 기반이 개발되면서 더 많은 채택과 사용이 이루어지며 이로 인해 채택과 사용이 기하급수적으로 증가한다. 네트워크 효과는 상당한 진입장벽을 만들어 경쟁을 저해할 수 있다. 그러나

---

1 "인터넷 시대에 반 트러스트 공소: 디지털 독점을 파기해야 하는가?
   (Trustbusting in the Internet age: should digital monopolies be broken up? :
   The Economist, 29 Nov 2014).

네트워크 효과는 범위와 규모의 경제로 인해 비용을 절감할 수 있으며, 특히 추가적인 생산비용이 매우 낮거나 제로인 경우 가격을 낮출 수 있다. 검색엔진에 대한 매우 크고 지속적으로 증가하는 고객 기반을 통해 수익성 있는 광고 서비스를 운영할 수 있게 되어 구글은 검색엔진을 비롯한 여러 무료 서비스를 사용자들에게 제공할 수 있다. 이 경우 단일 기업의 시장 지배력에 대한 소비자와 사회의 이익을 쉽게 무시할 수 없다.

이것은 상당한 시장 지배력을 가진 기업이 해가 되지 않는다고 말하는 것은 아니다. 기업이 시장지배력을 가지고 있고 해를 끼칠 경우, 규제당국이 제재를 가하거나(적어도 선진국의 경우) 또는 궁극적으로 새로운 기술로 무장한 야심찬 신생기업에 의해 쓰러지게 된다. 정적인 세계에서 독점기업은 그들이 세운 진입장벽에 의존할 수 있으며, 이러한 장벽이 존재하는 한 경제적 지대rent를 징수할 수 있다Bain, 1956. 그러나 매우 역동적인 환경에서, 시장 지배력은 커질 수도 작아질 수도 있다.

아세안의 시장 지배력은 훨씬 미묘한 차이가 있다. 특히 고군분투하는 신생 국가경제는 문자 그대로 처음부터 중요한 산업을 건설해야 할 필요성이 있다. 그 이유는 전후 복구에서부터 식민지 시대의 결함 있는 유산까지 다양하다. 좋은 의도에도 불구하고, 완전경쟁시장이 이 조건을 충족시켜줄 것 같지는 않으며, 정부가 상당히 크고 평판 좋은 기업을 선호하도록 자극한다. 이와 관련해서 개별기업은 독점권을 부여받거나 국가 경제 발전과정을 시작하기 위해 특별한 지원을 받는다. 스코어카드에 의하면 일부 회사는 성공한 반면 다른 회사는 실패하였다. 이와 관련해서, 독점기업이나 시장 지배력의 수혜자가 된다는 것이 지속적인 성공을 보장하는 것

이 아니다. 우리의 아세안 챔피언을 차별화하는 것은 현재 운영 및
경쟁사가 구체화될 가능성이 있는 미래를 위한 핵심역량을 창출하
는 방식으로 시장 지배력을 활용할 수 있는 능력이다. 이 장에서는
여러 회사의 경험에 대해 자세하게 설명한다. 이러한 사례를 미리
살펴보면 아래와 같다.

- 프놈펜 수도 공사(*Phnom Penh Water Supply Authority*: 캄보
  디아): 성과가 높고 존경받는 급수 회사
- 에너지 개발 공사(*Energy Development Corporation*: 필리핀):
  정부가 전략적으로 중요한 산업으로 간주한 것을 활용
- PPT 탐사 생산 회사(*PPT Exploration and Production PLC*:
  태국): 산업이 국가 경제 안보에 결정적인 것으로 간주된 또 다
  른 사례
- 마닐라 전기 회사(*Manila Electric Company*[*Meralco*]: 필리
  핀): 이 지역에서 가장 큰 전기 배송 유틸리티
- 필리핀 장거리 전화 회사(*Philippine Long Distance Telephone
  Company*[*PLDT*]: 필리핀): 강력한 역량과 혁신적인 제품과 서
  비스를 관련 분야에 제공
- *Masan Consumer Corporation*(베트남): 브랜드 포트폴리오를
  통해 규모 우위 구축
- 분 로드 맥주회사(*Boon Rawd Brewery*: 태국): 독점 기술을 통
  한 시장 지배력
- 기타 아세안 챔피언들: *Lao Brewery Co. Ltd.*(라오스), *EDL-
  Generation Public Company*(라오스), *Petro Vietnam Gas
  Joint Stock Corporation*(*PV Gas*: 베트남): 산업 챔피언으로 초

기 선정을 활용

프놈펜 수도 공사

2000년 유엔 총회에서 발표한 새천년 개발 목표Millennium Development Goals: MDGs에는 2015년까지 안전한 식수를 마실 수 없는 세계 인구의 비율을 절반으로 줄이는 약속이 포함되어 있었다. 캄보디아가 유엔 선언문에 개도국의 서명국 중 하나로 이러한 목표를 채택했을 때, 프놈펜 수도 공사Phnom Penh Water Supply Authority: PPWSA는 인상적인 전환기에 접어들었다.

불과 7년 전 1993년에 실패한 국영 독점기업으로 인해 캄보디아 수도 프놈펜 인구의 20%에게만 물을 공급할 수 있었으며, 이는 도시 면적의 절반도 채 되지 않는다. 물 공급은 신뢰할 수 없었으며, 하루에 약 10시간 동안 간헐적으로 사용할 수 있었다. 그 품질 및 휴대성이 의심스러웠고, 운영은 매우 비효율적이었다. 물 연결을 위한 신규 등록을 처리하는 데 몇 달이 걸렸다. 청구서는 종종 늦고, 고객 중 13%만이 계량기를 가지고 있었기 때문에 매우 부정확했다. 청구서를 받은 사람 중 단지 40%만이 요금을 지불했다. 종업원은 일반적으로 자격이 부족하고, 낮은 임금을 받았고, 동기부여가 되지 않아 무능한 서비스가 발생하였다.

1993년 프놈펜 시청에서 경력을 쌓은 엔지니어인 엑 손 찬Ek Sonn Chan이 PPWSA의 책임자로 지명되었다. 그가 취임하자마자 그는 수도 시스템이 엉망이라는 사실을 재빨리 알게 되었다. 프랑스 식민지 시대로 거슬러 올라가는 파이프 망은 낡고, 터지고, 지도에도 없었다. 도시 물의 70%가 누출이나 도난으로 인해 사라졌다Biswas and Tortajada, 2010. 도둑 중에는 회사의 직원뿐만 아니라 부유한 지역에 물을 공급 및 판매함으로써 이익을 얻은 군인 및 기타 VIP가 있었다Ramon Magsaysay Award Foundation, 2012. 엑Ek은 시스템을 완전히 개편하여 개선해야 한다는 어려운 과제를 떠맡았다. 그는 비대한 회사를 구조조정하고, 자격을 갖춘 직원을 고용하고, 젊고 역동적인 직원을 수석 직책으로 승진시키고, 투명한 문화를 홍보하고, 시민사회에 참여하고, 현대적 경영절차 및 기술에 투자하였다Das et al., 2010. 프랑스, 일본, 유엔, ADB 및 세계은행의 재정지원을 통해 PPWSA는 새로운 파이프를 설치하고, 누수를 수리하며, 수천 개의 수도 계량기를 설치하고, 수백 개의 불법적인 연결을 폐쇄하였다. 이러한 변화에 대한 기조는 1996년 이 회사가 완전히 독립적으로 운영될 수 있도록 허용하는 획기적인 정부 법령이었다. 따라서 이 회사는 정치적 간섭 없이 독립적인 민간 기업처럼 운영이 가능해졌다.

더 높은 수익과 재정적 자립성을 달성하기 위해 엑Ek은 고객이 더 나은 품질과 신뢰성 있는 서비스를 경험하고 평가했는지를 확인한 후에 점진적으로 수도세를 인상하였다. 1983년 이전에 요금은 제로였다가, 1994년에 주거용 고객들에게 입방 미터당 미화 4센트로 인상되었고, 2001년 블록 요금이 입방 미터당 미화 14센트에서 31센트로 인상되었다. 이러한 요금은 운영 및 유지 보수 비용과 자산 감가상각비를 포함한 회사의 총비용을 고려하여 계산되었다. 이것은 개도국의 공기업들의 비용보다 낮은 가격 책정이라는 전통적인 모델과는 거리가 멀었다. 전통적인 모델에서 응집된 이해집단(도시 빈곤층, 노조, 정당)으로부터 강력한 로비와 선거에서 당선가능성을 높이기 위한 대중 정책의 강요가 가격을 비효율적으로

낮게 유지한다. 특히 가난한 사람들이 영향을 받을 때 낮다_{Araral,}
₂₀₀₈.

1993년에서 2008년 사이 PPWSA는 연간 물 생산량을 430%, 유통망을 550%, 고객기반을 660% 늘릴 수 있었다. 같은 기간 동안 누수 및 도난으로 인한 손실된 물을 70%에서 6.2%로 줄였다. 수도 계량기는 5,255% 증가했으며, 직원당 처리된 계좌 수는 670% 증가하였다.

2006년 "캄보디아 수도에서 백만 명에게 안전한 식수를 공급하여 망가진 공공 유틸리티의 모범적인 복구"를 하였다는 이유로 엑(Ek)은 정부 공공 서비스 분야에서 막사이사이상을 받았다_{Ramon}
_{Magsaysay Award Foundation, 2012}. 2년 전에는 "프놈펜의 상수도 시스템을 획기적으로 개선하고 프로젝트 파이낸싱 및 관리 분야에서 리더십과 혁신을 입증"함으로써 PPWSA는 ADB Water Prize를 수상하였다. 2012년 4월 PPWSA는 캄보디아 증권거래소에 상장된 최초의 국내기업이 되었다.

개도국의 공공 부문 독점기업은 종종 비효율성과 급격히 증가하는 수요를 충족시킬 수 없는 무능력한 경우가 많다. 주목할 만한 변화가 있기 이전에 PPWSA는 그러한 문제의 전형이었다. 그러나 엑_{Ek}의 탁월한 리더십을 통해 PPWSA는 훌륭한 기업지배구조, 지속적인 개선과 고객 지향을 통해 고객 만족, 제품 및 서비스의 품질, 장기적인 재무 지속성을 보장하면서 절대 시장 지배력을 행사할 수 있음을 입증하였다.

에너지 개발 공사

일부 기업은 자연 독점에 특유한 규모의 경제를 극대화 할 수 있는 절대 시장 지배력을 부여받지만, 다른 기업들은 특히 개도국의 '전략적 중요성'을 고려하여 상당한 시장 지배력을 발휘할 수 있는 특별한 대우를 받을 수 있다. 시장 지배력은 경제 발전이나 국가 안보에 중요한 산업의 발전을 촉진하기 위하여 기업에 종종 부여된다. 하지만 특별대우는 영원히 지속될 수 없으며 그렇게 되어서도 안 된다.

에너지 개발 공사Energy Development Corporation: EDC는 1976년 필리핀 국영 석유회사PNOC 산하에 정부가 소유하고 통제하는 회사로 설립되었으며, 필리핀에서 대체연료를 탐구하도록 법에 의해 권한을 부여받았다. 현재 지열, 수력발전 및 풍력 등 재생 에너지원을 통한 전력생산과 지열 발전소의 건설 및 관리 사업을 수행하고 있다.

EDC를 자회사로 설립한 PNOC는 필리핀 정부가 3년 전에 설립하여 급속하게 증가하는 국제 유가와 미국과 동맹국에 대한 OPEC의 금수조치로 촉발된 1973년의 석유위기에 대한 대응으로 필리핀의 석유 공급을 안정적으로 유지하고 필리핀의 모든 에너지 자원을 직접 탐사, 이용 및 개발할 수 있도록 하였다. 필리핀의 외국 석유 수입에 대한 의존도가 국가 안보와 지속적인 경제 발전에 위협이 된다는 사실을 깨달은 필리핀 정부는 EDC에 그 당시 거의 100%에 가까웠던 외국의 연료 의존도를 줄이기 위한 신재생 에너지원을 탐사하고 개발하도록 요구했다.

1980년대에 이 회사는 필리핀 중부의 레이테Leyte와 네그로스

Negros에 2개의 거대한 지열 보전지를 발견하고 개발했는데, 이를 완료하여 필리핀을 아이슬란드에 이어 세계에서 두 번째로 큰 지열 생산국으로 만들었다. 현재 필리핀은 미국의 뒤를 이어 세계에서 두 번째로 큰 지열 생산국이다. 지열 에너지는 현재 국가 전력의 약 11~12%를 제공하고 있다Balangue-Tarriela and Mendoza, 2015. 지열자원의 개발은 국가적으로 중요하게 간주되어 정부로부터 많은 지원을 받았다. EDC의 최고운영책임자COO인 탄토코Richard Tantoco는 아래와 같이 인정하였다.

> "정부의 지원과 그런 개발을 가진 우리는 운이 좋았다. 그러한 상황이 불에 불쏘시개를 제공하였다. EDC는 이런 조건하에서 급속도로 발전하였다. …"

정부 지원을 통해 회사는 개인 투자자가 너무 위험하다고 생각했던 투자를 추구할 수 있었다. 예를 들어 회사의 역사 초기에 네그로스 지열 보전지에 대한 탐사는 8~900백만 달러에 달하였으며, 이는 지열에 생소한 국가에서 탐사를 요청하기에는 적은 투자가 아니다.

부족한 설비 용량과 세계은행으로부터의 압력으로 1990년대 전력부족으로 초래된 절박한 전력 위기는 필리핀 정부로 하여금 전력산업의 민영화와 규제완화를 촉진시켰고, EDC의 지열 에너지 사업의 독점권을 박탈케 하였다. BOT 방식을 통해 보장된 투자수익으로 전력발전 설비를 건설 및 운영하도록 민간계약자를 장려하였다. 그 당시 국영기업이었던 EDC는 필리핀 중부의 새로운 지열발전소에서 세계은행으로부터 자금을 조달하여 BOT 프로젝트에 뛰어들었다.

2000년대에 필리핀 정부는 많은 국영기업의 민영화를 강력히
추진하였다. 2007년 EDC는 민영화에 성공하였다. 민영화로 인해
직접적인 정부 지원과 재정 보증이 없어지면서 BOT 방식과 합작
투자를 통하여 대형 프로젝트의 자금조달과, 상응하는 위험을 관
리할 수 있는 대안을 찾아야만 했다. 또 다른 도전과제는 지역 발
전사업이 이미 포화상태에 이르렀고, 주요 지열자산이 이미 지나치
게 많이 사용되고 있다는 점이다. 이로 인해 회사는 해외에서 기회
를 모색하게 되었다. EDC는 현재 칠레, 캐나다, 페루, 호주 및 인도
네시아의 지열 에너지 분야에서 여러 합작투자를 모색 중이다. 이
프로젝트의 대부분은 이들 국가의 각 에너지 부처 및 기타 관련 정
부기관과 협력하여 진행되고 있다. 이 회사는 또한 수력 발전, 나
중에는 풍력을 포함한 다른 형태의 재생에너지 분야로 다각화하기
시작하였다.

PTT 탐사 생산 회사

이전 사례와 마찬가지로 PTT 탐사 생산 회사PTT Exploration and
Production PLC: PTTEP는 국영석유 당국이 태국 석유 및 천연가스에
대한 전략적으로 중요한 자원을 탐사 및 개발하기 위하여 설립되었
다. 또한 이전 사례와 마찬가지로 PTTEP를 설립한 PTT는 1973년
오일 위기에 대한 정부의 대응으로 1978년에 법령에 의해 설립되었
다. PTT의 임무는 국내 소비를 위해 석유를 조달하고 국내에 있는
석유 및 기타 에너지 자원의 탐사 및 활용을 통하여 태국의 석유
수입 의존도를 줄이는 것이었다.

PTTEP는 1985년에 PTT의 자원 탐사능력을 강화하기 위하여 외국기업과 합작투자 기회를 활용할 목적으로 설립되었다. 설립되자마자 PTTEP는 태국 중북부 지역에 있는 태국 쉘의 소규모 유전 운영권 지분 25%를 매입하였다. 1989년에 이 회사는 태국만에 있는 Bongkot 가스전에서 미국 사모투자회사인 Texas Pacific Group이 보유한 모든 자산을 취득하였다. PTTEP를 통해 이러한 자산을 인수함으로써 회사는 자원개발을 위해 외국기업이 이 지역을 개발하도록 유도하였다.

1990년에 PTTEP는 Bongkot 가스전 개발을 위해 프랑스 기업 Total, British Gas, 그리고 노르웨이의 Statoil을 BOT 방식의 파트너로 끌어들였다. 이 방식으로 Total은 처음 5년 동안 운영을 관리하고, 그 후 모든 운영권은 PTTEP로 이전되었다. 이것은 해외 파트너로부터 지식이전을 극대화하고 모범사례를 학습하는 계기가 되었다. 현지 천연가스 및 유전 개발에서 이 방식과 후속 합작투자를 통하여, 회사는 탐사 및 운영 능력을 글로벌 기준으로 끌어 올릴 수 있었다.

지역 성공을 기반으로 한 PTTEP는 2000년대 초반부터 해외에서 기회를 모색해왔다. 해외에서 처음으로 성공한 사업은 쉐브론과 공동으로 오늘날 미얀마와 태국의 에너지 수요를 충족시키는 미얀마에서의 가스전 개발 프로젝트였다. 이 회사는 또한 베트남, 인도네시아, 캐나다, 브라질, 알제리, 이집트, 모잠비크, 케냐, 오만 및 호주로 사업을 확장하였다. 현재 해외 매출의 비중이 10~20% 수준이지만, 2020년에는 20~30%까지 증가할 것으로 예상된다.

국영 독점체제의 확립과 '전략적으로 중요한' 분야에 대한 특별한 정부 지원의 제공은 많은 개도국의(심지어 자유 시장 자본주의를 환영하는 국가에서 조차도) 산업 발전의 초기단계의 일반적인 관행이다. 우리의 아세안 챔피언을 차별화하는 것은 정부의 지원 없이도 성장하여 국제 수준에서 경쟁하기 위해 세계로 나가기에 충분할 정도로 자신의 역량을 능숙하게 개발할 수 있는 능력에 있다.

마닐라 전기 회사

아세안 챔피언 중 일부는 혁신과 다각화를 위한 발판으로서 중요한 시장 지배력을 행사할 수 있는 핵심사업을 사용하였다. 마닐라 전기회사Manila Electric Company: Meralco는 1903년에 설립되었다. 현재 필리핀에서 가장 큰 전기 유통 유틸리티로 메트로 마닐라와 그 주변지역의 500만 명 이상의 고객에게 전기를 독점 공급하고 있다. 유통의 핵심사업 이외에도 이 회사는 자회사를 통하여 전력 발전, 송전 및 에너지 관련 서비스를 제공한다.

Meralco는 1892년에 마닐라의 주거용 소비자에게 전기를 제공하기 시작한 스페인계 미국 전기회사 La Electricista를 1904년에 인수하여 전기 분야에 진입함으로써 초기 우위를 확보하였다. 세기의 전환기에 La Electricista는 3천 명의 고객에게 전기를 공급하고, 도시 일부 지역에 가로등 서비스를 제공하였다.

자연 독점 산업에서 선도자가 됨으로써, 이 회사는 일찍이 필리핀의 선도 전기 공급업체로 자리매김하였다. 1925년 미국의 Associated Gas & Electric Company AGECO가 이 회사를 인수하였다. 이로 인해 Meralco는 소형 디젤 구동 발전기와 같은 기존 유틸리티를 구매할 수 있었고, 결과적으로 마닐라와 나중에 메트로폴리탄 마닐라의 일부가 될 주변 교외 지역으로 사업을 확장하였다. 1961년에 Eugenio Lopez Sr.가 이끄는 필리핀 기업인 컨소시엄이 미국 소유주로부터 Meralco를 인수하여, 필리핀 기업이 된 최초의 미국기업 중 하나가 되었다. 전기 발전과 유통 영역에서 확장과 역량구축의 기간이 이어졌다. 1969년에, Meralco는 필리핀 최초의 10억 페소 기업이 되었다Paterno, 2010. 1970년대에 필리핀 정부는 전력 발전을 국유화하고, Meralco의 전기발전 자산을 매각토록 강요하였다. 지금은 전기 유통에 중점을 두어 회사는 1980년대 중반까지 프랜차이즈 지역을 3배로 늘렸다Paterno, 2010.

Meralco의 프랜차이즈 지역은 토지 면적의 3%에 불과하지만, 인구 중 25%를 차지하는 가장 큰 유통 유틸리티이며 총 전력량의 55%를 차지하는 반면, 두 번째로 큰 전력 유통업자는 10%도 채 되지 않는다.

수도권과 인근 지역을 합한 총 인구 중 25%를 차지하고 소비되는 전력량의 55%를 차지하는 독점적인 프랜차이즈 지역의 규모 그 자체는 필리핀에 있는 다른 전기 유틸리티 및 전력 생산업자에 비해 경쟁우위를 제공한다.

앞으로 Meralco는 핵심 유통 사업을 더욱 강화하고, 고객에게 안정적인 공급을 위해 발전 용량을 확대할 뿐만 아니라 더 큰 고객 가치를 창출하기 위한 혁신을 도입하고자 한다. 후자의 목표를 향해, 회사는 고객 중심을 촉진하고 신뢰성을 높이기 위해 기업 기술 및 혁신 사무소Corporate Technology and Transformation Office를 만들었다. Meralco는 '스마트 그리드'에 착수하여 네트워크 상태에 관한 실시간 정보를 제공하기 위해 전기 그리드에 계층화된 통신 네트워크를 구축하고 있다. 이로 인해 Meralco는 그리드 성과를 최적화하고 수요 반응 및 태양열과 풍력과 같은 분산형 에너지원의 취급을 포함하여 전기를 보다 효율적으로 사용할 수 있는 요율 옵션을 제공한다.

고객의 관점에서 스마트 그리드는 선불 전기를 제공할 수 있다. Meralco의 선불 서비스인 Kuryente Lord는 전기통신 플랫폼과 통합된 세계 최초의 전기 서비스이다. 고객은 휴대전화를 로드하는 것과 같은 방식으로 계량기를 로드할 수 있다. 제품 로드맵에는 온라인 계정을 통해 고객이 엑세스하는 거의 실시간의 소비 데이터를 제공하는 향상된 후불 요금제 서비스가 포함된다.

동시에, 오염을 유발하는 전통적인 자동차에 대해 전기 삼륜 오토바이와 전기 지프를 배치하고자 하는 아시아 개발은행과 지자체의 이니셔티브를 지원하면서, Meralco는 재생에너지, 배터리 저장장치, 심지어 전기 자동차 사업까지 고려하고 있다.

필리핀 장거리 전화회사

1920년대에 몇몇의 작은 통신회사들이 각각 자체 시스템을 가지고 필리핀 군도에 서비스를 제공하였다. 즉 섬 간 경쟁 네트워크 사이에는 연결이 되지 않고, 한 섬 내 또는 지역 내에서만 전화를 걸 수 있었다. 이 문제를 해결하기 위하여 필리핀 연방정부는 Eastern Visayas, Bicol Peninsula, Samar Island에 서비스를 제공하는 4개의 경쟁회사를 합병하여 필리핀 장거리 전화 회사Philippine Long Distance Telephone Company: PLDT를 설립하기 위한 법을 통과시켰다. 이 법은 PLDT에게 50년 인가서charter와 40년 동안 필리핀의 특정 지역에서 전화 회선을 설치할 독점적인 권리를 부여하였다. 따라서 프랜차이즈 지역에 대해 이 회사의 법적인 독점권을 만들었다. 목표는 경제 발전의 수단으로서 서비스의 신속한 통신 및 전달을 촉진하는 것이었다.

이 위임사항에 따라 회사는 이전에 분리된 인터콤 시스템을 하나의 전국 네트워크로 신속하게 연결하기 위하여 전국의 다른 소형 통신회사를 인수하기 시작하였다. 2차 세계대전은 운영을 혼란시켰지만, 1950년대 초반에 전전 수준으로 운영이 재개되었다. 1928년에 설립된 PLDT는 민간기업으로 운영되었지만, 1970년대에 마르코스Ferdinand Marcos 대통령에 의해 국유화되었다. 1982년 필리핀 정부는 남은 경쟁업체를 인수하여 PLDT에 통합함으로써 회사를 국가 독점기업으로 만들었다. 1986년 마르코스 정부가 무너지면서 PLDT는 곧 다시 민영화되었지만, 1995년 필리핀 정부가 통신산업 규제를 완화할 때까지 전국적인 독점권을 유지하였다. 이 회사는 1997년 아시아 금융위기로 어려움을 겪었지만, 홍콩에 있는 First Pacific Co. LTD.의 매니 팡길리난Manny Pangilinan이 PLDT 지분 17.5%를 취득하여, Pangilinan이 CEO가 되었다. 그의 지도력하에 PLDT는 보다 공격적인 전략을 추구하기 시작하였다.

1999년에 이 회사는 그 당시나 지금이나 필리핀 최대 휴대전화 사업자인 Smart Communication을 인수하였다. 이 인수는 Smart가 현재 PLDT의 수익에 크게 기여하고, 유선사업에서 매출 감소 효과를 완충하는 탁월한 전략임을 입증하였다.

2000년에 PLDT는 ePLDT 설립을 통하여 정보 및 통신 기술 분야에 진출하였다. ePLDT가 제공하는 서비스는 데이터, 데이터 보안, 콜센터 및 전자상거래를 포함하고 있다. 2000년 12월, ePLDT는 세계 최초의 휴대폰으로 연결된 은행 발급 재충전 가능 전자 지불 카드인 Smart Money를 출시하였다. Smart Money는 전자 또는 디지털 지갑으로 널리 알려져 있으며 사용자가 스마트카드를 사용하여 청구서를 지불하고(예: 타사 거래 포함), 전화 크레딧을 다시 청구하고 금액을 이체할 수 있게 해준다. PLDT의 스마트머니는 오늘날 많은 아프리카 및 중남미 국가에서 인기가 많은 모바일 머니 서비스를 개척하였다. 스마트 머니가 출시된 지 6년 이상이 지난 후, 유명한 M-Pesa는 케냐의 Safaricom에 의해 출시되었다. 케냐 GDP의 약 25%가 전자화폐를 통하여 유통된다The Economist, 2013. PLDT가 도입한 다른 혁신기술은 Smart 및 선불 유선 서비스를 위한 전자 이동전화 신용 리로딩reloading이 있다.

오늘날 PLDT는 지역가입자 기반을 지속적으로 구축하고 해외시장을 위한 서비스를 준비하는 데 주력하고 있다. 전자에 관해서, 이 회사는 전자상거래 서비스 특히 스마트 머니를 강화하면서 새로운 부가 서비스를 계속 실험하고 있다. 최근의 새로운 서비스 중 하나는 해외의 필리핀 근로자를 대상으로 온라인 소매 사업을 위한 필리핀의 SM 그룹과 한국의 삼성과의 공동 프로젝트다. 새로운 서비스는 해외에 있는 필리핀 사람들이 온라인으로 소매제품을 구매하고 스마트 머니를 사용하여 본국에 있는 수령인에게 직접 배달되도록 한다Manila Bulletin, 2014. 국제화 전략으로 이 회사는 PLDT Global을 설립하여 해외 특히 신흥시장에서 기회를 찾고 있다. 2014년 PLDT는 독일의 인터넷 비즈니스 인큐베이터인 Rocket Internet의 지분 10%를 인수하여 다른 나라의 저소득 시장에 소개될 혁신적인 온라인 지불 솔루션을 공동 개발하였다.

PLDT는 선도자가 되고, 범위 및 규모의 경제를 활용하여 상당한 시장 지배력을 확보한 기업이, 고객에게 더 큰 가치를 창출하고 자사의 보다 장기적인 수익성에 기여하는 선구적인 혁신을 개발하기 위하여 시장 강점을 어떻게 활용하는지를 보여준다. 이 회사는 국제적 제휴 및 인수 합병을 통해 역량을 구축하면서 관련 시장 분야에서 혁신적인 제품 및 서비스를 출시함으로써 시장 지위를 강화하였다.

Masan Consumer Corporation

전력 및 수도 유틸리티, 통신, 석유 및 가스 탐사가 종종 자연독점으로 간주되는 경우가 더 많지만, 식품 및 음료 회사도 시장 지배력을 개발하고 행사할 수 있는 잠재력을 가지고 있다. 식품 및 음료가공 및 유통과 관련된 규모 및 범위의 경제와 대부분의 가계에 널리 알려진 브랜드 구축 잠재력은 기업이 강력한 시장 참여자로 성장할 수 있는 기회를 제공한다. 기업이 현지국과 성장하는 소비자시장의 진전에 의지할 수 있을 때, 그런 개발은 시장 지배력을 더욱 강화시킨다.

Masan Consumer Corporation은 시가총액이 30억 달러가 넘는 베트남 3대 민간 기업 중 하나인 Masan Group의 가장 큰 자회사이다. Masan은 간장, 생선 소스, 칠리소스, 인스턴트라면, 인스턴트커피, 즉석 시리얼 및 생수 음료를 포함한 식품 및 음료 제품을 제조 및 유통한다. 이 회사는 2000년에 설립된 수출입 무역회사에 기원을 두고 있으며, 2003년에 식품 가공 및 조미료 회사와 합병되었다.

Masan의 초기 성공은 지난 20년 동안 베트남이 경험했던 급속한 경제 발전에 크게 기인하였다. 생활수준의 향상과 급속한 도시화로 베트남 사람들의 소비력이 크게 증가하여 식품 및 음료산업이 성장하고 있었다. Masan Consumer는 이러한 진전을 성공적으로 활용하여 괄목할 만한 성장을 이루었다. 그리고 이러한 진전은 계속될 것으로 예상된다. 2011년 아시아의 다른 국가에 비해 상대적으로 식품 및 무알코올 음료에 대한 1인당 소비 지출이 낮기 때문에 앞으로 더 큰 성장 잠재력이 예상된다. 현재 식품 및 음료시장의 잠재적인 규모는 5억 달러로 추정이 된다Masan Group, 2014b. 따라서 회사가 공격적인 인수를 통한 확장경로를 취한 것은 놀라운 일이 아니다.

회사의 확장활동의 자금조달을 위해 Masan은 외국인 투자에 문호를 개방하였다. 2011년 Masan은 미국 다국적 대체자산 관리회사 Kohlberg Kravis Roberts & Co. LPKKR로부터 Masan의 10% 지분에 대해 1억5천9백만 달러의 투자를 받았다. 이어서 2013년에는 추가로 2억 달러를 투자하여 Masan Consumer에 대한 KKR의 투자는 현재까지 베트남에서 가장 큰 사모펀드 거래가 되었다Kohlberg Kravis Roberts & Co. LP,2011; Reuters, 2013.

Masan은 성장하는 포트폴리오를 다양화하기 위해 최근 몇년간 여러 브랜드를 인수하였다. 특히 음료 부문에 관심을 가지고 있는 이 회사는 2011년 인스턴트 커피시장의 선두주자인 Vinacafe의 지분 50%를 매입하였으며, 다음 해에는 다수 지분을 확보하기 위해 추가 지분을 구매하였다. Masan은 또한 2013년에 병에 담긴 생수 회사의 지분을 매입하여 나중에 다수지분을 획득하였다Masan Group, 2014a. Masan은 또한 단백질 기반 식품시장에 합류하기 위하여 2012년에 사료제조업체의 지분을 매입하였다.

급속하게 성장하는 국내시장을 활용한 것이 Masan Consumer Corporation의 성공의 열쇠가 되었다. 예상대로 이 회사는 성장하는 베트남 시장과 함께 계속 성장하고, 베트남의 식음료 부문의 시장 리더로서의 입지를 더욱 확고히 하고 있다. 이 회사는 주요 자산 및 잘 알려진 브랜드의 포트폴리오를 인수함으로써 빠른 성장을 활용하여 규모와 범위의 우위를 구축할 수 있었다.

분 로드 맥주회사

빠르게 성장하는 국내시장이 사업기회를 제공할 때, 선도기업이 되는 것은 기업의 시장지배력 가능성을 높여준다. 독점적 기술이 관련되면, 시장 지배력 가능성은 훨씬 배가된다. 그런 지배력을 성공적으로 활용하는 기업은 밝은 미래를 가질 수 있다. 분 로드 맥주회사Boon Rawd Brewery는 1933년에 설립되어 현재 태국 최대의 음료회사이다. 이 회사는 유명한 싱하Singha Beer 및 레오Leo Beer를 비롯하여 여러 브랜드로 음료 제품을 생산, 유통 및 수출을 한다. 이 회사는 농산물 및 부동산 사업에도 뛰어들었다.

1929년 이 회사의 창업자인 분로드 스레스타푸트라Boonrawd Sresthaputra는 수입맥주를 여러번 샘플링한 후 자체 맥주를 양조할 생각을 하였다. 그 다음 해 그는 태국에서 최초의 맥주 양조장을 설립하기 위해 왕의 허가를 요청하였다. 왕으로부터 허가를 받는데 3년이나 걸렸다. 기다리는 동안, 분 로드는 독일과 덴마크에 가서 다양한 맥주 제조 기술을 배웠다Soravji, n.d.. 그는 독일 양조기술을 가져와서, 외국 양조주와 동등한 고품질의 맥주를 생산할 수 있었다.

분 로드는 1934년에 운영을 시작한 태국 최초의 맥주 양조업체가 되었다. 태국정부가 제공한 수입 장벽과 선도자로서 현지 경쟁이 없었기 때문에 이 회사는 수년간 사실상 도전을 받지 않고 성장하였다. 현지 판매는 수십 년 동안 꾸준히 증가하였다. 1970년대에 분 로드는 베트남 전쟁 중에 싱하 맥주를 마시고 귀국한 미군들의 수요에 힘입어 미국으로 수출하기 시작하였다. 그 이후 1990년대까지 매출은 더욱 빠르게 증가하였다. 1998년 분 로드는 싱하보다 낮은 가격으로 레오 맥주를 출시하였다.

이 회사는 2000년대에 해외시장으로 더욱 적극적으로 확장하기 시작하였다. 2010년에 분 로드는 싱하 브랜드를 홍보하기 위하여 축구 클럽 맨체스터 유나이티드 및 첼시와 Formula One Red Bull Racing Team과 글로벌 파트너십을 체결하였다Businessweek, n.d.. 분 로드는 또한 여러 인수를 통하여 스낵 제품, 과일 주스, 심지어 한국식품으로 다양화 하였다. 이 회사는 최근에 부동산 및 포장 사업에도 진출하였다Businessweek, n.d..

이러한 확장 활동은 분 로드가 자사의 포트폴리오를 확장하고 국내외에서 유망한 기회를 제공하는 관련 및 비관련 사업에 진출하기 위하여 시장지배력을 얼마나 성공적으로 활용하는가를 보여준다. 이것은 회사가 다른 경쟁사와 비교할 수 없는 독특한 독점 기술을 도입함으로써 시장에서 선도자 지위를 확고히 하여 장기적으로 독보적인 시장 지배력을 확보한 사례이다.

기타 아세안 챔피언들: 라오 맥주, EDL 발전 공사, PV Gas

시장 지배력에 대한 논의에서, 국영기업이나 정부 통제 기업으로부터 또는 선도기업이 중요한 자원에 접근할 수 있는 우호적인 행운의 환경으로부터 파생된 독점권의 영향을 지나치게 강조하기 쉽다. 그러나 지속적으로 핵심역량을 구축하고 육성하기 위해 수반된 경영기술이 없이는 그러한 시장 지배력의 확장이 반드시 일어나지는 않는다. 우리의 연구에서 두 회사는 이러한 주장에 생생한 증언을 한다. 1975년부터 1990년대 초반까지 라오스의 대기업들은 정부에 의해 국유화되었다. 여기에는 회사의 외국인 소유주가 정부에 주식을 양도한 라오 맥주 주식회사Lao Brewery가 포함되었다. 라오 맥주는 국유화 기간 동안 독점적 지위를 유지하였고, 1990년대 초반 라오스 정부가 시장개혁을 주도할 때까지 라오스에서 유일한 맥주 생산자였다. 그 이후 라오 맥주는 칼스버그 그룹Carlsberg Group과 파트너십을 통해 라오스에서 가장 성공적이고 혁신적인 기업이 되었으며, 제품 품질, 다양성 및 타의 추종을 불허하는 유통 시스템으로 유명하다.

라오스의 또 다른 회사인 EDL 발전 공사EDL Generation Public Company는 전력발전 산업의 신참이지만, 이미(모기업을 통하여) 송전선로의 건설뿐만 아니라 발전, 유통 및 도매 분야에서 리더십을 인정받아 왔다. 이 회사의 성과를 이해하기 위해서, 메콩강은 티벳 고원과 인도차이나를 통과하여 중국 윈난성을 연결하는 라오스의 중요한 지리적 경계표로 간주된다Wikipedia, 2015. EDL Generation의 수력발전소의 대부분은 메콩강 유역에 의존한다EDL-Generation Public Company, 2015. 사실 EDL-Generation은 수력발전소를 건설하고 운영하는 라오스 유일의 회사이다. 그럼에도 불구하고 이 회사는 일본, 프랑스 및 영국에서 기술을 공급받아 산업에 대한 지식을 활용하였으며, 이제 이 지역에서 핵심 기업이 될 궤도에 있다.

비슷한 방식으로 베트남 가스산업의 현재 선두주자인 PV Gas는 처음에는 모회사인 Petro Vietnam의 후원하에 정부의 지원을 받았다. 국내 최초 및 유일한 건식 가스 유통업체로서 초기 이익을 얻었으며, 이 회사는 시장 선도기업으로 급부상하였다. 베트남 가스산업이 제품 및 인프라에 유리한 전망을 제공한다. 더 중요한 것은 이 회사가 가스의 프로세스 및 품질을 향상시키기 위하여 기술 및 연구 활동에 더욱 매진하고 있다. 이 회사는 R&D 기관의 통합된 첨단 인프라에 더 많은 투자를 하고, 전 세계의 기업, 연구기관 및 대학과의 국제협력을 강화할 계획이다Petro Vietnam, 2012; PV Gas, 2013.

결론

흔히 불공정하다고, 또는 다루기 힘들고 비효율적이라고 비난받지만, 시장 지배력은 그것을 행사하는 기업과 사회경제적 발전이 공존하는 국가 모두에게 성공요인으로 작용할 수 있다. 그것은 양날의 칼과 같다. 시장 지배력, 가격 통제, 경쟁이 약하거나 존재하지 않으면 안주와 타성으로 이어질 수 있다. 반면 규모와 범위의 경제, 자금원, 경우에 따라 특별 정부지원은 혁신과 국제적인 성장을 위한 발판을 제공하여 장기적인 성공에 기여할 수 있다.

우리의 아세안 챔피언은 산업을 개척하기 위해 스스로 확보했거나 경제 개발 또는 국민 복지를 위해 전략적으로 중요한 산업을 개발하기 위한 노력으로 정부로부터 위임받은 시장 지배력을 성공적으로 활용하였다. 그들은 시장 지배력을 이용하여 경쟁의 도래에도 불구하고 장기적인 수익성을 유지할 수 있고, 어떤 경우에는 국내외에서 관련 및 비관련 사업에도 도전할 수 있는 역량을 개발하였다. 이러한 특성의 조합이 그림 5.1에 제시되어 있다.

물론 시장 지배력이 신흥시장과 개도국에 특유하지도 국한되지도 않는다. 실제로 이 연구는 선진국에 주로 초점을 맞춘 경제학 및 산업조직론에서 두드러진 위치를 점하고 있다. 아세안에서 주목할 만한 것은 시장 지배력과 경제발전의 공동 진화이다. 많은 아세안 챔피언은 국가 역사상 중요한 시기에 자원을 활용하고 중요한 서비스를 제공하기 위한 국가 전략으로 정부 명령을 통해 확보된 시장 지배력을 가지고 있다. Meralco와 마찬가지로, EDL은 1961년에 민간기업으로 설립되었지만, 1986년에 라오스 정부에 의해 국유화되었으며, PLDT와 마찬가지로 정부의 감독하에 여러 주정부 공공 유틸리티를 통합하는 임무를 맡았다. 2011년 강력한 정부 지원으로 EDL의 자회사인 EDL-Generation Public Company는 라오스 증권거래소에 최초로 상장된 기업이 되었다. 이는 라오스를 투자자에게 유망한 선도 시장으로 제공하려는 정부 노력의 일환이었다. Meralco, EDC, PPWSA, PTTEP, PLDT, Petro Vietnam Gas는 모두 정부가 만든 독점 기업이었다.

우리의 아세안 챔피언은 성공을 거두었고, 잠재력을 극대화하고 조기에 시장 지배력을 발휘했기 때문에 밝은 미래를 약속받았다. PPWSA와 같은 챔피언은 효율성과 공공 서비스에 대한 강한 의지를 지키기 위해 훌륭한 지배구조와 기업 규율을 채택하였다. 그러한 규율이 없다면, 독점이 비효율성과 무능력으로 빠질 수 있다. 독점기업, 특히 처음부터 정부지원의 특혜를 받은 기업은 내부 역량을 구축하고 장기적인 성장을 유지하기 위하여 조기에 성장해야 한다. EDC와 PTTEP는 특별대우를 벗어나 해외에 도전하여 성공할 수 있는 역량을 개발한 정부지원을 받은 독점기업의 좋은 사례다.

그림 5.1 시장 지배력 활용

기업이 시장 지배력을 보유할 때, 내부 역량을 구축하고, 인적자본을 개발하고, 생산적인 자산을 개발하는 것이 더 쉬워질 수 있다. 우리의 챔피언을 차별화시키는 것은 고객을 위해 더 큰 가치를 창출하고 혁신하기 위해 강점을 활용할 수 있는 능력과 의식적인 의사결정이다. Meralco와 PLDT는 그들의 선도자 우위를 강력한 혁신 역량으로 바꾸어 성공적인 해외진출의 기반이 되었다.

개도국의 특성인 급성장하는 국내시장은 어떤 기업, 특히 큰 시장 점유율을 차지하고 있는 기업에게 이익이다. 예를 들어, Masan Consumer Corporation은 베트남의 번성하는 소비자 시장과 함께 성장해 왔다. 그 성장 잠재력은 국가의 유망한 발전 전망만큼이나 밝다. 베트남의 경제가 번성하면서, Masan은 소비자 소득이 늘어남에 따라 갈수록 까다로워지는 소비자 선호도를 충족시키기 위해 지속적으로 제품 품질과 다양성을 높임으로써 시장점유율을 유지하는 한, 성장하는 고객 기반을 확보할 수 있었다. 특히 지배력을 유지하기 위해 주요 자산을 성공적으로 인수하고 잘 알려진 브랜드 포트폴리오를 확립하였다.

제품 우수성에 대한 약속과 브랜드 자산의 개발은 기업의 국제화 추진에 큰 도움이 될 수 있다. 분 로드 맥주 주식회사는 외국 독점기술과 기업 역사 초기에 태국 왕이 부여한 시장 지배력을 활용하여 자원을 개발하고 역량을 구축하였다. 그리고 국제화 전략에 착수할 때 해외 시장을 탐색하고 글로벌 브랜드를 구축하는 데 이를 활용하였다. 종합적으로 시장 지배력에 관한 우리의 주장은 저개발 환경에서의 마케팅 이해 측면에서 훨씬 광범위하다. 시장 지배력은 마케팅 전략과 구별된다. 시장 지배력은 내생적 요인과 외생적 요인의 산물이지만, 모범적인 마케팅 전략을 채택한 기업은 주로 내적 또는 내생적 요인에서 비롯된다. 그러한 기업은 다음 장에서 자세하게 설명된다.

선구적인 마케팅 전략

서론

경제 발전은 시장거래의 역사적 프리즘에서 볼 수 있다. 시장은 최초의 교환과 무역 이래로 존재해 왔지만, 시장은 공인된 시장과 신도시를 유치했던 11세기까지만 역사적으로 기록되어 있다Casson & Lee, 2011. 시장은 발전을 예고하고 역사를 통해 인간의 상태를 정의했다. 시장은 자본주의와 기업보다 선행한다Roxas, 2000.

반면에 마케팅 관리는 상대적으로 최근의 현상으로, 헨리 포드Henry Ford의 금언에 따르면, 구매자는 "색깔이 검은색인 한 그들이 원하는 어떤 색깔의" 차도 구입할 수 있다는 강력한 생산자 지향으로 제2차 세계대전 전 조건으로 거슬러 올라간다Lutz & Weitz, 2005:89. 고객의 지식과 인지도가 높아짐에 따라 이 금언은 고객 지향이나 고객 니즈 및 요구사항에 초점으로 바뀌었다. 스탠포드 대학교의 레빗Theodore Levitt 교수는 그의 영향력 있는 논문 「마케팅 근시Marketing Myopia」에서 기업이 제품에 더 관심을 갖고 더 광범위한 마케팅/소비자 요구를 놓치면 실패할 것이라고 주장하였다Levitt, 1975. 최근에는 앨빈 토플러1980가 '프로슈머prosumer'라고 부르는 것 또는 그 현대적 변종인 공동창조cocreation로 변했다. 여기서 공동창조는 제품이나 서비스의 형태 및 기능을 정의할 때 고객의 깊은 참여로 정의된다Mills, 1986; Prahalad & Ramaswamy, 2004a, 2004b.

신흥시장과 관련하여, 마케팅 관리는 다음과 같은 3단계의 전략적 의사결정으로 적절하게 분석될 수 있다: (1) 시장 진입, (2) 시장 진입 방법, (3) 진입 시기. 성공적인 아세안 기업의 경험을 강조하는 이 장에서, 우리는 첫 번째와 세 번째의 의사결정에 초점을 둔다. 마케팅 우수성의 근저를 이루는 주장은 엄청난 역경과 제약에도 불구하고 아세안 챔피언이 두 단계(시장진입 및 시기)에서 경쟁자를 능가한다는 것이다. 두 번째 질문(진입방법)은 다음 장(현지화 심화)에서 다루어진다.

어떤 시장에 진입할지 결정하는 것은 일반적으로 잠재적 규모, 접근성 및 반응성을 고려해야 한다. 규모는 시장 침투 수준 및 예상 매출액을 결정하는 데 중요하다. 그러나 매우 매력적이지만 접근하기 어려운 시장은 진입 및 후속 운영 비용을 크게 증가시킬 수 있다는 점에서 접근성 또한 중요하다. 마지막으로 4P(장소, 가격, 제품 및 프로모션)와 같은 다양한 마케팅 전략에 대한 고객의 반응은 주어진 마케팅 전략의 잠재적 효과를 결정한다.

아세안과 같은 개도국 시장에 적용할 때, 규모, 접근성, 반응성에 대한 고려는 잠재적으로 비관적일 수 있다. 시장의 제한된 크기, 진입의 어려움, 수용력의 부족은 - 상대적으로 저개발 경제의 특징들 - 비용이 이익을 훨씬 초과하는 결과를 초래한다. 당연히 많은 다국적 기업들은 시장이 상당히 발달했다고 생각할 때까지 망설인다. 직관적으로, 그런 주저함이 현지 기업에게 기회가 될 수 있으며, 특히 현지 시장 상황에 적응하고 시장 요구에 대응할 수 있는 능력을 갖추고 있다면 기회가 될 수 있다.

'거친 다이아몬드'라고 불리는 성공한 현지기업에 대한 이전의 연구에서, 이들 기업은 기회를 활용했지만 상당한 위험을 안고 있다고 보고되었다Park, Zhou & Ungson, 2013. 초기 시장의 틈새를 식별하는 것은 쉽지 않으며, 식별한다 해도 이들 틈새시장을 채우는 소비자는 크게 성장하지 않을 위험이 있고, 또한 시장 단서나 전략에 반드시 대응하지 않을 위험도 있다. 따라서 유망기업은 잠재력을 인식할 필요가 있을 뿐만 아니라 세분시장 자체에 투자하고 육성할 준비가 되어 있어야 한다. 이런 맥락에서 우리는 이것을 '채워지지 않는 틈새시장을 채우기'라고 부른다.

이 결정과 밀접하게 관련된 것은 언제 진입해야 하는지, 또는 일반적인 타이밍의 문제다. 관찰자들은 기회의 창이 짧고 불확실한 경향이 있기 때문에 진입 시기는 진입할 시장을 파악하는 것과 비교할 때 종종 더 어려운 결정이라고 이야기한다. 주류 마케팅 문헌에서 이 결정은 선점자 우위 및 후발자 우위의 주제에 포함된다.

선도자가 명성을 쌓고, 물류 및 자재를 확보하고, 정부 지원을 얻고, 진입장벽을 구축할 수 있을 때 선점자 우위가 발생한다Lieberman & Montgomery, 1998. 반면에 추종자들은 선도자의 실수에서 배우고, 선도자가 창출한 수요를 활용하며, 선도자보다 더 나은 제품과 서비스를 제공할 수 있다면 우위를 얻을 수 있다Lieberman & Montgomery, 1998. 결론적으로 두 결정 중 하나가 절대 우위를 차지한다는 결정적인 실증적 증거는 없다D'Aveni, 1994; Lieberman & Montgomery, 1998.

이 발견은 아세안과 같은 개도국 시장에 적용될 때 사실이며, 일부 기업은 선도자로서 경쟁력 있는 집단을 개발하고 다른 일부 기업은 추종자 및 학습자로서 성공적인 성장 경로를 따른다. 성공은 전체 조직이 특정 의사결정을 얼마나 잘 이행하고 지원하는지에 크게 달려있다.

아세안은 다양한 시장을 제시하기 때문에 의미 있는 방식으로 가치를 포착하기 위한 새로운 모델이 반드시 필요하다Bhasin, 2010. *Think New ASEAN!*에서 코틀러, 카르타자야, 후안Philip Kotler, Hermawan Kartajaya and Hooi Den Huan, 2015은 소비자 중심에서 인간 중심으로 변화를 주장하였다. 이 장에서 우리가 제시하는 사례에서, 우리는 이러한 문제 중 일부를 다루고 이러한 마케팅 결정의 뉘앙스를 제시한다. 이러한 사례를 살펴보면 다음과 같다.

- 방콕 케이블 주식회사(*Bangkok Cable Company Limited*: 태국): 국제 협력 및 관련 제품 및 시장 다변화를 통한 지속적인 성장
- 타이 금속 주식회사(*Thai Metal Trade Public Company Limited*: 태국): 전체 공급망에서 고부가가치 서비스를 제공하는 철강 토탈 솔루션 업체
- 프루스카 부동산 주식회사(*Pruksa Real Estate Public Company Limited*: 태국): 시장 요구를 정확하게 예측하고 강력한 시장 지위 구축
- FKS 멀티애그로(*PT FKS Multiagro Tbk*: 인도네시아): 통 생선을 사용하여 식용유를 생산하는 최초의 기업이며, 빠르게 성장하는 지역 수요를 충족시키기 위해 대두를 수입
- 케펠 펠스(*Keppel FELS Limited*: 싱가포르): 현지 요구사항을 충족시켜 경쟁우위 구축
- *TC Pharmaceuticals Industries Co., Ltd.* (태국): 처음으로 육

체노동자에게 에너지 음료 마케팅

- 솔루시 투나스 프라타마(*PT Solusi Tunas Pratama Tbk*: 인도 네시아): 올바른 기술과 비즈니스 모델로 시장 성장을 주도
- 기타 아세안 챔피언: *Tien Phong Plastic Joint Stock Company* (베트남), *PT Ultrajaya Milk Industry and Trading Company Tbk* (인도네시아), *Cebu Air, Inc.* (필리핀): 선점자 우위 및 후발자 우위의 이익을 보여줌

방콕 케이블

방콕 케이블Bangkok Cable Company Limited은 1964년 CEO인 나콘스리Sompong Nakornsri에 의해 설립되었다. 현재 구리 케이블, PVC 전선, 알루미늄 전선, 통신 케이블 및 화재 안전 케이블을 포함한 전선 및 여러 제품에서 탁월한 시장 지위를 유지하고 있다. 회사는 또한 제품을 미얀마, 필리핀, 방글라데시와 같은 주변국가에 수출하고 있다.

그러나 다른 많은 아세안 챔피언들처럼, 이 회사의 성공은 당시의 경제적 수요를 이해하는 능력과 시장 조성 의지에 달려있었다. 1960년대 태국은 전력 생산 및 소비에 대한 수요가 증가하여 국내에 많은 발전소가 건설되었다Country Studies, n.d.. 또한 태국은 110볼트 전압을 220볼트 전압으로 변경했다. 이것은 전선을 변경해야 한다는 것을 의미했으며, 220볼트 전압과 호환되는 새로운 구리 전선에 대한 수요가 증가하였다.

나콘스리는 케이블 시장에서 이 기회를 확인할 수 있었다. 그는 성장하는 태국시장과 국가 인프라를 지원하기 위해 구리 전선을

생산하려고 하였다. 이 점에서 선견지명이 있었던 그는 구리 배선을 생산하는 최초의 계약 중 하나를 확보하였다. 처음에는 주택건설 설비 공급에 중점을 두고, 주로 전기 수요가 급증하고 있는 지방 시장에 공급계약을 체결하였다Bangkok Cable Co. Ltd., 2014. 나중에 이 회사는 시장을 정부 및 민간 부문으로 확대하였다. 또한 기술 및 연구 분야에서 일본기업과의 협력을 통해 방콕 케이블은 다양한 유형의 케이블 및 전선을 개발 및 생산하는 데 비교우위를 누렸다. 이러한 우위로는 회사의 경쟁력을 높이고 PVC 전선으로의 다양화를 촉진했던 기술이전과 모범사례 공유를 포함한다.

1980년대 후반에 이 회사는 구리 나선Copper rod을 생산하기 위하여 일본기업들과 다른 사업을 보완하면서, 펠프스 다즈 타일랜드Phelps Dodge Thailand Co. Ltd와 합작투자회사를 만들었다. 2000년에 이 회사는 케이블용 화재 및 화염 테스트 실험실을 열었다. 여기에는 방콕 케이블의 화재 안전 케이블 생산 및 유통이 포함된다.

현재 이 회사는 미얀마와 같은 이웃국가에 제품을 수출하고 있다. 방콕 케이블의 해외 고객 대부분은 정부의 인프라 프로젝트에 집중하고 있으며, 그런 프로젝트는 많은 양의 케이블과 전선이 필요하다. 여러 동남아시아 국가들이 다양한 인프라 프로젝트를 지속적으로 추구하고 있기 때문에 그러한 제품에 대한 수요가 증가할 것으로 예상된다OECD, 2014. 방콕 케이블은 이전의 마케팅 전문 기술과 기술적응을 결합하여 업계에서 시장 지위를 지속적으로 향상시켰다.

타이 금속 주식회사

아세안 챔피언이 공유하는 한 가지 요소는 기술적 탁월함과 시장에 정통한 지식을 창조적으로 결합할 수 있는 능력이다. 타이 금속 주식회사Thai Metal Trade Company Limited는 철강 토탈 솔루션 공급업체로서 철강의 유통, 가공 및 생산에 종사한다. 이 회사는 고객 사양에 따라 특히 중소기업에 적합한 철강 관련 서비스를 제공하는 것을 목표로 하고 있다.

타이 금속의 마케팅 전략은 조기 시장 니즈의 인지뿐만 아니라 경쟁사에 대한 예리한 분석에서 나온다. 회사 창립 당시에는 태국의 철강 가치가 상품(원자재) 상태를 반영하여 상대적으로 동일했기 때문에 더 큰 경쟁회사에게 유리했다. 이 회사는 부가가치 서비스를 제공하여 다른 회사와 차별화되는 과감한 조치를 취했다. 그럼에도 불구하고 상품(원자재) 시장에서 차별화 전략을 구사하는 것은 위험한 일이었다. 이 회사는 철강 유통이외의 추가 서비스를 포함함으로써 고객이 이 회사에서 철강을 구매하도록 설득해야 했다.

이 전략을 지원하기 위하여, 타이 금속은 중형 기업을 포함한 새로운 시장기반에 침투하기 위해 철강 센터 기능을 신설했다. 또한 창고 확장을 통해 유통시스템을 개선하였다Thai Metal Trade PCL, 2010. 1992년 이 회사는 혁신적인 새로운 비즈니스 모델에 대한 비전을 가지고 Thai Metal Trade Co.로 이름을 변경하였다. 기본적인 철강 이외에 다양한 서비스를 제공하는 데 성공한 회사는 완전히 통합된 철강 서비스 센터가 되기 위해 노력하였다.

현재 CEO인 타라산솜밧Soon Tarasansombat은 Thai Metal을 철

강 거래뿐 아니라 철강 서비스 및 제조에 집중하는 통합 철강 회사로 청사진을 그렸다. 그는 철강 거래만으로는 생존할 수 없다고 생각했다. 왜냐하면 태국에 있는 대형 철강회사가 동일한 서비스에 집중했기 때문이다. 그 대신 그는 다른 대기업에 비해 타이 금속의 추가적인 서비스에 대해 기꺼이 지불할 중소기업에 서비스를 집중하기로 결정했다.

타라산솜밧은 이 틈새시장에 통합 철강 회사에 대한 비전을 사용하였다. 인터뷰에서 그는 아래와 같이 말했다.

> "우리는 단지 작은 회사일 뿐이다. 그리고 단계별로 판매량을 늘린 후 시장을 확장하였다. 우리는 이전에 거래하지 않았던 다른 시장에 침투하려고 노력하였다. … 우리는 다른 기능을 확장하였고, 철강 센터 기능을 신설하였다." - Paisal Tarasansombat, CEO

2004년에 이 회사는 부품제조 산업에 진출하였다. 건물, 창고 및 공장과 같은 시멘트 기반 건축에 집중된 건설 산업과 달리, 부품 제조 산업은 자동차 부품, 트럭 조립품 등과 같은 철강 부품에 집중되어 있다. 철강 부품의 경우, 타이 금속은 현지 수요가 높은 파이프를 생산하는 데 집중하였다. 이 사업을 통해, 회사는 매출의 50%를 차지하는 자체 파이프 제조 공장을 설립하였다.

타이 금속은 2007년에 일본의 Metal One과 파트너 관계를 맺었다. 이는 Metal One의 경험과 전문 지식을 통해 타이 금속의 마케팅 능력과 역량을 결합하여 더 많은 시너지효과를 창출하였다. 타이 금속은 철강 생산 및 유통에서부터 서비스에 이르기까지 철강의 통합된 공급망을 보유하고 있기 때문에 고객의 특정 요구에 따라 철강의 강도와 내구성을 조정할 수 있다. 이는 고객 서비스에 대한 회사의 적극적인 접근방식에 의해 뒷받침되며, 타이 금속의 충성 고객 기반이 중소기업에 있음을 보장한다Thai Metal Trade PCL, 2014.

현재 타이 금속은 주로 중소기업을 대상으로 사업을 하고 있다. 이러한 유형의 기업은 대기업에 비해 더 많은 지원이 필요하기 때문이다. 이 전략을 통해 회사는 더 큰 경쟁업체와는 별도로 자체 시장 점유율을 개척할 수 있었다. 또한 타이 금속은 상기 제품의 시장 가격이 회사의 출처와 상관없이 동일하기 때문에 단지 철강만 유통시킬 수 없다. 이 가격경쟁으로 인해 중기업은 동일한 가격으로 철강을 공급하는 대기업으로부터 철강을 공급받는 경향이 있다. 타이 금속은 철강을 유통시킬 뿐만 아니라 고객에게 맞춤형 품질 사양을 기반으로 한 제품을 고객에게 보장함으로써 이를 방지할 수 있었다. 타이 금속은 기술 개발에 대한 탁월한 이해를 바탕으로 마케팅 역량을 지속적으로 구축하고 있다.

프룩사 부동산

프룩사 부동산Pruksa Real Estate Public Company Limited은 산업 마케팅을 대표하는 몇 가지 사례 중 일부이다. 통마 비짓퐁푼Thongma Vijitpongpun이 주거 개발자로 1993년에 설립한 이 회사의 주요 사업은 저비용 주택의 건설 및 개발이지만, 최근에는 고급 부동산 개발 사업으로 다양화되었다. 주택 제품에는 저비용 주택을 위한 타운하우스, 듀플렉스 및 단독 주택건설이 있고, 고급 부동산 프로젝트를 위한 빌라 및 콘도미니엄이 있다.

1990년대 태국의 부동산 시장은 타운하우스 쪽으로 맞추어졌다. 1993년에 태국 정부는 저렴한 주택 프로젝트를 개발한 개발업자에게 법인 소득세를 줄여줌으로써 중저가 주택을 조장하였다. 이와 함께, 태국 정부는 또한 공무원 급여를 인상하고 태국의 은행 부문을 자유화하여 상업은행 및 기타 금융기관들이 고객들에게 더 많은 주택담보 대출을 제공할 수 있게 하였다. 그 당시 태국의 중산층 성장에 기여한 급여 인상 및 더 나은 대출 프로그램의 증가로 인해, 태국 정부의 개혁은 저비용 주택에 관심 있는 새로운 소비자 시장을 창출하였다Kritayanavaj, n.d..

1990년대 초반 부동산 개발업자들은 수익률이 낮았기 때문에 저비용 주택 프로젝트에 관심이 없었다. 통마Thongma는 저비용 주택에 대한 잠재적인 시장 성장 기회를 보고 1993년 프룩사 부동산을 설립하여 합리적인 가격의 주택을 찾고 있는 중산층 고객의 새로운 틈새시장을 활용하였다. 높은 매출을 유지하기 위해, 통마는 새롭고 혁신적인 건설공정으로 뒷받침된 회사의 저비용 주택 프로젝트를 위해 대량 생산 모델을 구현하였다.

프룩사 부동산은 저비용 주택을 제공하는 부동산 개발업자에게 제공되는 정부 인센티브를 바탕으로 1993년에 설립되었다. 이 기간 동안 저비용 주택시장은 아직 초기단계에 머물러 있었다. 몇몇 태국 고객은 저렴한 주택을 찾고 있었다. 프룩사 부동산은 저비용 주택에 대한 증가하는 수요를 충족시키기 위해 타운하우스를 개발하기로 결정하였다.

회사 창립 직후 프룩사 부동산은 몇 개의 타운하우스와 듀플렉스를 개발할 수 있었다. 이 프로젝트에는 반 프룩사Baan Pruksa, 프룩사 타운Pruksa Town, 르노The Reno 및 빌렛 시티Villette Citi가 포함되어 있다. 그 후 이 회사는 타운하우스 건설 이외의 분야로 확대하였다.

회사는 새로운 시장 요구에 적응해야만 했다. 태국의 경우, 부동산 시장은 저비용 주택에 대한 수요가 증가하여 1993년과 1997년 사이에 80만 채의 높은 수요가 발생하였다. 아시아 금융위기 이후에 연간 9만 채의 수요가 발생하였다Kritayanavaj, n.d.. 프룩사 부동산은 이 사업을 활용하기로 결정하였다.

이 회사는 태국의 저비용 주택에 대한 수요 증가를 충족시키기 위해 생산량을 늘리기로 결정하였다. 프룩사 부동산은 2005년에 새로운 프리캐스트 콘크리트pc 공장을 건설하여 생산량을 늘리고, 몇 개의 저비용 주택 프로젝트를 지원하였다Pruksa Real Estate PCL, 2014a. 프룩사의 프리캐스트 콘크리크 공장 건설에는 독일로부터 지식 및 기술이전 프로그램의 도움을 받았다Pruksa Real Estate PCL, 2014b.

프리캐스트 콘크리트 공장 건설 외에도, 2005년에 프리캐스트 울타리 및 기둥 공장도 완공하였다. 이들 공장의 건설에 1억5천만 바트가 소요되었다Pruksa Real Estate PCL, 2014a. 프리캐스트 공장에 대한 회사의 투자로 인해 프룩사 부동산은 프로젝트의 건축 자재를 확보함으로써 태국 주택시장 점유율을 높일 수 있었다.

또한 회사는 자체 프로젝트를 건설하고 개발하는 전략을 계속 수행하지만 완료 후 프로젝트를 관리까지 하였다. 이것은 프룩사 프로젝트 운영이 동일한 회사에 의해 운영됨을 의미한다. 프룩사의 이러한 관행은 다른 부동산 개발업자들과는 다르게 보인다. 왜냐하면 부동산 개발 회사의 통상적인 관행은 건설에 집중하는 것이지 일단 완공이 되면 프로젝트 운영에는 관심이 없다. 부동산 프로젝트의 건설, 개발 및 관리에 있어 장기 성장을 수용하기 위해 이 회사는 전략적 사업 단위SBU 구조를 채택하여 비용을 최소화하고 회사의 성장을 유지할 수 있었다Pruksa Real Estate PCL, 2014a.

이 회사는 'Preuksa Real Estate'에서 현재 **Pruksa Real Estate**로 2010년에 브랜드를 변경하였다. 브랜드 변경은 회사 서비스의 발전을 반영하기 위한 것이다. 이러한 변화 중 하나는 방콕 내외의 고성장 지역을 대상으로 하는 콘도 프로젝트 개발이다Pruksa Real Estate PCL, 2014a. 콘도 프로젝트 개발로 이동은 다각화를 추구하는 회사의 핵심전략 중 하나였다.

비용을 최소화하기 위해, 회사는 시장점유율을 높이는 중요한 전략을 창안하였으며, 다른 부동산 개발업자들이 건설업체를 고용하는 동안, 이 회사는 직접 건설 프로젝트를 관리하기로 결정하였다. 이러한 전략으로 프룩사 부동산은 전사적 품질관리TQM 정책을 구현하여 비용을 최소화하고 시간을 효과적으로 관리할 수 있었다.

FKS 멀티애그로

이전 장에서 지적한 바와 같이 식품 및 농업관련 산업은 경제발전의 초기단계에 중요한 산업으로 여겨진다. **FKS 멀티애그로**FKS Multiagro는 식품 및 사료산업에 종사하고 있다. 세 가지 사업 활동으로는 어업, 사료, 및 무역이 있다. 1970년 이 회사가 설립되기 전에 창업자는 자카르타에 기반을 둔 무역회사를 만들어 농산물을 수출하였다. 그때부터 1980년대까지, 사업은 향신료의 거래와 유럽, 미국 및 중국으로 수출무역에 종사하였다. 이 회사는 또한 인도네시아의 다른 지역에 지사를 설립하여 운영을 확대하였다.

1992년 FKS Multiagro는 PT. Fishindo Kusuma Sejahtera로 합병되었다. 이 회사는 1993년에 사업을 시작하여, 사료 원료생산에 종사하였으며, 어분fish meal 및 어유fish oil 생산에 통 생선을 사용한 인도네시아 최초의 기업이다. 1998년 이 회사는 생산 시설을 확대하여 통 생선 가공 능력을 높이고, 우모분feather meal 생산을 위한 가금류 깃털 가공 시설을 추가하였다. 아시아 금융위기와 인도네시아 루피의 평가절하에도 불구하고, 수출업자들은 약세 통화로 인해 기회를 발견했다. 내수 시장의 침체에도 불구하고, 수출 활동으로 이 회사의 매출 및 순이익이 증가하였다.

2000년에 이 회사는 핵심 비즈니스에 대한 재평가를 실시하였으며, 엘니뇨에서 라니냐로 기상 패턴의 변화는 생선 가용성에 대한 회사의 의존도 및 취약성을 노출시켰다. 따라서 회사는 사료성분 제조에 대한 의존도를 줄이고 사료 성분 수입 기회를 모색하기로 결정하였다. 그 당시 수입된 가장 큰 사료성분이 대두박soybean meal이라는 것을 감안할 때, 회사는 이 문제를 해결하기로 결정하였다.

2002년 회사는 현재 인도네시아 증권거래소로 알려진 자카르타 증권거래소에 주식을 상장하기로 결정하였다. 2005년에 회사는 300MT의 용량을 가진 냉장 보관 시설을 설치하였다. 2006년 Fishindo Kusuma Sejahtera에서 FKS Multiagro로 회사 이름을 바꾸었다. 이것은 회사가 산업 어업에서 더 넓은 사료 원료로 전환한 과정을 나타내기 위해 수행되었다. FKS는 또한 회사의 세 가지 제품군, 즉 어업fisheries, 옥수수kernel 및 대두soybean를 의미한다. 2006년에는 매출액 1조 루피아를 넘었다.

회사의 포트폴리오에 대두를 포함시키기로 한 것은 선견지명이 있었다. 회사는 인도네시아 사람들이 따후 뗌뻬Tahu Tempe의 형태로 대두를 정기적으로 섭취하는 것을 관찰하였다. 또한 국내에서 대두의 생산이 부족하였다. 인구 증가에 따라 대두 수요가 계속 증가할 것으로 예상되었다.

회사의 현재 전략은 건강식품, 특히 대두 수입에 우선순위를 두는 것이다. 육류 및 가금류의 현지 일인당 소비량은 상대적으로 여전히 낮고, 뗌뻬와 두부의 소비량은 상당히 높다고 회사는 판단한다. 대두가 주요 성분인 식품의 소비자와 중소 생산업자의 수요에 비해 대두의 현지 생산이 부족하기 때문에, FKS 멀티애그로는 대두 수입이 지속적으로 수익성이 있을 것이라고 믿고 있다. 이는 중산층의 성장을 고려할 때 증가할 것으로 예상된다PT FKS Multiagro Tbk., 2014.

솔루시 투나스 프라타마

산업 마케팅의 또 다른 사례인 솔루시 투나스 프라타마Solusi Tunas Pratama는 인도네시아의 선도적인 통신 인프라 공급 업체이다. 2006년 창립 이래 사장인 노벨 타니하하Nobel Tanihaha가 회사를 이끌었다. 이 회사는 기지국 트랜시버Base Transciver Station: BTS 타워를 제공, 관리 및 임대하고 있다.

인도네시아 정부가 통신 사업자에게 11개의 라이센스를 발급했을 때, 통신 사업자의 대부분은 처음에 BTS 타워 네트워크를 서로 공유하기를 거부하였다. 이것은 모든 11개 통신사업자가 서로 독립적인 기지국 트랜시버 타워 네트워크를 구축한다면 병참적인 악몽이 될 것이기 때문에 인도네시아에 큰 문제로 제기되었다. 이로 인해 솔루시 투나스는 11개의 통신 사업자, 특히 인도네시아의 3대 통신사업자와 독립적으로 통신 인프라 공급업체를 운영할 수 있었다. 그 후로 기지국 트랜시버 타워를 임대하는 것이 솔루시 투나스의 핵심사업이었다.

회사 설립 초기에 인도네시아 정부는 통신사업자들에게 기지국 트랜시버 타워 및 기타 네트워크에 다른 지역 경쟁업체들이 엑세스할 수 있도록 설득하였다. 이 통신 사업자에는 텔콤셀Telkomsel, 인도샷Indosat 및 엑스엘 악시아타XL Axiata와 같은 지역 텔레콤 업계의 인도네시아 Big 3 회사가 포함되어 있었다.

인도네시아 정부가 Big 3 및 다른 통신사업자와 협상을 진행하는 동안, 솔루시 투나스는 기지국 트랜시버 타워를 매입하기 위하여 입찰에 참여하기로 결정하였다. 타니하하는 다음과 같이 언급했다.

> "… 나는 자카르타로 돌아와서 회사를 세워서, 입찰에 참여했으나 떨어졌다. 나는 현재 아시아에서 가장 큰 타워 회사에 졌다. 그들은 먼저 입찰을 따냈기 때문에 가장 큰 회사가 되었다."

첫 번째 입찰에 떨어져도 솔루시 투나스가 핵심 사업을 추진하는 것을 막지 못했다. 이 회사는 상기 입찰 직후 최초의 기지국 트랜시버 타워를 건설하기 시작하였다. 2007년 솔루시 투나스는 528대 타워를 건설하기 위하여 에릭슨 인도네시아PT Ericsson Indonesia와 계약을 체결하였고, 악시스 텔레콤 인도네시아PT Axis Telecom Indonesia에 재임대하였다. 이어서 2008년에 이 회사는 바크리스 텔레콤PT Bakris Telecom Tbk과 임대차 계약을 체결하였다PT Solusi

Tunas Pratama Tbk, 2014.

그러나 타니하하는 기지국 트랜시버 타워를 혼자서 건설하는 것이 재정적으로나 논리적으로 불가능하다는 것을 깨달았다. 그는 통신사업자들로부터 기지국 트랜시버 타워를 인수하기로 전략을 수정하였다.

2009년 이 회사는 인도샛PT Indosat Tbk, 스마트 텔레콤PT Smart Telecom 및 텔레코무니카시 인도네시아PT Telekomunikasi Indonesia (Persero) Tbk로부터 543대의 타워를 매입하였다. 확장을 추구하기 위하여 이 회사는 악시스 텔레콤 인도네시아PT Axis Telecom Indonesia, 엑스엘 악시아타PT XL Axiata Tbk, 퍼스트 미디어 PT First Media Tbk 및 허치슨 CP 텔레커뮤니케이션PT Huchinson CP Telecommunication과 마스터 임대 계약을 체결하였다. 2010년 현재 자카르타에서 650대의 기지국 트랜시버 타워를 보유하고 있으며, 광역 자카르타 지역 및 기타 지역에 500대의 타워를 보유하고 있는 인도네시아에서 네 번째로 큰 타워 공급업체이다Borroughs, 2012. 2012년 이 회사는 광섬유 네트워크 투자 및 마이크로 셀 폴을 소유한 플라티늄 테크놀로지PT Platinum Technology를 인수하였다PT Solusi Tunas Pratama Tbk, 2014.

새로 인수한 플라티늄 테크놀로지를 자회사로 이용하여, 회사는 광섬유를 사용하는 소형 데이터 센터를 설립하였다. 솔루시 투나스는 광섬유 확장을 위한 수단으로 마이크로 셀 포스트를 사용하는 통신 공급업계의 선구자 중 하나이다. 이 회사는 성장 중인 중산층이 텔레콤 산업의 확장을 촉진할 것이므로 향후 몇 년 동안 이 요구를 충족시키기 위해 광섬유 기술을 활용하여 네트워크를 업그레이드 해야 할 필요성을 예상하고 있다PT Solusi Tunas Pratama

Tbk, 2014.

이는 인도네시아의 대도시에서 LTE 기술 사용이 증가함에 따라 더욱 지지된다. 따라서 LTE 기반 기술에서 기대되는 데이터 사용량 증가를 충족시키기 위해서는 광섬유 기반 인프라가 필요하다. 또한 회사는 혁신적인 전술을 사용하여 서비스에 가치를 부가하였다. 이러한 혁신 중 하나는 통신사업자가 통신 기술에 필수적인 채널 액세스 방식인 코드 분할 다중 접속CDMA을 공유하고 배포하는 소프트웨어 응용 프로그램을 개발하는 것이다PT Solusi Tunas Pratama Tbk, 2014.

솔루시 투나스의 전략은 이윤 증가 및 포트폴리오 확장에 중점을 둔다. 이윤 증가와 관련하여, 회사는 IPO 혜택을 통해 통신회사와의 임대 계약을 계속 활용한다. 이로 인해 솔루시 투나스는 2012년 매출을 전년대비 60% 증가시킬 수 있었다PT Solusi Tunas Pratama Tbk, 2014.

포트폴리오 확장 측면에서 볼 때, 솔루시 투나스는 더 큰 데이터 네트워크를 위해 용량 확장을 목표로 한다. 이 회사는 범위 확대보다는 데이터 사용자의 밀도가 높은 지역에 집중하려고 한다. 밀도가 높은 지역에 집중함으로써, 회사는 데이터 트래픽의 증가로 인해 시간이 지남에 따라 수익을 증가시킬 수 있다PT Solusi Tunas Pratama Tbk, 2014.

확장을 위해, 회사는 다른 독립적인 타워 공급업체 또는 기존 텔레콤 운영업체로부터 타워 인수를 통하여 포트폴리오를 확장하려고 한다. 솔루시 투나스는 자사의 포트폴리오를 전략적으로 늘릴 수 있는 선택적 인수 프로세스를 사용한다. 타워 운영자의 핵심 초점은 회사가 단순히 타워 인수에만 의존할 수 없기 때문에 새로운 타워의 건설에 필요한 대규모 자본 지출을 지원하는 풍부한 자금력을 보유하는 것이다Grazella, 2013b. 포트폴리오 확장에는 강력한 재무역량이 필요하다. 따라서 솔루시 투나스의 현재 전략이 포트폴리오 확장을 지원하는 데 이윤 증가에 초점을 두는 이유이다. 솔루시 투나스는 시장의 요구를 감지하고 시장에 앞서 동적으로 조정을 한다. 이 회사는 타워 포트폴리오를 적극적으로 확장하고, 필요한 기술을 습득하며, 내부 금융문제를 해결하면서 임박한 시장 변화에 따라 시장 위치를 설정한다.

케펠 펠스

석유 굴착 장치의 선도기업이 되기 위해서 마케팅의 정교함뿐만 아니라 높은 투자로 인한 계산된 위험도 감수해야 한다. 케펠 펠스(Keppel FELS)는 1967년에 설립되었으며 오늘날 세계에서 가장 큰 굴착 장비 제조업체이다. 이 회사는 심해와 혹독한 환경에서 사용할 수 있는 이동식 해양 굴착 장치에 특화되어 있다Bloomberg Businessweek, 2014. 케펠 펠스는 Keppel Corporation의 자회사로 등록되어 있으며, Keppel Offshore & Marine Keppel O&M의 해양 사업을 주도한다. 핵심 활동은 해상 시추 굴착 장치 및 생산 설비 및 기타 해상 지원 시설의 설계, 건설, 제조 및 수리이다. 웡콕셍 Wong Kok Seng이 2012년 10월부터 사장을 맡고 있다.

"KC Lee가 아시아에서 최초로 굴착장치를 만들었으며, 시장에 최초로 선보였다. 그 당시에 장점은 그들이 시장에서 처음이었다는 것이다. 일찍 일어나는 새가 벌레를 잡는다는 말이 이런 경우라고

할 수 있다." - 웡콩셍, 사장

나중에 Far East Levingston Shipbuilding FESL으로 개명된 Far East Shipbuilding Industries Limited FELS는 1967년에 설립되었다. 리킴차이Lee Khim Chai 또는 "KC Lee"가 설립한 가족 소유의 조선소였다. 60년대 말경에, 많은 지역이 임대 또는 양허 계약을 체결함에 따라, 동남아 해역에서 해양 탐사 확장이 예상되었다. KC Lee는 이 지역의 탐사 증가로 석유 굴착 수요가 증가할 것으로 예상됨에 따라 굴착기 건설 사업에 진출할 수 있는 기회를 얻었다. 또한 기업들이 동남아시아의 해상 양허 지역에서 탐사를 수행할 것으로 예상되는 시간은 약 10년 정도였다.

그 후 얼마 지나지 않아, 1970년대에 인도네시아의 ARCO (Atlantic Richfield Company: BP의 자회사인 미국의 종합석유업체)는 동남아시아 지역에서 석유 탐사 사업을 시작하였다. 당시 이 지역에서 굴착 장비 설치는 실질적으로 전무했기 때문에 이 목적으로 사용된 모든 굴착 장비는 서구 기업에서 온 것이다.

또한 이 시장에서 지배적인 기업은 미국기업들이다. 아시아에서 최초의 굴착장비 제조사인 케펠 펠스는 선도자 우위의 혜택을 누렸다. 서구에서 굴착 장치를 건설하고, 동남아시아에서 운영하기 위해 운송하는 비용은 엄청났다. 여기서 KC Lee는 그의 회사가 이 시장에 진입할 수 있는 기회를 찾았다.

KC Lee는 미국 텍사스와 미시시피 지역에 집중되어 있는 굴착장치 제조업계 리더들에게 지식을 얻으려고 노력하였다. 이 기간 동안 업계의 빅 3는 베들레헴Bethlehem, 레빙스톤Levingston 및 르터너LeTourneau였다.

1970년은 회사의 성공적인 학습 및 역량을 구축한 해였다. 그들은 굴착 장비 건설에 관한 지식과 전문성을 강화하였고, 그들의 고객에게 고품질의 장비를 제공할 수 있었지만, 여전히 계약 생산회사로 남아 있었다. 그 후 1971~1973년은 FELS에게 어려웠으며 이익은 산업의 주기적인 특성에 영향을 받았다. 1974년은 이 회사의 실적이 좋은 해였음에도 불구하고, 굴착장비 건설에만 전념하는 것이 위험하다는 것을 인식하였다. 회사는 플랫폼, 헬리 리그heli-rig, 잭업 다리jack-up legs 및 데릭derricks과 같은 관련 제품으로 다각화하기로 결정하였다.

1975년과 1976년은 25%의 배당금을 얻은 주주와 함께 이익면에서 기록적인 해였다. 그 다음해 업계의 주기적인 특성에 따라, 굴착 장비와 선박에 대한 수요가 줄어들었다. 영업의 부진에도 불구하고 회사의 다각화 전략 덕분에 조선소를 바쁘게 가동할 수 있었다. 그러나 FELS는 1978년에 첫 손실을 보고 1979년에 두 번째 손실을 기록하였다.

1970년대 말, 르터너와 베들레헴과 같은 독창적인 설계능력을 갖춘 굴착기 건조 회사가 싱가포르에서 사업을 시작하였다. FELS는 이제 그들과 같은 지역에서 사업을 하기 때문에 원조 제조업체와 경쟁에 직면하게 되었다. FELS는 업계에서 성공하기 위하여 경쟁우위를 찾아야만 했다. FELS는 독창적인 설계능력을 갖춘 회사와 라이센스를 체결하기로 결정하여, 장비 설계능력은 있지만 건조능력은 없는 미국 엔지니어링 회사인 프라이드 앤드 골드만Fride & Goldman과 장비 설계를 라이센싱 하였다.

Keppel Shipyard는 1973년 이래로 이 회사의 다수 지분을 소유하고 있었지만, 1980년에서야 Keppel이 회사 경영권을 인수하여 기업 전략을 변경하기 시작하였다. Keppel 경영진이 들어왔을 때, 그들 앞에는 난제가 있었다. 회사는 대부분 수익성이 있었지만, 현재 프로젝트가 지연되었고, 비용관리시스템이 비효율적이었다. 새 경영진은 상황을 호전시키고 회사를 효율적인 조직으로 전환할 수 있었다. 또한 석유 탐사의 증가로 굴착 장치에 대한 수요가 증가하면서 시장 전망은 긍정적이었다. 1980년 회사의 매출은 두 배로 증가하였다. 1981년에 회사는 사상 최대 순이익 4,270만 싱가포르 달러를 달성하였으며, 꾸준히 프로젝트를 진행했으며, 예정보다 빨리 작업을 완수하였다.

1982년에 FELS는 두 건의 턴키 프로젝트를 건설하기 위하여 소련에 입찰하였다. 그중 하나는 이전에 결코 구축하지 못했던 혹독한 환경용 굴착 장비였다. 7개월간의 협상 끝에, FELS가 입찰에서 승리하였다. 두 프로젝트는 1984년에 완공되었다. 그 후 몇 년간은 굴착 장비에 대한 수요가 침체기에 접어들었다. 그러나 회사는 1986년에 호전을 예견하고, 이를 예상하여 혹독한 환경에서도 견딜 수 있고 심해에서도 작동할 수 있는 Fride & Goldman MOD V 잭업 장비 제작을 결정하였다. 완성 후 1년도 채 되지 않아, Santa Fe International Services가 장비를 구입하였다. 산타페의 프랭크 코너Frank Connor는 다음과 같이 말했다. "*유럽, 중국 및 미국 조선소에 비해 FELS는 저렴하지는 않았지만 인도기한 조건이 가장 좋았다.*"

1993년 EFLS는 필리핀 전력청National Power Corporation과 2건의 BOOBuild-Own-Operate 계약을 체결하여 최초의 발전 사업을 수행하였다. FELS는 당시 필리핀 대통령인 피델 라모스Fidel V. Ramos에 의해 부유 발전소 건설을 위임받았다. 이것은 싱가포르에서 건설되어, 바탕가스Batangas로 이동되었다. 1994년 두 번째 주문이 들어와 마닐라로 옮겨졌다. 전력발전은 회사의 수익을 높이는 데 도움이 되었으며, 케펠 펠스에서 두 번째로 중요한 비즈니스가 되었다. 나중에 필리핀 정부와 계약이 끝났을 때, 바지선을 개조하여 브라질에 배치하였다.

Keppel FELS, Keppel Shipyard 및 Keppel Sinpmarine이 2002년 Keppel Offshore & Marine하에 통합된 이래 세 회사는 시너지효과를 거둘 수 있었다. 예를 들어 통합 이전에 Keppel AmFELS는 Keppel FELS에 속해 있었고 필리핀 야드는 Keppel Shipyard에서 관리되었기 때문에 편협한 이해관계를 다루는 다양한 경영관행이 발생했다. 그러나 Keppel O&M의 우산 아래 회사는 표준화된 경영관행을 적용하고 공통된 비전을 제시하였다.

Keppel FELS와 Keppel O&M은 고객 니즈에 부합하고 현지 콘텐츠에 기여할 수 있는 '가까운 시장, 가까운 고객' 접근 방식을 믿는다. 이에 따라 Keppel O&M은 미국, 브라질, 네덜란드, 아제르바이잔, 인도네시아, 중국 및 일본 등 세계 각지에 지사를 설립하였다Keppel Offshore & Marine, 2014.

통합을 통해 Keppel O&M이 '가까운 시장, 가까운 고객' 전략을 추구할 수 있었다. Keppel O&M은 야드 네트워크와 전 세계 지역 팀을 통해 고객에게 보다 효과적으로 접근할 수 있다. 또한 다양한 프로젝트를 보유한 고객은 다양한 서비스를 제공하는 단일 기업과 손쉽게 작업할 수 있었다. Keppel O&M은 각 야드마다 전문분야가 있지만, 자매회사가 전 세계의 시설과 인력을 활용할 수 있도록 함으로써 자원의 합리화를 가능케 하였다Seatrade, 2012.

Wong은 잠재적 성장 영역으로 지속 가능한 에너지를 확인하였다. 유럽의 해상 풍력 에너지에 대한 장기적인 수요 증가와 함께 회사의 설계 역량과 건설 경험을 고려할 때, 그는 케펠 펠스가 이 분야에서 기회를 극대화할 수 있는 최적의 위치에 있다고 믿었다. 예를 들어 유럽 풍력협회는 2030년까지 120기가와트의 해상 풍력 에너지가 달성될 것으로 예상하고 있다. 이에 따라 케펠 펠스는 해상 풍력 발전소를 지원하는 설치 및 유지 선박용 솔루션을 개발하였다Lee, 2013. 이 회사의 지속적인 성공은 지역의 요구를 해결함으로써 우위를 구축하는 것을 강조하는 시장 기반의 가치에서 비롯된다. 지역의 관행과 필요에 따른 사업 기회를 모색하는 국제 사업에도 동일한 가치를 적용한다.

TC Pharmaceuticals Industries Co., Ltd.

다각화는 모든 마케팅 전략의 필수적인 부분이 될 수 있다. 이 주제는 이후 장에서 깊이 다루어지지만, 다각화 전략의 일환으로 마케팅을 성공적으로 통합한 회사가 TC Pharmaceuticals Industries Co., Ltd.이다. 이 회사는 비알코올성 음료 및 스낵의 제조 및 마케팅에 종사하고 있다. 자사의 제품 라인은 그라팅댕Kratingdaeng: 레드불, 졸라Zolar 에너지 음료, 푸리쿠Puriku 화이트 차, 스폰서Sponsor 스포츠 음료, 그리고 선스낵Sunsnack이 포함되어 있다. 창업자 찰레오 유비디야Chaleo Yoovidhya의 아들 사라부트 유비디야Saravoot Yoovidhya가 이 회사의 사장이다.

1956년 찰레오 유비디야가 이 회사를 설립하였다. 유비디야는 어렵게 출발하였지만 자수성가한 사람이다. 그는 외국계 제약회사의 판매원으로 일하기 위해 방콕으로 오기 전에 버스표 검표원, 오리 농부 및 과일 상인으로 일했다The Red Bull Beverage Co. Ltd., n.d.a. 유비디야는 일상생활에서 소비자가 사용하는 제품의 제조 및 소매업을 포함하도록 사업을 확장함으로써 비관련 다각화를 추구하였다The Red Bull Beverage Co. Ltd., n.d.b. 1976년에 유비디야는 그라팅댕(레드불)을 개발하였다. 1년 만에 그라팅댕은 리포비탄Lipovitan을 제외하고 모든 경쟁사 제품을 물리쳤다. 다음 해 레드불은 이것도 물리치고 태국에서 1위의 에너지 음료가 되었다.

그라팅댕의 성공요인은 유비디야가 블루칼라 노동자에게 호소하기 위해 전략적으로 시장에 내놓고 제품을 포지셔닝 할 수 있었기 때문이다Fernquest, 2012. 그는 무료 샘플을 배포하고 목표시장에 광고를 하여 브랜드를 구축함으로써 노동자들에게 접근하였을 뿐 아니라, 목표시장을 태국의 지방으로 잡았다. 그 당시에 이 전략은 독특했고, 그랑팅댕을 시장의 다른 제품과 차별화시켰다Hon, 2012. 1978년에 회사명을 "TC Pharmaceuticals Industries Co., Ltd."로 바꾸었다.

1985년에 '스포츠 드링크'로 시판된 이온음료 스폰서를 출시했다TC Pharmaceuticals Industries Co., Ltd., 2011. 오늘날 스폰서는 태국에서 가장 인기 있는 스포츠 음료이다DKSH, 2014. 그랑팅댕의 국제화는 1987년으로 거슬러 올라간다. 그때 오스트리아 화장품 세일즈맨인 디트리히 마테쉬츠Dietrich Mateschitz와 유비디야가 TC Pharmaceuticals Industries와는 독립적인 오스트리아의 Red Bull GmbH를 설립하기 위해 파트너십을 체결하였다Onkvisit and Shaw, 2009. 마테쉬츠는 그랑팅댕이 시차적응 치료제로 유용하다는 사실을 발견하고, 유비디야와 만난 후, 각각 50만 달러를 투자하여 레드불의 서구 제조사를 만들었다.

TC Pharmaceutical의 레드불은 해외시장에 수출되며 아시아 태평양 지역 시장 리더이다. 에너지 음료의 경우, 중국에서 1위, 태국에서 2위를 차지하였다. 2012년 중국 시장 점유율은 81.2%를 기록하였다. 그러나 필리핀과 인도네시아 시장에서 아사히 맥주의 코브라Cobra와 펩시콜라의 스팅 오브 필리핀Sting of the Philippines과 같은 브랜드가 TC의 레드불과 비교하여 보다 역동적이고, 집중적으로 마케팅 되고 있기 때문에 TC Pharmaceutical은 기회를 최대한 활용할 수 없었다. TC의 레드불은 이 지역에서 오랜 역사를 가지고 있지만 고객의 관심은 줄어들고 있다Euromonitor International, 2013.

TC Pharmaceuticals Industries는 베트남에서 스포츠 음료 '스폰서'를 출시하려고 한다. 스포츠 음료 부문은 대중들의 피트니스와 건강에 대한 관심의 증가로 인해 베트남에서 두 자릿수의 속도로 성장하였다. 스폰서는 스포츠와 관련이 있는 사람들, 실외 및 산업 노동자, 사무원 및 활동적인 라이프 스타일을 가진 학생들을 목표로 한다. 2014년 TC Pharmaceuticals Industries는 DKSH(스위스 마켓 확장 그룹)와 협력하여 이 제품을 베트남에 출시하였다DKSH, 2014.

레드불은 'The Racing of Champions'라는 국제 레이싱 이벤트와 같이 브랜드 홍보를 위해 다양한 콘서트와 레이싱 이벤트를 후원한다. The Racing of Champions는 1988년에 시작되었으며, 2012년에 태국의 레드불과 분 로드 주식회사의 싱하가 공동 후원하였다. 이 행사는 다양한 모터스포츠 카테고리의 운전자들을 모아서 동일한 자동차로 경주하는 유일한 모터스포츠 이벤트이다. 같은 해, 이 회사는 5개의 다른 무대에서 100개가 넘는 밴드를 선보이는 콘서트인 Kratingdaeng Fat Fest Bangkok을 후원하였다.

TC Pharmaceuticals은 사려 깊은 다각화를 바탕으로 독보적인 마케팅 및 영업 역량을 기반으로 아세안 챔피언으로 부상하였다. 설립자는 풍부한 경험과 지식을 바탕으로 에너지 음료 비즈니스 회사를 설립하여 올바른 유통채널에 접근하고 올바른 목표 소비자를 식별하고 국제적으로 인정받는 브랜드를 구축하였다.

기타 아세안 챔피언: 티엔 퐁 플라스틱 주식회사, 울트라 자야 밀크 인더스트리 앤 트레이딩, 세부 항공(Cebu Air, Inc.)

선점자 우위는 해당 기업에 초기 이점을 부여하지만, 경쟁사의 연속적인 진입으로 이러한 우위를 유지하는 것이 어려워질 수 있다. 티엔 퐁 플라스틱 주식회사Tien Phong Plastic Joint Stock Company는 1958년 12월 그 당시 경공업부가 베트남 최초의 플라스틱 공장을 짓는 결의안을 채택하면서 설립되었다. 베트남에서 최초의 플라스틱 제조업체가 된 이 회사는 시장에서 쉽게 지배력을 확보할 수 있었다. 국영기업으로 시작된 이 회사는 초창기 정부의 지원을 많이 받았다. 특히 베트남 정부는 급속도로 성장하는 수출산업으로서 플라스틱 산업을 적극적으로 장려하였다Vietnam Trade Promotion Agency, 2011. 물 공급 및 건설 프로젝트용 플라스틱 파이프 제품 생산에 만족하지 않고, 많은 자회사 및 합작투자회사를 설립하고, 생산 시설을 확장하고 일본의 세키수이 화학Sekisui Chemicals과 파트너십을 구축하고 선별된 아시아 시장의 확장을 계획하였다.

1960년 처음에 가족기업이었던 울트라 자야 밀크 인더스트리 앤 트레이딩PT Ultrajaya Milk Industry and Trading Company Tbk: Ultrajaya은 현재 인도네시아 시장에서 액체 우유 제품 중 가장 많은 비중을 차지하고 있다. 불과 몇 년 후, 1975년에 인도네시아 시장에서 초고온 살균법Ultra High Temperature: UHT 기술과 무균 포장재의 선구자로 명성을 얻었다. 초고온 살균법은 원료를 섭씨 40도에서 3~4초간 가열한다. 박테리아를 죽임으로써 제품을 멸균하는 동시에 음료의 영양분을 보존하는 것으로 알려져 있다. 한편 무균 포장은 방부제를 첨가하지 않고도 제품 수명을 연장 시킨다Ultrajaya, 2014. 효율적인 기술의 선구자인 이 회사는 액체 우유 부문 시장의 리더로서 자리매김 할 수 있었다Ultrajaya, 2012. 인도네시아 소비자들로부터 자사 제품의 인기가 높아짐에 따라, 시장 지향적인 전략을 국제시장으로 확장하는 데 최전선에 서있다.

앞에서 언급했듯이, 선도기업이 경험한 교훈으로부터 배울 수 있다면, 추종자가 되면 경쟁 전략으로 이어질 수 있다. 경우에 따라 이러한 학습은 역경에서 발생한다. 세부 항공(필리핀)은 1996년 "저렴한 요금, 훌륭한 가치" 전략으로 상업운영을 시작하였다Cebu Air, 2014. 시장 범위는 마닐라에서 세부 및 일로일로Iloilo 매일 몇 대의 항공기 운항으로 제한되었다. 일찍부터 세부항공의 운임은 필리핀의 주력 항공사인 필리핀 항공의 운임보다 약 40% 저렴한 가격으로 결정되었다Flightglobal, n.d.. 그러나 유가 상승으로 인해 세부항공은 저비용 전략을 유지하지 못했고, 대담하게도 국제선에 대한 권리를 얻기 위한 캠페인에 나섰다. 이 회사는 재미있고 활기찬 항공사로서의 이미지를 전달함으로써 마케팅 전략을 강화하였다. 새로운 시장을 개척하고, 섬과 섬 사이를 비행하고 전통적으로 페리를 이용하는 승객을 대상으로 한 세분시장을 확보하기 시작하였다. 대담한 조치로 회사는 해외 필리핀 근로자와 필리핀 거주자에게 접근하였다. 현재 이 회사는 필리핀 항공 시장 성장(2005년 승객 약 2백만 명에서 2011명 천2백만 명으로 증가)에 큰 기여를 하였다Flight global, n.d..

결론

독점력을 부여받거나 유리한 자원에 접근함으로써, 지배적인 기업은 시장 지배력을 확보할 수 있지만, 마케팅은 전략적 비전, 몰입 및 시장 동향에 대한 예리한 통찰력을 수반한다. 기업에 질문은 진입할 시장과 진입 시기와 관련이 있다. 우리의 사례는 수요가 나타나지 않거나 틈새시장의 규모가 투자를 정당화하지 못하기 때문에 기업들이 충족되지 않은 틈새시장을 추구하는 것을 보여준다. 따라서 틈새시장이 완전한 시장이 되지 못한다면 과잉투자 위험을 감수한다는 점에서 이러한 기업들을 선구자라고 불린다. 우리의 경우, 이들 기업은 사업 기회를 창출하는데 기업가적이었다. 이러한 특징들이 그림 6.1에 요약되어 있다.

이 회사들은 시장 추세와 새로운 소비자 요구를 감지하는 데 대단한 능력을 보여준다. 그들은 현지 시장에서 또는 급성장하는 중산층 고객에 대한 충족되지 않은 니즈를 인식한다. 그들의 시장 지배력은 시장을 이끌어 갈 시장 감지 능력과 예지력뿐만 아니라 혁신적인 비즈니스 모델과 기술 덕분이다. 일단 그들이 틈새시장을 찾거나 새로운 소비자 그룹을 목표로 삼을 때, 시장 입지를 강화하기 위하여 그들은 혁신적인 비즈니스 모델을 제시할 수 있었고 [예: 중저층 소비자의 편리한 서비스를 위한 미니마트인 숨버 알파

그림 6.1 선구적 마케팅 전략

리아_{Sumber Alfaria}, 솔루시 투나스의 기지국 트랜시버 타워 임대, 타이 금속의 철강 토탈솔루션 공급업체] 혹은 신기술을 제시할 수 있었다(예: 멀티애그로의 어유 생산을 위한 통 생선의 사용, 급속히 증가하는 중산층의 보다 큰 데이터 니즈를 위한 솔루시 투나스의 광섬유). 이들 챔피언의 지속적인 성장은 운영 개선으로 가능했다. 그들은 새로 확인된 시장에서 브랜드 구축 및 채널 관리를 위해 국제 제휴나 인수를 통하여 필요한 역량을 획득하였고(예: TC Pharmaceuticals), 고부가가치 서비스를 위해 수직적으로 통합된 철강 공급망을 개발하였다(예: 타이 금속). 이들 기업은 전략적 방향을 제시하는 강력한 마케팅 기반 기업가치로 시작한다. 케펠 펠스는 "가까운 시장, 가까운 고객"에 대한 비전에 따라 이 회사가 운영하는 모든 국가의 현지 고객의 특정 요구에 적응하는 데 주력하였다.

두 번째 이슈와 관련하여, 진입 결정 시점은 틈새시장 진출과 불가분의 관계가 있다. 아세안 챔피언은 주로 선도자 역할을 맡았고, 그들의 결정을 둘러싼 상황을 이용하였다. 이들 기업은 시장에 진입하기 전에 시장이 완전히 성숙될 때까지 기다리지 않았다. 어떤 경우에는 기업들이 미숙한 틈새시장에 진입했는데(예: 방콕 케이블의 구리 케이블 진입), 다른 경우, 기업들은 마케팅과 기술을 획기적으로 결합하였다(예: 타이 금속의 통합서비스 모델). 또 다른 경우에 기업이 향후 경쟁 표준을 설정한다(예: 솔루시 투나스의 기지국 트랜시버타워 임대 또는 TC Pharmaceuticals의 미니마트). 그 당시 위험한 것으로 여겨진 제품과 산업에 막대한 투자를 위해 이들 회사가 취한 어려운 결정은 설명하기가 쉽지 않다. 그들이 진입한 틈새시장에서 초기 우위를 활용할 수 있는 기업의 능력은 다음 장에서 더 자세하게 설명된다.

7장

현지화 심화

서론

'현지화'란 용어는 전통적 또는 현대적 담론을 유도한다. 마케팅 이론에서 현지화는 특정 지역 시장이나 세분시장의 수요와 선호도에 주의를 기울인다는 것을 의미한다. 일반적으로 그러한 지역 적응이나 지역 대응은 설득력이 있지만 기업의 가치제안을 근본적으로 바꾸지는 않는다. 따라서 커피 제품 시장의 선두주자인 스타벅스가 일본에서 자사 제품에 스시를 추가하기로 결정하면, 회사는 이것을 선도적인 커피 제공업체로서의 이미지를 바꾸지 않는 부수적인 제품으로 간주한다. 글로벌 전략에서 '이전 가능한 마케팅'이라는 용어는 지역 선호도에 맞게 특정 제품 기능을 적응시키는 용이성과 비용을 정의할 때 사용된다Yip, 1995.

그럼에도 불구하고 압도적으로 지역적이고, 소비자 폭의 증가가 가치 있는 시장에서, 지역 세분시장의 특성은 전통적인 글로벌 혹은 국가별 마케팅 전략에 대한 고려를 압도할 수 있다. 실제로 현지 적응이 최우선 목표가 되고 현지조정 요구 사항을 충족시키기에 사소한 조정이 충분하지 않다고 결정하면 현지화에 대한 다른 해석이 보다 적절하다.

현지화는 잠재고객에게 가치를 더하는 제품 또는 서비스의 변화를 넘어서는 것이다. 박, 조우, 웅손Park, Zhou & Ungson: 2013은 신흥시장에서 급성장하는 기업에 대한 연구에서, 단순히 현지 인재를 고용하는 것 외에도 성공적인 기업은 현지 근로자에 투자하고 훈련시켜야 한다고 보고했다. 따라서 현지화는 이전가능한 마케팅 및 현지 적응을 초월하며, 중국과 인도 중산층의 두터운 증가를 고려할 때 더욱 더 큰 헌신과 투자를 필요로 한다. 예를 들어 박, 웅손, 코스그로브Park, Ungson & Cosgrove: 2015의 후속연구에 따르면, 성공한 기업은 인적자본에 대한 투자 이외에 특유의 중산층 소비자에게 폭과 선택권을 제공하기 위해 다양한 멀티 브랜드 및 제품 확장 기능을 사용하였다. 현지화는 선진국의 맥락에서 주로 수립된 마케팅 전략 또는 입지결정을 확장하는 것이 아니라, 성장하는 중요한 지역 틈새시장의 필요성과 목표에 중점을 둔 금융투자 및 인적자원관리에 국한된다. 종합적으로, 현지화는 현지인에 대한 기업의 깊은 헌신을 필요로 한다.

아세안 내에서 전통적인 통념은 기업이 유리한 보호주의 정책, 핵심자원과 공급에 대한 접근성, 그리고 단순히 값싼 노동력으로 인해 성공했다는 것이다. 이것은 과거에 유효했을지 모르지만, 우리의 연구에 따르면 지속적인 성공은 현지 기업이 외국의 다국적 기업에 앞서 현지의 요구사항을 충족시키는 능력에 달려있었다. 근본적으로, 현지화의 필요성은 크고 동질적인 시장인 '평평한 세계flat world'의 세계화에 역행한다. 현지화는 자체 논리를 강요하고 자체의 우발적인 상황을 만든다. 현지화는 초기의 소비자 그룹의 깊고, 이전에 숨어있던 니즈를 밝히기 위해 회사에 도전한다. 현지화는 성격, 문화 및 그들이 제공하는 시장의 존재에 몰두할 것을 요구한다. 그럼에도 불구하고 현지화는 모든 경우에 적용되는 보편적인 전략이 아니다. 과도한 투자로 인해 기업이 실수를 범할 위험이 있다. 과도한 현지화로 인해 예상보다 높은 비용과 몰입이 발생할 수 있다. 따라서 어떤 효과적인 전략과 마찬가지로 현지화의 비용과 편익을 고려해야하며, 이는 성과에 반영된다.

이 장에서 우리는 국가적 지명도를 위해 노력하는 아세안 챔피언의 특정 현지화 전략을 설명한다. 이러한 사례를 살펴보면 다음과 같다.

- 졸리비 식품 주식회사(*Jollibee Foods Corporation*: 필리핀): 현지 맛, 문화 및 가치를 충족시켜 맥도날드를 압도함
- 베트남 유제품 주식회사(*Vietnam Dairy Products Joint Stock Company*: 베트남): 유제품을 지역 식단에 포함시킴으로 최고의 브랜드 구축
- 미트라 아디퍼카사(*PT Mitra Adiperkasa Tbk*: 인도네시아): 프리미엄 라이프 스타일 소매업체로서 트랜드를 주도함
- 에스엠 프라임 홀딩스(*SM Prime Holdings, Inc.*: 필리핀): 시장 요구에 혁신적인 대응을 통해 가장 큰 쇼핑몰 개발업자가 됨
- 수마레콘 아궁(*PT Sumarecon Agung Tbk*: 인도네시아): 번영하는 지역 경제와 공동체를 위한 타운십 개발
- 숨버 알파리아 뜨리자야(*PT Sumber Alfaria Trijaya Tbk*: 인도네시아): 지역 공동체에 깊이 자리 잡고 있는 미니마트
- 기타 아세안 챔피언: 라파즈 리퍼블릭(*Lafarge Republic Inc.*: 필리핀), 요마 전략 홀딩스(*Yoma Strategic Holdings Limited*: 미얀마): 사업 및 공동체의 요구에 맞게 밀접하게 적응

졸리비 식품 회사

현지화를 위한 전형이 있다면, 졸리비 식품 회사Jollibee Foods Corporation가 될 것이다. 인기 있는 필리핀 식품 체인으로 널리 알려진 졸리비는 다양한 패스트푸드를 운영한다. 1970년대 작은 아이스크림 가게로 초라하게 시작한 이 회사는 시가 총액이 440억 달러에 이르는 필리핀에서 가장 큰 퀵 서비스 레스토랑으로 성공적으로 성장하였으며, 세계 top 5 레스토랑 그룹 중 하나가 되기 위해 노력 중이다. 이 회사는 그리니치 피자Greenwich Pizza, 차우킹 Chowking, 레드 리본Red Ribbon Bakeshop, 망 이나살Mang Inasal, 버거킹Burger King: 필리핀, 그리고 중국에 3개의 패스트푸드 체인을 포함하여 레스토랑 체인의 글로벌 포트폴리오의 기존 운영을 확대할 뿐 아니라, 필리핀, 중국 및 미국에서 합작투자를 맺고 인수를 통하여 목적을 달성할 것으로 기대하고 있다Jollibee Foods Corporation, 2013; 2014a.

필리핀계 중국인 기업가 토니 탄 칵티옹Tony Tan Caktiong은 1975년 가족 대상의 아이스크림 가게를 열었다. 3년 동안 운영 후, 탄 칵티옹은 1977년 석유 위기로 인해 아이스크림 가격이 거의 두 배로 증가할 것으로 예상하여 샌드위치로 다각화하기로 결정하였다. 가정식 필리핀 조리법으로 만들어진 졸리비 햄버거는 빠르게 고객들이 좋아하게 되었다. 1년 후, 마닐라 대도시권에 7개의 매장이 생겼고, 가족은 졸리비 식품 주식회사Jollibee Foods Corporation를 설립하였다. 회사는 1980년대 초 미국의 패스트푸드 체인 맥도날드가 필리핀 시장에 진입할 때까지 심각한 경쟁에 직면하지 않고 빠르게 성장하고 상당한 시장점유율을 확보하였다. 맥도날드는 세계적인 경쟁에서 타의 추종을 불허하는 글로벌 패스트푸드 산업의 거물이었다. 사실 맥도날드는 패스트푸드 운영뿐만 아니라 심지어 가족이 원하는 목적지로 모범을 보여주었다는 평판을 얻었다.

졸리비는 뒤로 물러나 맥도날드에 굴복하기보다 정면 승부하기로 결정하였다. 회사는 그들이 강력한 우위라고 믿고 있는 것을 활용하였다. 졸리비 버거의 맛에 대한 필리핀 소비자의 선호, 졸리비 버거는 맥도널드의 아메리칸 스타일의 평범한 쇠고기 패티(다진 고기)보다 약간 더 맵고, 더 풍미가 있다. 필리핀인 입맛에 더 친숙한 제품 개발에 힘입어 졸리비는 메뉴를 확장하여 치킨조이Chicken Joy 프라이드치킨과 맥도날드의 더블 빅맥과 직접 경쟁할 수 있는 챔프Champ라고 불리는 더 큰 프리미엄 단일 패티 버거를 출시했다. 그리고 약간 단맛이 나고 간 고기와 핫도그 조각을 포함한 필리핀 스타일의 졸리Jolly 스파게티와 심지어 독특한 복숭아-망고 디저트 파이가 모두 지역 소비자 취향에 맞게 개발되었다. 1983년 졸리비는 상표인 "랑합 사랍Langhap Sarap"으로 필리핀 사람들 사이에서 유명해진 TV 광고 캠페인을 시작하였다. 이것은 "냄새가 좋고 맛이 좋다"라고 번역될 수 있다.

같은 시기에 졸리비는 오늘날 널리 알려진 졸리비 마스코트를 도입하여 이상적인 직원의 비전을 다른 졸리Jolly 벌과 행복하고 효율적으로 일하는 벌로 묘사하였다. 그리고 축하행사와 가족모임을 좋아하는 필리핀 사람들의 특성을 이용하여, 어린이 생일파티 패키지를 개척하였다. 졸리비는 엄격한 운영관리를 유지함으로써 맥도날드보다 가격을 낮게 유지하면서 이 모든 것을 수행하였다Tran, 2005; Bartlett & O'Connell, 1998. 졸리비는 외국 및 지역에서의 경쟁이 치열해졌음에도 불구하고 1985년에 시장 리더로 자리를 굳혔다

Jollibee Foods Corporation, 2014b.

이 회사는 1984년 싱가포르, 1985년 타이완을 시작으로 일찍이 해외시장에 진출하였다. 그러나 현지 파트너와의 문제 때문에 성공이 어려웠다Alfonso & Neelankavil, 2012. 결과적으로 졸리비는 필리핀 전역에서 지역확장에 집중했으며 대부분 성공하였다. 1993년에 회사는 초기 공모를 통해 800만 달러를 모으고 공개되었지만 가족은 다수지분을 유지하였다. 이듬해 회사는 그린위치 피자 회사를 인수하여 다각화를 시작한 후 1995년 Deli France bakeshop과 합작투자를 시작하였다. 그 후 졸리비는 점차적으로 자체 브랜드를 국제적으로 확장하고 국내외 다른 퀵 서비스 레스토랑 체인점을 인수하였다. 2013년 말 현재 브루나이, 싱가포르, 베트남, 홍콩, 카타르, 쿠웨이트, 사우디아라비아 및 미국 등 8개 국가와 지역에 580개 이상의 점포를 운영하고 있다. 또한 인도네시아, 말레이시아 및 캐나다 시장 진출을 모색 중이다Alfonso & Neelankavil, 2012; Morales, 2013; Rivera, 2014a; 2014b.

베트남 유제품 주식회사

대부분의 사람들은 식품에 지역적인 특성이 있다는 데 동의한다. 다른 나라, 다른 지역은 사람들이 먹는 것에 대해 다른 취향, 욕구, 기대치를 가지고 있다. 우유는 전 세계 모든 사람들이 같은 방식으로 경험하는 주식이라는 공통적인 인식에도 불구하고 유제품 회사도 예외는 아니다.

베트남에서 가장 큰 낙농회사인 비나밀크는 시가총액이 약 48억 8천만 달러로, 우리의 또 다른 아세안 챔피언 중 하나인 페트로 베트남 가스Petro Vietnam Gas에 이어 두 번째로 가장 가치 있는 기업이다. 이 회사의 제품은 신선한 우유, 농축 우유, 분유, 요구르트, 아이스크림, 치즈 및 두유와 과일주스와 같은 우유가 들어가지 않은 제품들이 포함된다.

비나밀크는 1976년에 국영기업으로 설립되었다. 설립 직후, 이 회사는 여러 낙농 공장의 국유화를 통해 업계를 통합하려고 하였다. 근본적으로 지역 경쟁이 없는 정부 독점이었지만, 회사는 일찍이 유제품에 대한 현지 니즈와 태도를 더 잘 이해하기 위해 강력한 소비자 중심 전략을 택했다. 유제품은 베트남 식단에 상대적으로 새로운 것이었고, 국가는 낙농업의 전통을 가지고 있지 않았다. 비나밀크는 우유제품을 점진적으로 베트남 식단에 통합하려고 노력했다. 1990년에 1인당 연간평균 우유 소비량은 0.5리터에 불과하였다. 2013년 이 수치는 1인당 연간 18리터로 급증하였다. 비밀은? 우유 맛을 더 달콤하게 만들기 위해 약간의 바닐라를 첨가하였고 이를 베트남 사람들이 좋아했다.

회사는 현지 시장이 그들의 생활 속에서 더 많은 우유를 소비함에 따라 꾸준히 성장하였다. 2006년 비나밀크는 호치민 시 증권거래소에 IPO를 통해 기업을 상장시켰다. 같은 해에 대규모 낙농 농장을 설립하여 자체 우유를 생산할 수 있게 되었다. 그 전에는 중국과 호주에서 수입한 분유를 사용하였다. 이후 비나밀크는 계속해서 확장하여 다수의 대형 낙농 농장을 만들었다.

비나밀크는 모든 농장에서 고품질의 표준을 엄격히 준수하면서 운영비용을 낮추었다. 가능한 한 많은 베트남 가정에 다가가기 위해 이 회사는 224,000개 이상의 소매업체를 커버하는 광범위한 지역 유통 네트워크를 구축하였다Vinamilk, 2014.

현재 이 회사는 우유 시장에서 50%, 농축 우유 시장에서 80%, 요구르트에서 90%의 시장점유율을 차지하고 있다. 비나밀크 브랜드는 현재 베트남에서 가장 잘 알려진 브랜드 중 하나이지만, 거기서 멈추지 않고 있다. 이 회사는 2014년에 16억 5천만 달러에서 2017년까지 30억 달러로 매출을 늘리고, 세계 50대 유제품 회사의 대열에 합류할 계획이다. 최근 캄보디아에 합작투자회사를 설립하여 2015년에 영업을 시작하였다. 또한 유럽과 중동으로 사업을 확대할 계획이다.

미트라 아디퍼카사(MAP)

요리의 맛이나 식단과 마찬가지로 지역주의는 의복 추구, 패션 및 라이프스타일에 적용된다. 인도네시아에서 1위 프리미엄 라이프 스타일 소매업체로 불리는 미트라 아디퍼카사PT Mitra Adiperkasa Ybk: MAP는 패션 및 라이프 스타일 매장, 식품 및 음료 시설, 백화점 및 슈퍼마켓을 운영한다. 이 회사는 브랜드 의류, 액세서리, 신발, 가방, 장난감 및 스포츠 장비의 프리미엄 소매 업체로 알려져 있으며 스타벅스의 현지 운영 업체이다. 이 회사는 현재 64개의 인도네시아 도시에 걸쳐 1,800개 이상의 매장을 운영하고 있으며, 자라, 막스앤스펜서, 탑샵, 라코스테, 아디다스, 리복, 소고, 세이부, 데번햄스, 갤러리 라파예트, 도미노 피자, 버거킹, 크리스피 크림 등 150개가 넘는 세계 유명 브랜드 포트폴리오를 자랑한다.

1990년대 단일 스포츠 상점으로 시작하여, 지난 20년 동안 경이적인 성장을 달성하면서 패션과 라이프 스타일 부문으로 빠르게 다변화하였다. 이 성공의 상당 부분은 커가는 인도네시아 시장에서 몫을 나누고 싶어하는 외국 브랜드와의 협력기회를 활용하고자 과감하게 행동한 회사의 결정 때문이었다. 이는 시장이 현재 원하는 것을 인지하고, 미래에 원하는 것을 예측하는 것의 균형을 의미한다. 예를 들어, MAP가 Next와 라코스테 브랜드를 시장에 선보였을 때, 대부분 인도네시아 사람들은 그 브랜드에 대해 아무것도 모르고 있었다. 그러나 도입 직후, 쇼핑객들이 가게에 엄청나게 몰려들었다PT Mitra Adiperkasa Tbk, 2014.

회사는 급속도로 성장했으며 2004년 인도네시아 증권거래소에 상장되었을 때, MAP는 다양한 프리미엄 브랜드를 판매하는 448개의 매장 네트워크를 운영하였다. 2000년대 이후, 회사는 인도네시아의 성장하는 중산층이 부유층보다 더 크고 빠르게 성장하는 세분시장임을 깨달았다. 최근 몇 년 동안 MAP는 중산층 소비자에게 더 많은 브랜드를 제공하도록 포트폴리오를 '재조정'하였다Grazella, 2013a. 그들은 또한 기술에 정통한 고객들에게 서비스를 제공하기 위해 최근에 전자상거래를 오픈했다.

MAP는 지역 사업을 더욱 발전시켜, 매년 20~25%의 성장률 달성을 목표로 하고 있다. 특히 이 회사는 자카르타를 벗어나 남부 슐라웨시의 마카사르와 동부 칼리만탄에 있는 발릭파판과 같은 작은 도시로 확장을 시도하고 있다. 이 회사는 이미 경쟁이 치열한 인도네시아 수도 밖에 있는 지역에서 엄청난 잠재력을 보고 있다Grazella, 2013b. 이 회사는 지역시장에 대해 매우 낙관적이며, 인도네시아의 지속적으로 높은 소비자 신뢰수준과 성장하는 중산층에 큰 기대를 걸고 있다. MAP는 현재 태국에서 소규모 기업을 운영하고 있지만, 의도적으로 인도네시아 시장에 초점을 맞추고 있으며, 중산층과 부유층의 인구 크기가 10년 내에 두 배로 늘어날 것으로 예상되는 인도네시아 군도 전역의 소규모 도시에 더 깊숙이 '현지화'하려고 한다.

에스엠 프라임 홀딩스

세계 어느 곳에서나 쇼핑몰을 가볍게 산책하다 보면 여러 층의 상점 및 레스토랑, 라운지, 넓은 주차 공간, 에어컨 및 활동센터와 같은 몇 가지 전형적인 특징이 드러난다. 그러나 필리핀에서 53개의 SM몰 중 하나를 걷다 보면 가장 열렬한 국제 쇼핑객들도 특이한 편의시설에 놀랄 것이다. 예를 들면, 필리핀 인구의 90%가 독실한 로마 가톨릭 교도인 나라에서 예상할 수도 있겠지만, 일일 미사가 열리는 채플이 있다. 에스엠 프라임 홀딩스SM Prime Holdingd, Inc.는 쇼핑센터, 오락센터, 영화관의 개발, 운영 및 유지 보수 사업을 하고 있으며, 2013년 SM 그룹의 부동산 자회사와 합병된 후 주택, 사무실, 호텔, 컨벤션 센터의 개발에 참여하고 있다. 이 회사는 현재 필리핀의 50개 이상의 몰과 중국에서 6개의 몰을 운영하고 있다.

현재 필리핀에서 가장 부유한 사람인 헨리 시Henry Sy Sr.는 120억 달러 이상의 순자산을 보유하고 있으며Forbes, n.d., 1958년 마닐라 시내에서 처음으로 '슈마트ShoeMart'를 열었다. 그는 마닐라의 유망 소비자층을 수용할 수 있는 고급 신발 가게를 꿈꾸며 덥고 습한 필리핀 수도에서 처음으로 에어컨을 갖춘 최초의 신발가게를 열었다. 그의 상점 레이아웃, 판매 및 머천다이징 분야에서 선구적인 혁신과 (혁신의 일부는 그가 미국에서 관찰한 사례에서 얻었음) 일치하는 신발에 대한 지역 수요 증가는 ShoeMart의 초기 성공을 이끌었다SM Shoemart n.d.. 사업이 확대되어, 점포 체인으로 확장되었으며, 1972년에 ShoeMart는 최초의 풀라인 백화점을 개점하여 SM으로 이름을 변경하였다. 백화점 사업으로 전환은 시장에서의 기회와 ShoeMart의 급속한 성장을 따라잡을 수 없었던 현지 신발 공급업체의 무능력으로 인해 가능해졌다. 공급업체들이 더 많은 신발을 제공할 수 없었기 때문에 Sy는 그의 매장에서 의류 및 기타 상품을 판매하기로 결정하였다.

백화점 사업이 번창하면서 SM은 새로운 지점을 개설하기 시작하였다. 그러나 또 다른 장애물이 나타났다. 즉 대도시 마닐라에서 충분히 큰 임대 가능한 소매 공간이 없어서 회사의 확장에 한계가 있었다. 다시 Sy는 이 도전을 기회로 바꾸어, 부동산 사업에 뛰어들어 마닐라 시 외곽의 퀘존Quezon시에서 자신의 쇼핑센터를 개발하기로 결정하였다. 2년간의 공사 끝에 SM은 1985년 국내 최초의 '슈퍼 몰'을 출시하였다. 이 선구적인 개장은 곧 필리핀 소매산업의 모습을 바꾸었고, 당연히 SM이 선두에 서게 되었다. 몰의 개장 직후, SM은 소매사업을 슈퍼마켓과 가전제품 가게로 다양화하여 쇼핑몰에 앵커테넌트(유명 점포) 명단을 완성하고, "우리는 당신을 위해 모든 것을 갖추었다We've got it all for you"라는 유명한 태그라인의 약속을 이행하고 있다. 오늘날 이 회사는 필리핀 사람들이 해외에 노출된 국제 브랜드를 비롯하여 고객이 라이프스타일 쇼핑몰에 올 때 원하는 모든 것을 제공한다는 것에 자부심을 갖고 있다.

"우리의 초점은 고객에게 향해 있다 – 우리는 그들이 몰을 방문할 때 그들이 필요하고 원하는 것을 안다. 약 5년 전에, 우리는 필리핀 사람들이 홍콩과 싱가포르로 건너가서 유니클로, 포에버 21 및

H&M에서 쇼핑하는 것을 보았다. 우리가 한 것은 그들의 편의를 위해 이러한 브랜드를 필리핀에 가져온 것이다." - 제프리 림Jeffrey Lim, 부사장

첫 번째 쇼핑몰 프로젝트의 성공으로 이 회사는 곧 대도시 주변에 더 많은 쇼핑몰을 짓기 시작하였으며 나중에 수도 외곽과 지방도시로 진출하였다. 1991년 이후 SM 몰의 수가 전국적으로 급격히 증가했으며 2001년 SM은 해외에서 최초로 중국 시아먼Xiamen에 쇼핑몰을 오픈했다.

미래를 내다보면서 SM은 가처분 소득이 크게 증가할 가능성이 있는 메트로 마닐라 밖에 있는 필리핀에서 계속 확장할 계획이다. 그들은 또한 중국에서도 지속적인 확장을 계획하고 있다.

SM이 한 것은 필리핀 소비자들의 진화하는 니즈와 원하는 것을 제공하였고, 해외에서 획득한 개념을 개척하면서 동시에 현지 시장에 특별하게 맞는 개조와 혁신을 도입하였다. SM 이야기는 비전 있는 선구자이자 인정받는 시장리더로서, 필리핀 소매산업의 개발 역사에 깊이 각인되어 있다.

수마레콘 아궁

어떤 회사도 진공상태에서 존재할 수 없다. 인터넷 기반 회사조차도 인력을 채용하고, 공급업체와 거래하고, 고객을 대하기 위해 지상에 다양한 접점을 가지고 있다. 회사는 특정지역에 기반을 두고 있기 때문에, 그들이 영업을 하는 해당지역에 투자를 해야 한다. 어떤 회사는 다른 회사보다 더 많은 투자를 한다.

1975년 소에집토 나가리아Soejipto Nagaria가 수마레콘 아궁PT Summarecon Agung Tbk.을 설립했을 때, 그 당시 자카르타의 구석진 곳인 켈라파 가딩Kelapa Gading의 10헥타르 정도인 개발되지 않은 습지대에서 시작하였다. 그 후 이 회사는 이 지역을 메트로폴리탄 자카르타의 주거 및 상업지역으로 바꾸어놓았다. 그리고 수년에 걸쳐 수마레콘은 특히 타운십 개발에서, 인도네시아의 선도적인 부동산 개발 회사 중 하나로 명성을 쌓았다.

1970년대에는 대부분의 개발업자들이 경작할 수 있는 농경지를 선호했기 때문에, 켈라파 가딩의 늪지 개발에 대한 투자자들의 관심이 거의 없었다. 결과적으로 나가리아는 매우 저렴한 가격으로 토지를 취득할 수 있었다Ellisa, 2014. 처음에는 토지가격의 미래 상승을 기대했지만, 성장하는 인도네시아 중산층의 주거 수요 증가는 회사에 개발 기회를 제공하였다. 이 회사는 처음에 단지 30개의 타운하우스로 시작했지만 나중에 300개로 확장하였다. 곧 수마레콘은 이 지역에 더 많은 토지를 구입하기 시작했지만, 소규모 토지 보유지를 조각조각 구입해야만 했다. 회사는 대규모 개발 프로젝트를 수행하기 위해 힘들여서 소규모 토지들을 큰 블록으로 통합해야만 했다. 1978년 이 지역에서 총 30헥타르를 확보했다.

따라서 회사는 이 지역을 타운십으로 개발할 수 있었다. 골프 코스와 같은 전통적인 고급 편의시설과 함께 고급 주택을 건설하여 상류층을 목표로 삼은 대부분의 개발자들과 달리, 수마레콘은 공공 생활에 중점을 두고, 여유 있는 주민을 끌어들이는 '촉발요인 trigger factors'으로 시설을 구축하여 완전하게 자족하는 지역을 구상했다. 이와 함께 수마레콘은 시장, 학교, 상업 및 식품 센터, 주거 단지 이외에 스포츠 센터와 같은 상업 공간 및 시설 건설을 설명하는 마스터 플랜을 작성하였다Ellisa, 2014.

주민들에게 켈라파 가딩에서 필요한 모든 서비스와 시설을 제공하기로 결정한 수마레콘은 1979년에 초등학교를, 1983년에는 이슬람 학교를 설립하였다. 사립학교가 지역 거주민뿐만 아니라 다른 지역의 학생들도 끌어들였기 때문에 이들 사립학교의 설립은 유명한 거주지로서 켈라파 가딩의 이미지를 효과적으로 높이는데 기여했다. 오늘날 여러 개의 일류 사립학교가 이 지역에 있다. 예를 들면, BPK Penabur, North Jakarta International School, Jakarta Taipei International School, Don Bosco 등이 있다Ellisa, 2014.

1984년에는 싱가포르의 현대적 시장 콘셉트에 따라 디자인 된 슈퍼마켓이 중심에 있고, 상업용 상점들로 둘러싸여 있는 파사르 만디리Pasar Mandiri라는 소매복합단지를 건설하였다.

> "타운십이 생존하기 위한 핵심은 성장해야만 한다는 것이다. 성공하려면 지역경제가 뒷받침 되어야 한다. 우리가 개발하는 각 지역에서 우리는 지역경제를 창출해야 한다. 지역경제가 없으면 아무도 거기에 살려고 하지 않을 것이다." - 마이클 용Michael Yong, 재무 이사

지역 경제 발전과 번영에 도움이 되는 환경을 제공하는 것이 각 프로젝트에서 수마레콘 아궁의 핵심 우선순위가 되었다. 이것이 각 타운십 개발 초기에 쇼핑 아케이드를 짓는 이유였다. 나중에 이 쇼핑 아케이드는 풀 사이즈 쇼핑몰로 발전하게 된다.

쇼핑 아케이드가 개장된 같은 해, 이 회사는 켈라파 가딩에 자카르타의 주택단지 내에 건설된 최초의 스포츠클럽을 오픈했다. 마지막으로 1990년에 풀 사이즈 몰의 첫 단계가 완료되었다. 이때 수마레콘은 실제로 새로운 도시를 건설하여 자카르타와 인근 도시

주민들을 끌어 들여 새롭고 계획이 잘 된 타운십은 완전한 편의시설을 갖추게 되었다.

곧 수마레콘은 동일한 성공방정식을 사용하여 다른 타운십 개발에 뛰어들었다. 1991년 자카르타에서 서쪽으로 21km 떨어진 1,500헥타르에 이르는 지역인 가딩 세르퐁Gading Serpong에서 타운십 개발을 위해 합작투자 사업을 시작하였다. 다음해 자카르타 동쪽으로 21km 떨어진 곳에서 수마레콘 베카시Summarecon Bekasi 개발을 시작하였다. 이 모든 프로젝트에서 수마레콘은 주거, 상업 및 사무실 개발과 함께 도로, 하수도, 학교, 시장 및 레저 센터와 같은 인프라에 막대한 투자를 하였다. 부동산 개발 전략의 핵심은 지역 경제와 공동체 발전에 대한 의지였다.

숨버 알파리아

모든 회사가 처음부터 로케일을 구축할 수 있는 희귀한 기회를 갖고 있는 것은 아니다. 다른 기업들은 이미 확립된 선호도와 자원으로 잘 정립된 지역 경제와 공동체에서 그들의 위치와 목적을 찾아야한다. 드조코 수산토Djoko Susanto는 17세의 나이로 자카르타의 전통적인 시장에서 그의 부모님의 소규모 식료품점을 관리하기 시작하였다. 인도네시아 사람들의 흡연습관이 점점 증가함에 따라 수산토는 가족 가게에서 식료품과 함께 담배를 팔기 시작하였다. 이것은 매우 수익성이 좋았다. 곧 그는 다른 지역에 몇 개의 새로운 가게를 열었다. 현지의 담배 재벌인 프테라 삼포에르나Putera Sampoerna는 수산토 가게의 성공을 알아차리고, 그와 협력하여 더 많은 가게를 열고 결국 할인 슈퍼마켓 체인까지 열었다.

1989년에 설립된 숨버 알파리아PT Sumber Alfaria Tbk는 현재 인도네시아 전역에 9,000개 이상의 **AlfaMart** 편의점을 소유한 소매 제국으로 2014년에 33억 7천만 달러의 매출을 올렸다. 숨버 알파리아는 원래 소비재 무역 및 유통회사로 설립되었고, 삼포에르나 담배회사의 자회사로 기능하였다. 1999년 이 회사는 최초의 알파 미니마트를 오픈했다. 이것은 전통적인 식료품 가게나 편의점보다 큰 다른 소매 방식으로 일반 편의점과 달리 야채와 고기를 포함하여 더 많은 가사용품과 기본 식료품을 판매하고 있지만 대형 슈퍼마켓보다 작았다.

"당신이 우리 가게에 들어오면 기본적으로 매우 작은 슈퍼마켓과 같다고 생각할 것이다. 왜 우리가 이 방식을 개발하였는가? 그 당시에 인도네시아의 인프라는 도시의 엄청난 교통체증으로 매우 열악했다. 사람들은 일용품을 구매하기 위해 집에서 멀리 나가려고 하지 않는다. 그들은 편의성과 쉬운 접근성을 제공하는 가게를 원한다." – 한스 프라위라Hans Prawira, 사장

미니마트 개념은 주거지역에서 멀리 떨어져있는 슈퍼마켓에서 일용품을 사는 것이 어렵다는 것을 알게 된 가족들의 니즈를 충족시킨다. 고객의 대부분은 지역 인구의 대다수를 구성하는 중저소득 계층이었다. 미니마트는 경쟁업체, 즉 편의점의 대부분이 위치한 상업중심지가 아닌 주거지역에 주로 위치해 있었다. 주로 이미 만들어져 나오는ready-made, 바로 먹을 수 있는ready-to-eat 제품을 제공하는 편의점과 달리, 알파 미니마트는 식료품류와 식품류를 주로 판매하였다. 본질적으로 알파 미니마트는 전통적인 *와룽* warung 또는 이웃 상점의 보다 깨끗하고, 보다 밝고, 현대적인 버전

이다.

이 포맷은 고객들 사이에서 성공적임이 입증되었다. 그러나 마트 직원 모집에서 문제가 발생하였다. 이 회사는 처음에 소매업의 경험이 있고 기업이 요구하는 소비자 지향성 수준을 지닌 직원을 채용하기가 어려웠다. 또한 24시간 마트 운영에서 요구되는 길고 비전통적인 교대근무는 현지 근로자들에게 새로운 아이디어였다. 빠른 확장의 인적자원 요구사항을 충족시키기 위해 숨버 알파리아는 일찍부터 인적자원 개발에 투자해야 했다. 지역 공동체로부터 직원 채용을 우선시했으며 파트타임과 풀타임 직책을 제공하였다. 직원의 역량을 높이기 위하여, 회사는 직원을 대상으로 포괄적인 교육 프로그램을 개설하고, 고위 직원들이 신참들의 멘토 역할을 하고 모범사례를 공유하도록 권장하였다. 회사는 또한 인도네시아의 여러 대학과 기술학교에서 더 공부하고 싶은 직원들에게 온라인 학습 프로그램 및 장학금을 제공하였다.

숨버 알파리아의 '현지화'는 현지 니즈에 맞게 그들의 비즈니스 모델과 가게 포맷을 조정하는 데 국한되지 않았다. 회사의 깊은 현지화는 각 매장이 위치한 지역 공동체에 대한 헌신과 관련이 있다. 전통적인 와룽warung은 인도네시아 사람들의 마음속에 특별한 의미를 지니는데, 특히 상점주인 및 매니저와 그들의 사적인 관계, 동료 후원자와의 친밀감 때문에 그렇다. 지역사회에서 와룽의 특별한 기능을 바탕으로, 이 회사는 수천 개의 알파마트 매장 각각이 지역의 '공동체 마트community stores'가 되기를 원했다. 약 140개 알파마트 매장은 지역사회를 위한 다목적실 역할을 하는 마트 구내의 '커뮤니티 존'에 투자하였다. 이 공간은 생일, 특별행사 및 공개회의뿐만 아니라 공식 비즈니스를 위한 지방정부를 위해 지역사회에 무료로 제공되었다. 또한 이 회사는 지역의 공지사항을 알리는 공동체 게시판을 제공했다. 알파마트는 고객에 대한 부가서비스로서 2008년에 청구서 지불서비스를 수락하고 매장에서 기차표 구매도 가능하게 했다. 이후 알파마트는 대부분의 매장에서 항공권 구매 및 오토바이 할부 수수료 지불과 같은 확대된 서비스를 제공하였다.

알파마트는 최근에 온라인 쇼핑몰을 시작하여 고객이 웹에서 쇼핑하고 가장 편리한 알파마트 매장에서 직접 픽업하거나 구입품을 배달받을 수 있게 하였다. 2014년 숨버 알파리아는 알파마트 브랜드를 필리핀에 도입하기 위하여 필리핀 최대 소매업체이자 우리의 아세안 챔피언 중 하나인 SM 프라임 홀딩스와 파트너 관계를 맺었다. 2015년 중반에 시장의 '파일럿 테스트'의 일환으로 필리핀에 30개의 매장을 오픈했다. 회사가 필리핀 시장을 위해 고려하고 있는 변화 중 하나는 매장 내 식사와 편의시설의 도입인데, 이는 현지 경쟁사의 공통된 특징이지만 원래 비즈니스 모델과는 다른 것이다. 알파마트의 현지화 노력이 새로운 시장에서 어떻게 진행될 것인지 지켜보는 것은 매우 흥미로울 것이다. 특히 합작투자와 관련된 두 회사가 현지 니즈를 이해하고 충족시키는 데 성공한 기업으로 부각되었기 때문이다.

기타 아세안 챔피언: 라파즈 리퍼블릭, 요마 전략 홀딩스

식품부터 소매 서비스, 부동산에 이르기까지 지금까지 논의된 사례들은 아세안 챔피언 중 일부가 지역경제와 지역사회를 최대한 활용하기 위해 심화된 현지화 전략을 사용한 사례를 보여준다. 현지화는 현지 고객의 니즈, 선호도 및 개발에 세심한 주의를 기울이고 적응해야 한다. 심화된 현지화는 제품 또는 서비스 기능의 단순한 개조가 아닌 단일전략 및 비즈니스 모델에 이러한 요소를 통합하는 것이다. 더 중요한 것은 심화된 현지화는 지역경제 및 공동체와의 연대, 그것의 공동개발에 대한 헌신을 포함한다. 우리가 위의 사례에 초점을 맞추었지만, 아세안 챔피언 중 여기에서 간략하게 언급할 만한 다른 사례들이 있다.

필리핀에서 대리석, 기타 건축 자재의 제조, 개발, 판매에 종사하는 라파즈 리퍼블릭은 주목할 만한 사례이다. 이 회사는 1955년에 설립되었으며 필리핀에서 시멘트 제조의 건식법을 개척하였다. 일반적으로 시멘트 생산은 자원공급과 생산품에 대한 수요 때문에 그 지역에 강하게 뿌리를 두고 있다. 회사의 각 공장은 기본적인 원료 공급원 근처에 위치하고 있으며, 주로 생산을 위해 이러한 공급원에 의존한다. 필요한 노동력을 공급하기 위해 지역 노동력에 의존한다. 공장이 입지하고 있는 지역공동체의 중요성을 인식하고 있는 라파즈 리퍼블릭Lafarge Republic Inc.은 사업전략에 기업의 사회적 책임을 통합하여, 회사가 있는 지역사회에 '되돌려 주기give back'를 하고, 장학금을 제공하고, 프로젝트를 지원하는 지자체에 참여하고, 지역에 재난 발생 시 즉각적으로 대응하였다. 2013년 태풍이 중부 필리핀을 강타하여 연안 마을을 쓸어버리고 수천 채의 주택과 수억 달러 상당의 인프라를 파괴했을 때, 라파즈 리퍼블릭은 재건 노력을 돕기 위해 저렴한 시멘트 제품을 신속하게 개발하여 비정부기구들에게 직접 전달하였다. 필리핀 고객에게 최상의 서비스를 제공하려는 노력의 일환으로, 회사는 제조 공정에서 대체연료(지역 폐기물 포함)와 같은 친환경 기술뿐만 아니라 비용 효율적인 제품개발에 투자하여 현지 고객이 필요로 하는 것을 제공할 뿐만 아니라 지역 환경의 보전에도 힘쓴다.

일부 회사는 회사의 성공이 궁극적으로 상대적으로 규모는 작지만 새로운 현지시장의 성공과 연계되도록 현지에 전적으로 투자를 한다. 미얀마의 요마 전략 홀딩스Yoma Strategic Holdings Limited가 대표적인 예이다. 요마는 2006년 홍콩 사업가 세르게 푼Serge Pun에 의해 설립되었으며 싱가포르 증권거래소에 상장되어 국제투자자들이 미얀마에 투자할 수 있도록 하였다. 미얀마는 인구 5천만 명의 개도국으로 최근에 외국 투자자들에게 문호를 개방하였으며, 종종 프런티어 시장으로 분류된다. 요마는 주로 부동산과 건설 분야에 사업을 하지만, 지역 복합기업으로 자리매김함에 따라 농업, 물류, 자동차, 소매 및 고급 관광 사업에 진출하였다. 발전하는 미얀마 경제의 여러 분야에 진출함으로써, 회사는 점진적으로 전문성을 구축하고 역량을 강화하며 직원들 사이에서 인적자원을 개발할 수 있다고 믿는다. 이에 따라 요마는 미얀마에 투자를 원하는 다국적 기업들 사이에서 이상적인 비즈니스 파트너라고 믿고 있다. 지역경제와 직원들의 기술 및 역량과 함께 회사가 발전함에 따라, 요마는 미얀마와 같이 신생 민간부문 경제에서는 선구자적인 조치인 종업원 스탁옵션 제도를 통하여 이익을 공유하기로 결정하였다.

결론

신흥시장에서 수익성 있는 성장을 위해서는 현지화가 필수적으로 요구되고 있지만 용어의 의미가 변형되었다. 현지화는 대상이 되는 지역 소비자들의 니즈와 요구사항에 엄격한 주의를 기울일 것을 요구한다. 그러나 현지화는 또한 그 지역에서 투명하지 않은

그림 7.1 현지화 심화

문화적 태도와 가치를 알아내는 것을 의미한다. 또한 현지화는 회사로 하여금 이러한 기본 태도와 가치를 통합하는 방식으로 제품 및 서비스 조합을 맞추도록 한다. 우리의 연구 결과의 종합은 그림 7.1에 제시되어 있다.

현재의 지역 선호도 또는 관행이 회사의 제품과 완벽하게 일치하지 않을 경우, 선호도나 관행에 적응하는 법을 배워야 하지만, 제품에 대한 수요를 창출하기 위해 지역의 선호도 형성을 모색할 수도 있다. 졸리비는 더 맛있는 버거나 더 달콤한 스파게티 소스를 사용하여 현지 입맛을 충족시키고, 생일 파티 패키지와 같은 현지 니즈를 제공하는 것이 더 큰 외국 경쟁사에 대한 성공의 핵심요소임을 명확히 보여주었다. 비나밀크로 더 잘 알려진 베트남 우유 제품 주식회사는 우유를 주식으로 여기지 않는 개도국 시장에 직면해 있었다. 그러나 정부와 협력하여 베트남인의 영양 가치를 위해 식단에 우유를 소개하고, 현지인의 입맛에 맞도록 제품을 혁신하고, 성장하는 소비자층에 쉽게 접근할 수 있도록 광범위한 유통망을 개발함으로써 비나밀크는 지역 고객기반을 확대하는 데 성공하였으며 현재 해외에서 확장기회를 적극적으로 모색하고 있다.

때로는 기회가 외부에서 오는 경우가 있다. 인도네시아의 프리미엄 소매업체인 미트라 아디퍼카사MAP는 라코스테와 같은 외국 브랜드를 현지시장에 최초로 도입했을 때, 고객은 거의 알지 못했다. 그러나 이 회사는 고객 취향과 행동의 변화 추세에 대한 통찰력이 있었다. 그들은 성장하는 인도네시아 상류층과 중산층의 가처분 소득 증가를 점점 더 정교해진 구매자들 사이에서 수입된 라이프스타일 브랜드에 대한 욕구가 증가하는 징표로 보았다. 그리고 이러한 추세가 주요 도시 밖에서 계속됨에 따라 MAP는 지방의 이류 도시로 진출하여 스타벅스를 비롯한 수입 의류 브랜드, 레스토랑 및 카페를 도입했다. 소매업에서의 성공은 끊임없이 변화하는 지역 트랜드에 대한 통찰력을 필요로 한다. MAP가 해외 브랜드를 인도네시아에 도입하는 데 성공한 것처럼, 필리핀의 SM 프라임 홀딩스는 국제 브랜드를 도입하는 것뿐만 아니라 쇼핑몰의 국제적인 트랜드를 도입하는 데 성공하였다. SM은 1985년에 필리핀에서 풀 사이즈 몰의 개발을 주도했다. 이 회사의 성공은 회사가 지역의 니즈에 부응할 수 있는 방법을 보여주면서 현지 콘셉트와 차별화하기 위해 외국 콘셉트를 도입함으로써 현지 및 세계 수준의 최종 제품을 창출하였다.

수마레콘 아궁은 자카르타 외곽에 있는 켈라파 가딩Kelapa Gading의 개발되지 않은 습지 10헥타르 부지에서 시작된 최초의 부동산 개발에 몰두하였다. 오늘날 이 지역은 학교, 병원, 호텔, 상업센터 및 오락시설을 포함한 도시계획 및 풍부한 편의시설로 알려진 품위 있는 주거 및 상업지역이며, 인도네시아 전역에서 타운십 개발의 벤치마킹 대상이 되고 있다. 마지막으로 숨버 알파리아는 깊은 현지화가 무엇이 필요한지 여실히 보여주었다. 이 회사는 인도네시아 현지 가정의 소매 수요를 충족시키고, 기존의 와룽 또는 이웃 상점을 업그레이드하고, 높은 수준의 서비스와 품질 보증으로 고객의 기본 식료품 니즈를 제공하였다. 더 중요한 것은 회사가 운영하는 지역 사회에 자신을 몰입시키고 있다는 것이다. 이 회사는 지역 공동체와 공존할 뿐만 아니라 공동개발 해야 한다는 것이다. 회사는 지역을 이용하는 것만큼 지역의 인적 및 사회적 자본을 구축하는 것을 도와야 한다. 지역사회가 장기적인 수익성과 성공에 기여할 것으로 기대하는 만큼 번성하는 지역 사회에 환원해야 한다.

지역 기업이 일반적인 다국적 기업보다 현지 니즈 및 원하는 것을 더 잘 이해하고 더 잘 충족시키고, 더 많은 영향을 미칠 수 있다는 것은 놀라운 일이 아니다. 지역 기업은 자체적으로 현지 문화에 내재되어 있기 때문에 이 모든 것을 수행하기에 더 유리한 위치에 있다. 그럼에도 불구하고 근원적인 문화적 가치를 확인하고 그에 영향을 미치도록 관리하는 것만으로는 충분하지 않다. 성공적인 지역 기업은 지역 경제를 충족시키고 유지시키는 데 깊은 헌신을 해야 한다. 그리고 특유의 경쟁우위를 창출하는 방식으로 이를 수행해야 한다.

국제화 촉진

서론

역사적으로 기업이 직면한 문제는 국제화를 해야 하는지 아닌지에 있다. 오늘날 경제환경에서 세계는 점점 작아지고 있기 때문에, 기업들 사이에 떠오르는 진언은 더 이상 국제화를 해야 하는가가 아니라 언제 할 것인가이다. 세계화는 국제무역, 무역장벽 감소, 전략적 파트너십 및 기술이전에 의해 가속화된 고도로 상호 연결된 세계를 형성했다. 소셜 미디어는 거의 순간적인 방식으로 정보를 교환하고 검색할 수 있는 새로운 통로를 열어 기업가적 벤처를 위한 수많은 기회의 창을 창출한다. 새로운 세분시장, 특히 글로벌 젊은 소비자층은 이전보다 더 많은 시장지배력을 발휘하고 있다. 조직은 이러한 세분시장에 따라 변화하고 대응해야 한다. 그렇지 않으면 무기력해지고 변화를 강요받을 위험이 있다.

국제경영의 역사는 근본적으로 선진국의 다국적 기업이 새로운 국제 시장을 개척하고자 하는 전략과 경험에 중점을 둔 것이다. 세계화의 각 단계는 국제무역 및 상업을 가속화하는 새로운 기술의 등장으로 구분된다 – 철도, 철강, 전기, 정보교환, 자동차 및 마이크로프로세서. 다국적 활동의 성격을 미리 정하는 새로운 형태의 기업이 각 단계에 등장한다. 역사학자 알프레드 챈들러Alfred Chandler, 1962는 그의 획기적인 연구에서 핵심활동을 지원하는 필수 전략과 구조를 갖춘 대규모 조직의 등장을 보고했다. 이 연구는 다른 문화적 환경에서 그 연구결과를 재현하고, 일반화 가능성을 평가하기 위해 설계된 많은 후속 연구를 낳았다Stopford & Wells, 1972. 미국, 유럽 및 일본의 다국적 기업들 간에 차이점이 있지만, 성장궤도를 유지하는 것이 복잡하고 어려운 일임이 분명하다.

오늘날 다국적 기업들은 그 중요성이 커지면서 그들의 전략과 경험이 국제경영 과목에서 큰 비중을 차지하고 있다. 간단히 정의하면, 다국적 기업은 "여러 국가에 있는 자회사 및 계열사 네트워크를 통해 다양한 비즈니스 활동을 수행할 수 있는 상당한 자원을 갖춘 대기업"이다Cavusgil, Knight & Riesenberger, 2014:13. 세계화가 세계, 국가, 산업 및 기업의 여러 수준에서 검토되는 반면 특정 응용 프로그램에 쉽게 액세스할 수 있는 것은 기업수준에 있다. 현재 글로벌 기업은 여러 국가에서 규모와 범위의 경제를 통해 가치를 창출하는 상호연결 활동을 하는 다국적 기업이다Yip, 1992, 1995. 입Yip의 연구에서, 월마트, 코카콜라, 삼성, 소니, **ABB**, 나이키, 엑슨, 프록터 앤 갬블 등의 기업들은 '글로벌 회사'의 범주에 속하는 다국적 기업으로 알려져 있다.

최근 '신흥 다국적 기업Emerging Multinationals' 또는 '다시 태어난 다국적 기업Born-Again Multinationals' Cuervo-Cazurra & Ramamurti, 2014으로 불리는 신흥국 및 개도국의 다국적 기업에 대한 관심이 집중되었다. 이 새로운 다국적 기업들은 지역 브랜드를 글로벌 브랜드로 전환하고, 현지 역량을 국제 역량에 활용하며, 좁지만 성장 가능한 세분시장에서 탁월한 역량을 발휘하고, 외국 강자들보다 현지 자원을 보다 효율적으로 활용하며, 이전의 시장 리더들과 직접적으로 충돌하지 않고 비즈니스 모델을 혁신한다는 점에서 과거의 다국적 기업들과 큰 차이가 있다The Economist, 2008. 브라질, 러시아, 인도, 및 중국에 있는 '거친 다이아몬드'라고 불리는 기업에 대한 예리한 연구에서, 경영학 교수인 박승호, 게랄도 웅손 및 난 조우(2013)는 변화하는 정부정책 및 산업 여건을 활용하고, 미개발된 틈새시장을 적극적으로 메우고, 독특한 운영 효율성을 개발하고, 수익성 있는 성장 통로를 창출할 수 있는 능력 등 관련된 역량을 극찬하였다.

아세안 경제권에 적용해 보면, 대부분은 아니지만 많은 아세안 챔피언들은 진정한 글로벌 다국적 기업이 되기 위한 모든 요구사항을 충족시키지는 못한다. 이들 기업이 각국의 시장 리더인 것은 확실하지만, '지역 챔피언regional champions'의 자격을 갖춘 기업은 거의 없다. 그럼에도 불구하고 가까운 미래에 국제화의 길을 열어가는 기업은 이미 많으며, 미리 살펴보면 다음과 같다.

- 더치밀(*Dutch Mill Co. Ltd.*: 태국): 강력한 국내 지위에서 이웃 국가로 국제화
- 타이 유니온 냉동식품(*Thai Union Frozen Products PLC*: 태국): 파트너십 및 인수를 통한 수산식품 사업의 글로벌 확장
- 타이 베버리지(*Thai Beverage Public Company Limited*: 태국): 전문 경영인 및 학습을 통한 글로벌 비전 달성
- 셈콥 머린과 케펠 펠스(*Sembcorp Marine Limited & Keppel FELS Limited*: 싱가포르): 해양 및 해양 플랫폼을 위한 지역 및 글로벌 가치사슬 통합

● 기타 아세안 챔피언: 차로엔 포크핸드 푸드(*Charoen Pokphand Foods PCL*: 태국), 페트로나스 다간간과 다이얼로그 그룹 (*PETRONAS Dagangan Berhad and DIALOG Group Berhad*: 말레이시아), 토아 페인트(*TOA Paint Co., Ltd.*: 태국): 본격적인 현지운영을 통해 전 세계적으로 강력한 입지 확보

더치밀 주식회사

방콕에 있는 농업대학인 카셋삿 대학교Kasetsart University의 한 식품 과학자 그룹이 나중에 더치밀Dutch Mill Co. Ltd.이 될 회사를 설립했을 때, 태국사람들의 영양과 건강을 위해 양질의 낙농제품을 제공하는 것이 그들의 유일한 관심사였다. 30년 후 이 회사는 태국에서 최대의 유제품 생산업체가 되었으며, 아세안 10개 시장 중 9개에 성공적으로 브랜드를 도입하였으며, 2016년까지 마지막 미개척 시장인 브루나이에 진출할 계획이다. 오늘날 이 회사는 아세안에서 최고의 낙농기업 중 하나가 되기를 꿈꾸고 있다.

회사의 초기 성공은 부분적으로 1980년대 현지 낙농업계의 여러 가지 발전으로 인한 것일 수 있다. 태국정부는 낙농과 우유 소비를 촉진하는 몇 가지 정책을 통과시켰으며, 특히 1985년 전국 우유 마시기 운동 위원회의 창설로 태국의 우유 소비가 크게 증가하였다Chungsiriwat & Panapol, 2009. 우유제품에서 초기 성공을 거둔 이 회사는 다각화를 하여 다양한 맛을 내는 요구르트를 생산하였다. 이들 제품은 오늘날 아세안 지역에 특히 잘 알려져 있다.

더치밀의 동남아시아 시장 진출은 1996년에 시작되었다. 이때 이 회사는 기존 싱가포르 회사의 상표로 브랜드를 변경하여 요구

르트 음료제품을 수출하기 시작하였다. 그 직후 이 회사는 더치밀 자체 브랜드를 개발하여 인근의 베트남, 캄보디아, 라오스, 미얀마, 중국 남부에 수출하기 시작했다. 이 수출전략은 주로 회사가 새로 지은 생산시설에서 나온 대규모 잉여 생산량에 의해 유발되었다. 그러나 수출시장의 성장으로 회사는 더 계획적으로 국제화를 추진 하게 되었다. 2001년 더치밀은 중국 음료 및 아이스크림 회사와 합 작투자를 하여 현지생산을 하고 그 당시 수입 유제품에 대한 중국 정부가 부과한 높은 수입관세를 피할 수 있었다. 오늘날 필리핀과 미얀마 공장을 포함하여 아세안 지역에 여러 개의 생산 공장을 보 유하고 있다.

연구개발 역량을 강화하고 글로벌 표준을 제고하기 위해 더치밀 은 2007년 프랑스 다국적 식품 및 음료회사인 다논Danone과 제휴 관계를 맺었다. 반면 다논은 더치밀의 지역시장 및 지역 유통망에 대한 지식에 특히 관심이 많았다.

초라한 뿌리와 평범한 열망으로 시작되었지만 더치밀은 동남아 시아의 지역 기업으로 부상했으며 수출시장을 더욱 확장할 계획이 다.

태국 유니온 냉동식품

어떤 기업은 처음에는 국내 소비자를 겨냥하고 그 다음에 해외 시장이 제시한 기회를 보았지만, 다른 기업은 시작부터 국제화 전 략을 채택했다. 태국 유니온 냉동식품Thai Union Frozen Products PCL: TUF은 현재 태국에서 가장 큰 해산물 생산업자이면서 수출업자이 며, 세계에서 가장 큰 기업 중 하나다. 이 회사는 냉동 참치 로인

frozen tuna loin, 상온 보관 참치shelf-stable tuna, 정어리 및 고등어, 냉동 연어, 냉동 두족류frozen cephalopods, 구운 식품, 애완동물 사료, 냉동 간편식 등을 포함한 다양한 제품을 생산 및 수출하고 있다. 이 회사의 국제적으로 알려진 브랜드는 치킨 오브 더 씨Chicken of the Sea: 미국, 히야신스 파르앙티에Hyacinthe Parmentier: 프랑스, 마레블루Mareblu: 이탈리아가 있다.

1988년 회사 설립 당시, 미국 생선회사들은 생산 비용을 줄이기 위해 통조림 공장을 해외로 이전하기를 원했고, 태국의 저임금이 미국기업을 끌어들였다. TUF의 창업자들이며 부자지간인 크라이소른 찬시리Kraisorn Chansiri와 디라퐁 찬시리Thiraphong Chansiri는 이 기회를 잡았다. 이전에 이 두 사람은 정어리 및 고등어 통조림을 생산하고 수출하는 나중에 TUF의 자회사가 된 조그만 회사를 운영했었다. 국제적으로 경쟁력을 갖추기 위해 이 회사는 의식적으로 제품 및 프로세스 질을 세계 표준에 맞게 유지했다. 1992년에 일본의 주요 고객/딜러인 미쯔비시와 하고로모 식품Hagoromo Food Co. Ltd.과 제휴를 맺고 일본과 글로벌 입맛과 품질 기준에 맞는 제품을 개발하였다.

TUF는 공급망을 따라 제품 품질과 운영 효율성을 보장하기 위해 캔 제조, 라벨 인쇄, 포장 및 마케팅 등 여러 관련된 사업에서 자회사를 설립하여 비즈니스를 수직적으로 통합하고자 했다Cohen, 2006; Thai Union Frozen Products PCL, 2012. TUF는 또한 태국 남부에 있는 냉동 새우 포장 회사를 인수했으며, 이 회사는 발전하여 현재 TUF의 두 번째로 큰 제품 부분을 생산하고 유통하는 Thai Union Seafood가 되었다.

TUF는 인수 및 합병을 통해 국제적으로 확장하고자 했다. 1996

년 미국에 자회사 Thai Union International을 설립하여, 이를 통해 인기 있는 미국 브랜드 "Chicken of the Sea" 산하 해산물 제품의 생산 및 유통업체인 Tri-Union Seafoods LLC를 인수하였다. 3년 후, TUF는 Tri-Union을 완전히 인수하여 미국 시장 진출을 확고히 하였다Cohen, 2006; Thai Union Frozen Products PCL, 2012. 북미에서 자리를 잡은 후, 이 회사는 그후 몇 년 동안 더 많은 인수를 추진하고, 2005년 센트리 유니온 푸드Centry Union(상하이) Foods 인수로 중국을 포함한 다른 주요 시장에 진출하기 시작하였다Cohen, 2006. 국제적 인수를 통해 TUF는 세계적으로 유명한 브랜드를 다수 확보하고 지리적 범위를 진정한 글로벌 네트워크로 확대할 수 있었다Thai Union Frozen Products PCL, 2014. 가장 최근에 TUF는 세계 최대 통조림 공급업체 중 하나인 노르웨이의 킹 오스카King Oscar와 유럽 최고의 냉장 훈제 연어 생산업체인 머얼라이언스MerAlliance의 인수를 발표하였다Bangkok Post, 2014; Jittapong, 2014.

국제적 브랜드와 전략적 제휴 및 인수를 통해, TUF는 성공적으로 글로벌 시장으로 확장하였고, 여러 국가에서 회사를 설립하여 국제시장에 침투하고 있다.

타이 베버리지 주식회사

태국 기업들은 아세안 챔피언 목록에서 가장 국제화된 기업이다. 대부분은 국제화를 전반적인 전략의 핵심 요소로 받아들였고, 많은 기업들이 동남아시아 전체를 시장 기반으로 삼았다. 2014년에 계획된 향후 6년에 대한 전략적 로드맵에서, 타이 베버리지 Thai Beverage Public Company Limited 또는 ThaiBev이며 창Chang 맥주의 제조사는 동남아시아에서 가장 크고 가장 수익성이 좋은 음료 회사로의 입지를 공고히 하겠다는 의지를 발표했다. 2003년에 58개의 소규모 알코올음료 생산자를 단일회사로 통합하여 설립된 ThaiBev는 현재 태국에서 가장 큰 음료회사이며, 이미 아시아에서도 가장 큰 회사 중 하나다. 회사의 주력제품인 창 맥주는 국내에서 60%의 시장점유율을 누리고 있다. 다른 제품에는 증류주, 다른 맥주, 무알코올 음료 및 식품이 포함되어 있다.

창 맥주는 회사에서 가장 큰 수익을 거둔 제품이지만, 새로운 시장을 확보하고 동시에 새로운 역량을 개발하기 위해 다른 부분으로 다각화하였다. 2004년에는 알코올 성분이 적은 제품을 선호하는 젊은 태국인을 대상으로 비어 아르차Beer Archa를 출시하였다. 이를 위해서는 주력 제품과는 다른 새로운 마케팅 및 제품 포지셔닝이 필요했다. 2008년에는 독일식 프리미엄 맥주인 페데르브라우Federbrau를 출시했다. 페데르브라우는 천연원료의 사용, 독일식 제조공정 및 독특한 발효방법의 사용을 엄격하게 규정한 독일 순수법German Prurity Law을 충족시킨 유일한 현지 맥주이다Thai Beverage PCL, 2008.

2012년에 ThaiBev는 R&D 및 마케팅 자산과 해외사업에 대한 접근성을 확보하기 위해 싱가포르 식품 복합기업인 프레이저 니브Fraser Neave: F&N를 인수하였다Koh, 2012. 그 후 이 회사는 F&N을 활용하여 국제 무역 회사인 International Beverage Holdings Limited IBHL를 보완하였다. IBHL은 미국, 호주를 포함하여 세계 여러 국가에 지사를 두고 있다.

우리가 앞에서 언급한 것처럼 국제 표준 채택과 R&D 투자를 통해 세계 정상급 품질의 제품을 생산하고, 광범위한 지역 유통 네트워크를 구축하는 것이 성공적인 국제화에 필수적이다. 그러나 세계 주요 다국적 기업들과 동등한 수준의 국제적인 감각, 전문가 중시 기업 문화, 훌륭한 지배구조의 개발이 중요하다. 창립 이래, ThaiBev는 현지 음료 산업을 변화시키기 위하여 적극적으로 전문화하려고 노력해왔다. 이는 50개가 넘는 이전 독립적인 회사의 운영, 자원 및 조직 역량을 단일회사로 성공적으로 조화시키는 데 필요하다. 좋은 기업지배구조 및 투명성의 필요성을 강조하였다. 이러한 노력은 2006년 싱가포르 증권거래소에 상장하는 목표를 달성하고, ThaiBev의 초기 성공에 매우 중요하였다. 같은 해 새로 상장된 회사 중 "가장 투명한 회사" 상의 최종 후보까지 올랐고, 2009년 싱가포르 증권 투자자 협회로부터 외국인 회사 중에서 그 상을 받았다.

셈콥 머린 & 케펠 펠스

싱가포르는 동남아시아의 비즈니스 및 금융허브로서 명성이 널리 알려져 있다. 그러나 또한 해양 및 해양 플랫폼 건설 산업의 지역 허브이기도 하다. 싱가포르의 아세안 챔피언인 두 회사 셈콥 머린과 케펠 펠스Sembcorp Marine Limited and Keppel FELS Limited는 해양 및 해양 플랫폼 엔지니어링 산업에 속해있다. 이 두 회사는 아세안 기업들이 보다 광범위한 국제시장에 제품과 서비스를 제공할 뿐만 아니라 국가 간 영업을 지역 또는 글로벌 가치사슬로 통합함으로써 국제화를 촉진시킨 좋은 사례이다.

셈콥 머린은 조선, 선박 수리 및 개조, 장비 구축 및 수리는 물론 해양 건설 및 엔지니어링과 같은 엔지니어링 솔루션의 전체 스펙트럼을 제공하는 통합 해양 기업이다. 이 회사는 싱가포르에 6개 야드의 네트워크를 보유하고 있으며, 전 세계 6개국에 진출해 있다.

이 회사의 뿌리는 싱가포르 경제 개발위원회와 일본의 이시카와지마-하리마 중공업Ishikawajima-Harima Heavy Industries Co., Ltd. 사이의 합작투자로 거슬러 올라간다. 결국 2000년에 셈콥 머린이 되었고, 이 회사는 해외 자산을 인수하기 시작했다. 비록 1990년대 후반에는 간접적으로 인수하였지만, 1997년 또 다른 싱가포르 조선소를 인수하면서 인도네시아와 중국에서 조선소의 부분 소유권을 획득했다. 2001년에 이 회사는 중국의 코스코(대련) 조선소를 인수했다. 3년 후 그들은 중국에서 5개의 조선소를 운영하는 코스코 조선 그룹Cosco Shipyard Group의 지분 30%를 인수했다. 2005년 그들은 텍사스에 있는 사빈 인더스트리Sabine Industries를 인수하여 미국 시장에 뛰어들었다. 다음해 그들은 인도네시아에서 조선소 2개를 추가로 인수했다. 그들은 또한 인도에도 소규모 투자를 시작했다. 2008년 브라질의 리우데자네이루에 기반을 둔 조선 회사와 제휴관계를 맺었다.

현재 셈콥 머린은 브라질, 인도네시아, 중국, 인도, 미국 및 영국의 6개국에 해외조선소를 보유하고 있다. 브라질의 새로운 조선소는 셈콥 머린이 2015년 말에 완공되면 시추선, 반 잠수형 시추선, 잭업 리그, 플랫폼 및 작업 지원선을 건설할 수 있게 될 것이다. 한편 영국에 투자를 함으로써 북해에서 사업하는 고객에게 서비스를 제공한다. 그들은 현재 사우디아라비아에서 기회를 모색하고 있다.

셈콥 머린은 해외허브의 전략적 확장뿐만 아니라 싱가포르에서 지위와 역량을 강화하기 위해 지속적인 투자를 하고, 장기적 성장 전략에 핵심으로 국제화를 채택하였다.

국제화 성과의 또 다른 예는 케펠 펠스(Keppel FELS: 6장에서 소개됨)다. 우리는 앞에서 시장전략을 개척한 케펠 펠스의 성공에 초점을 맞추었지만, 해외 진출에서의 성공도 주목할 만한 가치가 있다. 1967년에 설립된 가족소유 연안 조선소에 뿌리를 둔 이 회사는 글로벌 해양 산업에서 탄탄한 입지를 굳혔다.

초기 야심찬 국제사업 중 하나는 1990년에 멕시코만에 있었다. 이 회사는 텍사스의 조선소 지분 60%를 인수하여 암펠스AMFELS라는 자회사를 만들었다. 다음해 그들은 브라질 국영 석유회사인 페트로브라스Petrobras의 반잠수형 석유생산 플랫폼을 설계하고 건설하기 위한 입찰을 따냈다. 한편 그들은 지난 20년 동안 세계에서 가장 큰 유전 발견지 중 하나인 카스피해의 기회를 처음으로 인식하여 1996년 아제르바이잔에 사무소를 세우고, 1997년에는 조선소를 설립하였다. 북해는 또 다른 중요한 지역이었고, 2002년에 북해에 사업입지를 강화하기 위해 네덜란드 로테르담에 있는 베롤메Verolme 조선소 지분 100%를 인수하여, 케펠 베롤메Keppel Verolme로 이름을 변경했다.

지도 원리로서 케펠 펠스는 고객 니즈에 부합하고 지역 콘텐츠에 기여할 수 있다고 믿었던 "가까운 시장, 가까운 고객" 접근법을 채택하였다. 이것은 미국, 브라질, 네덜란드, 아제르바이잔, 인도, 인도네시아, 중국, 일본을 포함한 전 세계 각국에 대표 사무소를 설립한 근거가 되었다Keppel Offshoe & Marine, 2014. 회사는 제품 및 서비스를 제공할 수 있는 클라이언트, 배치 사이트 및 조선소에 가능한 한 가까이에 사무실을 가질 필요가 있었다. 그럼에도 불구하고 각 야드는 전문화 영역을 갖고 있지만, 자매 야드가 세계 어디에서나 시설과 인력을 활용할 수 있도록 함으로써 자원 활용을 극대화할 것을 권장하였다.

전 세계 20개 조선소가 네트워크로 연결되어 있기 때문에, 주문은 세계의 어느 곳에서나 가능하며 가장 가까운 조선소는 클라이언트와 긴밀히 협조하고 신속하게 배치할 수 있도록 필요한 서비스 대부분을 제공할 수 있다. 그러나 세계 다른 지역의 조선소도 지역 또는 글로벌 생산 네트워크의 일부로 보완적인 제품/서비스를 제공한다.

기타 아세안 챔피언: 차로엔 포크핸드 푸드, 페트로나스 다간간과 다이얼로그 그룹, 토아 페인트

특히 서구 기준으로 볼 때 소수의 아세안 챔피언만이 '다국적 기업'으로 분류될 수 있지만, 그중 상당수는 국내시장 밖에서 실제로 기회를 모색했으며, 일부는 대표사무소, 전액출자 자회사 또는 합작투자를 통해 해외에 지사를 설립함으로써 국제화의 길을 성공적으로 열었다. 태국기업들이 특히 아세안 전역으로 범위를 확대하는 데 열성적이었다. 더치밀, TUF 그리고 ThaiBev가 그 예이다. 또 다른 하나는 차로엔 포크핸드 푸드Charoen Pokphand Foods: CPF로 태국 최대 복합기업의 농업 및 식품 자회사 그룹이다.

CPF는 필리핀에서 스웨덴에 이르기까지 전 세계의 사료, 농장, 식품 및 식품 서비스 사업을 수행하고 있다. 1954년 작은 종자 제조 사업에 뿌리를 둔 이 회사는 1980년대에 태국 가금류 산업의 급속한 성장에 성공적으로 편승하였다. 이로 인해 가축사업으로 확대되고 나중에는 양식업에 진출하였다. 이 회사는 미국시장에서 해산물 유통을 위해 미국에 자회사를 설립하면서 2002년 해외로 처음 진출하였다. 같은 해 EU에서 제품을 수입하고 유통하기 위해 CPF Europe을 설립하였다. 그 후 5년 동안 영국, 터키, 말레이시아, 러시아, 라오스 및 필리핀에 투자를 하였다. 그 후로 CPF는 태국과 해외에서(특히 잠재력이 높은 국가들) 식품사업의 확장, 시장 다변화 및 유통채널의 확대를 통해 지속가능한 성장을 목표로 하는 확장 활동에 집중적으로 투자하여, '세계의 부엌Kitchen of the World'으로 자리매김하기 위해 급속한 국제화의 길을 걷고 있다.

다른 현대적 필수품인 석유로 인해, 아세안 챔피언인 말레이시아의 페트로나스 다간간과 다이얼로그 그룹PETRONAS Dagangan Berhad(PDB) and DIALOG Group Berhad은 순탄한 국제화의 길을 걸을 수 있었다. PDB는 쿠알라룸푸르의 스카이라인을 장식하는 유명한 트윈타워의 말레이시아 석유 및 가스 대기업인 페트로나스Petroliam Nasional Berhad의 소매 및 마케팅 부문이다. PDB는 말레이시아와 다른 아세안 국가에서 가솔린, LPG 및 윤활유를 포함한 下流downstream 석유 제품의 판매 및 마케팅을 수행한다. 이 회사는 현재 필리핀 중부 및 남부 지역에서 두 번째로 큰 시장점유율을 가지고 있으며 북부와 메트로 마닐라에서 입지를 키울 것으로 예상된다. PDB는 또한 베트남에서 LPG 사업을 확대하고 있고, 태국에서 윤활유 판매에 주력하고 있다.

다이얼로그 그룹은 석유, 가스 및 석유화학 산업에 통합된 기술 서비스를 제공한다. 이 회사는 엔지니어링 및 건설 서비스, 물류, 플랜트 유지보수 및 IT 솔루션을 제공한다. 국내에서 완벽한 평판을 얻은 후, 회사는 뉴질랜드 피츠로이 엔지니어링 그룹Fitzroy Engineering Group과 파트너십을 맺고 국제무대의 기회의 창을 열었다. 수년간 다이얼로그의 해외 네트워크는 3대륙으로 확장되었다.

이 회사는 현재 싱가포르, 태국, 인도네시아, 중국, 호주, 뉴질랜드, 인도, 아랍 에미리트, 사우디아라비아, 영국에 지사와 설비를 가지고 있다.

우리의 연구에서 우수한 또 다른 회사는 태국의 토아 페인트TOA Paint Co., Ltd.이다. 이 회사는 소규모 가족기업을 현재 여러 아세안 국가에서 영업 중인 신생 국제기업으로 체계적으로 전환시켰다. 이 회사는 현재 태국에서 가장 큰 페인트 제조사로 시장점유율이 약 50%에 달하며, 장식페인트, 목재 코팅, 선박용 중방식 코팅, 건설용 화학제품, 자동차 코팅 및 스프레이 페인트 제품을 취급하고 있다.

이 회사는 베트남과 말레이시아에 여러 자회사를 설립하고 베트남과 중국에 지점을 두어 1994년에 해외시장으로 확장하기 시작했다TOA Group, 2010; 2013. 현재 이 회사는 베트남, 인도네시아, 말레이시아, 라오스, 캄보디아 및 미얀마 등 7개 아세안 국가에서 사업을 하고 있다TOA Group, 2014. 또한 싱가포르, 브루나이 및 전 세계 40개국에 제품을 수출하고 있다Gujarat Money, 2010.

아세안 외에도, 토아 페인트는 남아시아와 중동으로 확장할 계획이다. 2010년 이 회사는 인도 자회사인 **TOA India Private Limited**를 설립하고 인도 남부의 타밀 나두Tamil Nadu 주에 연간 300만 톤 규모의 생산 시설의 건설을 발표하였다Business Standard, 2010. 또한 다음해 케랄라Kerala 남서부 도시에 대표 사무소를 열었다The Hindu Business Line, 2011. 또한 2015년 이후에 가동을 목표로 인도 서부에 또 다른 공장을 건설할 계획이다. 이 회사는 인도의 거대한 페인트 시장으로 인해 인도에서 공격적으로 확장해왔다. 2011년 그 당시 사장이었던 탕카라바쿤Jatuphat Tangkaravakoon과의 인터뷰에서 해외확장 전략은 점진적으로 선택적인 제품 사양을 통해서 수행하는 것이라고 언급되었다ISN Hot News, 2011.

> "초기 단계에 소규모 고객기반으로 인해, 우리는 시장 리더를 따라하다가 기회가 생길 때, 그들을 추월해야 한다. 우리는 초점이 없는 다양한 제품에 집중하는 대신 사람들이 애착을 느끼는 특정 제품에 집중할 필요가 있다." 탕카라바쿤, 2011; ISN Hot News, 2011에서 인용

결론

지적한 바와 같이, 시장 전망을 확대하는 것이 확실히 국제적 확장을 수반한다는 점에서 국제화는 다각화와 밀접한 관련이 있다. 이 장에서는 더 많은 경쟁우위를 확보하고, 해외시장에 진출하고, 글로벌 가치사슬을 구축하고, 선진 역량을 확보하기 위해 글로벌 전략적 의도가 명확한 기업에 중점을 두었다.

우리의 아세안 챔피언은 제품 품질에 투자하고 국제표준을 채택하고, 해외시장에서 현지기업을 인수하고, 지역 유통망을 구축하고, 통합된 지역가치사슬을 주도하고, 글로벌 전망을 채택함으로써 국제화의 길에 진입하였다. 더치밀과 TUF는 아세안 기업들이 어떻게 지역을 초월한 세계를 생각하기 시작했는지를 보여주었다. 이 회사는 고객만족과 고품질 제품에 대한 헌신이 보편적으로 높이 평가됨을 깨닫고 세계 수준의 제품과 서비스에 대한 해외 기회를 발견하였다. 글로벌 표준을 충족하는 제품을 제공할 수 있는 역량을 강화하기 위해, 외국기업 및 글로벌 기업과 파트너십을 구축하

여 모범사례를 학습하고 해외시장에서의 경험과 전문지식을 활용하였다. 그러나 국제화는 단순히 글로벌 제품 표준을 충족시키는 데 그치지 않는다. 그것은 또한 세계적으로 받아들여지는 프로세스와 훌륭한 기업지배구조를 채택하는 것을 의미한다. 타이 베버리지와 같은 회사는 내부 프로세스와 기업 문화의 개발에 투자를 하였다. 이 회사는 개도국에 있는 기업에 대한 일반적인 기대를 훨씬 뛰어넘는 성실성, 투명성 및 기업의 지속가능성을 중시하는 기업문화를 강조하였다. 케펠 펠스와 셈콥 머린과 같은 회사는 전 세계적인 전망을 포용하고 국제 고객에게 더 가까이 다가가며 진정한 글로벌 기업으로 거듭나고 있다. 우리의 연구 결과의 종합은 그림 8.1에 제시되어 있다.

그렇다고 해도 이들 기업이 선진국의 명성 있는 기업이 정한 기준에 따른 다국적 기업으로 간주되지는 않는다. 이들 기업이 그들

그림 8.1 국제화 촉진

국가 무대에서는 챔피언이지만, 글로벌 무대에서는 여전히 신생 다국적 기업이다.

　이 평가는 이들 기업의 국제운영에 대한 비판으로 받아 들여서는 안 되며 미래에 본격적인 다국적 기업으로 진화하는 출발점으로 삼아야 한다. 이 시점에서의 진전은 개도국 경제의 어려운 상황을 반영한다. 또한 이들 기업들이 일반적으로 더 많은 경험과 자원을 보유한 다국적 기업과 경쟁할 수 있기 전에 국내 기업의 강점과 시장 리더십을 어떻게 발전시켜야 하는지를 나타낸다. 현재 이 장에서 설명하는 기업은 한 국가의 강자이며, 일부는 아세안 지역의 강자로 부상하고 있다. 그러나 아세안과 AEC와 함께 이 기업들 중 어떤 기업이 그들의 역량을 활용하여 아세안 다국적 기업이 될 것인지는 미지수다. 이러한 요구사항을 충족시키기 위해 이들 기업은 역량을 갖추어야 한다. 그러한 역량 중 하나가 다음 장의 주제가 되는 시너지효과를 창출하는 것이다.

9장

시너지효과 창출

서론

다각화의 주제는 경영전략과 국제경영에서 오랜 역사를 가지고 있다. 일반적으로 성장전략으로 간주되는 다각화란 기업의 사업 영역을 확장하는 것을 말한다. 특히 기존시장에서 새로운 제품을 제공하거나 완전히 새로운 시장에 접근하는 것이다. 일반적으로 새로운 비즈니스를 시작하려면 내부적으로 새로운 역량을 구축하거나 인수를 통해 외부에서 이러한 기술을 습득해야 한다. 새로운 시장 진입은 새로운 기술과 역량의 개발이 필요하기 때문에 비용이 많이 들고 일반적으로 더 높은 위험을 초래한다Ansoff, 1957.

그럼에도 불구하고, 운영 위험과 재무 위험을 구별해야 한다 Klein & Saidenberg, 1997. 운영 위험은 일반적으로 절차와 프로세스의 불확실성으로 인해 발생한다. 그러나 다각화를 하면 투자를 하나의 둥지에 두지 않고, 다양한 포트폴리오에서 조정이 되기 때문에 재무적 위험을 줄일 수 있다. 따라서 한 비즈니스의 손실은 다른 곳에서 발생한 이익으로 보완할 수 있다.

새로운 제품이나 시장이 기존 비즈니스와 유사할 때, 관련 다각화로 분류하고, 새로운 제품이나 시장이 회사의 기존 포트폴리오에 속하지 않을 때, 비관련 다각화라고 한다. 비관련 다각화는 관련 다각화보다 더 위험하고 더 복잡한 것으로 간주된다. 다각화는 또한 수평적(신제품 또는 새로운 시장 영역으로 확대) 또는 수직적(공급업체 또는 소매활동을 내부화) 성장과 밀접한 관련이 있다.

다각화가 이익보다 더 많은 위험을 발생하는지 여부는 실증적 조사 및 검증의 주제다. 한편으로 다각화는 적절한 조직구조와 프로세스에 의해 지원이 된다면 장기적인 수익성에 기여할 수 있는 성공적인 성장전략의 일부로 간주된다Chandler, 1962. 재무 위험과 관련하여, 다양한 재무 포트폴리오가 자본 보유량이 적고 더 많은 차입금을 발행한다는 측면에서 장점이 있지만, 반드시 더 수익성이 높은 것은 아니다Klein & Saidenberg, 1997. 그러나 포터Porter, 1987는 1950년에서 1986년까지의 미국 기업 33개사의 다각화 기록에 대한 또 다른 연구에서 이들 기업은 일반적으로 성공하지 못했다고 보고했다. 연구기간 동안 이들 기업은 인수보다 처분이 더 많았고, 그들의 전략은 가치를 창출하지 못했다.

이들 연구의 공통점은 높은 성과는 효율성을 유지할 수 있는 능력, 특히 여러 비즈니스를 수행함으로써 발생하는 복잡성을 통제하고 조정하는 능력에 달려있다는 인식이다. 따라서 다각화는 좋지만, 핵심전략에서 주의를 분산시킬 수 있다.

조직의 비효율성을 줄이기 위해 기업은 서로 다른 비즈니스에서 시너지효과를 창출해야 한다. 시너지효과는 재무적(좋은 포트폴리오 관리를 통해 가치 창출), 운영적(다양한 제품 및 비즈니스 라인 전반에서 규모와 범위의 경제 향상), 조직적(다양한 제품 및 구조를 통해 학습하고 유휴능력을 구축할 수 있는 능력)일 수 있다.

이 목표는 신흥시장 및 개도국의 기업환경에 적용될 때 미묘한 차이를 나타낼 수 있다. 일본과 한국에서 성공의 분명한 요소 중 하나는 대형 다각화된 비즈니스 그룹의 편재성이다. 정치적으로 불가사의하고 비효율적이라고 비난받은 2차 세계대전 이전에 번창했던 일본의 *자이바쓰*zaibatsu는 해체되어야 했지만 *케이레츠*keiretsu라고 불리는 좀 더 느슨한 형태의 기업집단으로 부활했다. 일본 기업의 성공이 커지면서 미국 내에서 일본식 기업 조직구조에 대한 관심이 커졌다Gerlach, 1990. 한국에서 전후 경제의 부활은 대부분 *재벌*chaebols이라고 불리는 가족 중심 기업집단에 의해 설명된다 Amsden, 1992; Ungson, Steers, & Park, 1997.

선진국의 관측통과 전문가 대부분에게 대규모 기업집단은 여전히 의혹의 대상이고, 중요성과 영향력에 있어서도 종종 과소평가된다. 한국의 경우에도 재벌은 반경쟁적이며 중소기업의 발전에 방해된다고 비난받아 한때 한국 정부의 구조개혁의 대상이 되었다. 여기에 대한 반박 논리는 다음과 같다. 개도국 경제에서 신뢰성과 안전성을 위해 기업의 규모는 중요하고, 다각화된 기업집단은 그렇지 않은 경우 대출이 거부되었을 소규모 계열사에 막대한 자본을 투입하는 내부 시장으로 운영된다는 것이다Ungson, Steers, & Park, 1997. 맥킨지에 따르면, 한국에서 기업집단은 2014년까지 지난 10년 동안 가장 큰 50대 기업(매출기준)의 80%를 차지했으며, 연평균 매출은 11% 성장했다. 인도에서는 기업집단이 50대 기업(국영기업 제외)의 90%를 차지하고 있으며 연평균 매출액 성장률은 23%였다. 그들의 지속적인 성공은 제도적 공백이 존재하거나 시장이 미개발상태에 있을 때 그들이 단순한 차선책으로 존재한다는 개념을 부정하는 것으로 보인다.

아세안 챔피언에 대한 우리의 연구를 통해, 다양성과 함께 시너지효과가 형성되는 한 높은 성과를 결정하는 데 있어 다각화된 구조가 중요하다고 판단하였다. 분명히 이 기업들 중 다수는 케이레츠와 재벌의 규모와 기능을 닮지 않았으며, 관측통들이 '기업집단'이라고 여기지 않을 것이지만, 광범위한 영업 포트폴리오로부터 나오는 우위와 이익은 독창적인 특징과 유리한 재무 결과를 낳았다. 이 장에서 소개하는 사례에서, 우리는 이들 기업이 다양한 제품 및 시장에 맞는 시너지효과를 어떻게 개발할 수 있었는지를 보여준다. 각 기업의 프로필은 아래와 같다.

- 인도푸드 숙세스 막무르(*PT Indofood Sukses Makmur Tbk*: 인도네시아): 관련 다각화를 통한 종합 식품 회사 건설
- 글로벌 미디어컴(*PT Global Mediacom Tbk*: 인도네시아): 핵심 비즈니스를 중심으로 통합 미디어 플랫폼 구축
- 더블유시티 랜드(*WCT Land Sdn. Bhd.*: 말레이시아): 건설, 부동산 개발 및 부동산 관리를 연결하는 지주회사 구축
- 말린도 피드밀(*PT Malindo Feedmill Tbk*: 인도네시아): 핵심 사업체에서 전체 산업 망으로 수직적인 성장
- 요마 전략 홀딩스(*Yoma Stratrgic Holdings Limited*: 미얀마): 여러 비즈니스 기회를 활용하기 위해 투자 대기업 관리
- 방콕 두짓 의료서비스(*Bangkok Dusit Medical Services*: 태국): 건강관리 서비스 사업의 네트워크 관리
- 무다자야(*Mudajaya Corporation Berhad*: 말레이시아): 깊은 산업 전문지식을 갖춘 엔지니어 네트워크 개발
- 기타 아세안 챔피언: 큐에이에프 브루나이(*QAF Brunei Sdn. Bhd.*: 브루나이), 아디닌 그룹(*Adinin Group of Companies*:

브루나이), 어드밴스드 정보 서비스(*Advanced Info Services PCL*: 태국): 비관련 및 관련 다각화를 통한 수익성 있는 비즈니스 구축

인도푸드 숙세스 막무르

인도푸드PT Indofood Sukses Makmur Tbk는 인기 브랜드인 인도미Indomie를 가진 세계 인스턴트라면 시장에서 가장 큰 제조업체다. 이 회사는 리엠 시오에 리옹Liem Sioe Liong의 기업그룹에서 탄생하였다. 이 기업그룹은 살림그룹Salim Group으로 더 잘 알려져 있으며, 인도네시아에서 가장 큰 기업집단이며, 아세안 지역에서도 가장 큰 대기업 중 하나다. 결국 인도푸드로 알려질 회사는 1971년 살림그룹의 초기 다각화 전략의 일환으로 설립되었다. 처음에 매우 수익성이 높은 원자재 무역업을 통해 성공한 이 그룹은 식품, 섬유, 은행 그리고 나중에 시멘트, 자동차, 목재 제품 및 부동산으로 다각화 하였다. 살림그룹은 1997년 아시아 금융위기 이전에 정점을 찍은 광범위한 다각화 전략으로 특히 유명해졌다. 280,000명의 직원이 식품에서부터 컴퓨터에 이르기까지 12개 사업부로 조직되었다 Dieleman, 2007.

광범위한 수평적 다각화 전략은 살림그룹과 같은 기업들이 현지 산업 진출과 수입 의존도를 줄이기 위해 시장 지배력을 개발할 수 있는 유리한 정부 정책에 편승할 수 있는 절호의 기회에서 비롯되었다. 그러나 옵저버의 관점에서 볼 때, 이 그룹이 할 수 있는 모든 산업에 진입한 것처럼 보이지만, 자회사 인도푸드가 모범이 되는 것은 관련 다각화가 제품과 서비스 전반에서 시너지효과의 활

용 방법에 있다. 이 회사는 현재 소비자 브랜드 제품CBP, 보가사리 bogasari, 농산물, 유통, 재배 및 가공야채 등 5가지 핵심 사업 부문 (자회사)을 가지고 있다.

CBP 부문은 자사의 트레이드마크인 *인도미*Indomie 라면, 유제품, 스낵식품, 식품 조미료, 영양 및 특수 식품뿐만 아니라 인스턴트 차 및 커피, 생수, 탄산음료 및 과일주스 등을 생산하는 회사의 주요 식품 가공 부문이다. 같은 그룹 내에서 인도푸드는 골판지 및 유연 포장 업무에 2개의 자회사를 운영하고 있다. 이들 자회사는 인도푸드 내의 다른 부서와 인도네시아 및 해외의 타사 고객들에게 서비스를 제공한다. 처음부터 인도푸드 그룹과 함께 한 보가사리Bogasari는 국내 최대 밀가루 생산자 중 하나이며, 인도네시아와 동남아시아 전체에서 가장 큰 파스타 생산업체이다. 한편 농업 사업 자회사인 인도애그리IndoAgri는 수마트라Sumatra와 칼리만탄 Kalimantan에서 약 30만 헥타르의 기름야자oil palm 농장을 소유하고 운영한다. 이 회사는 또한 고무, 설탕, 코코아 및 차를 경작하고 가공한다. 인도애그리의 식용유 및 유지fats 사업부는 농업사업 플랜테이션 사업부의 다운스트림 제품을 제조 및 판매한다. 제품 중에는 식용유, 마가린 및 코코넛 오일이 있으며, 이들 중 일부는 인도네시아의 주요 브랜드이다.

인도네시아에서 가장 광범위한 네트워크를 보유한 이 회사의 유통 부문은 인도푸드 제품의 대부분을 유통시키고 제3자 고객들에게도 서비스를 제공한다. 마지막으로 재배 및 가공된 채소 부문은 2013년에 인도푸드에서 인수한 통합 중국 채소 가공회사인 중국민중식품공사China Minzhong Food Corporation에 의해 감독된다.

인도푸드는 원료의 재배 및 가공에서부터 최종 제품의 생산 및 소매업체로의 유통에 이르기까지 '종합 식품 솔루션total food solutions' 회사가 되기 위한 비전으로 다각화를 핵심전략으로 채택하였다Afriani, Dewi, & Mulyati, 2012.

글로벌 미디어컴

앞의 사례에서 수직 및 수평 라인을 따라 비즈니스 활동을 통한 시너지효과를 보여주었다. 다음 사례는 다양한 미디어 플랫폼에서 다양한 제품 및 서비스에 대한 시너지효과를 보여준다. 글로벌 미디어컴PT Global Mediacom Tbk은 인도네시아 최초이자 최대 통합 미디어, 방송, 엔터테인먼트 및 통신 회사이다. 이 회사는 미디어 콘텐츠를 제작 및 배포하고 TV 및 라디오 채널을 방송하며 신문, 잡지 및 타블로이드를 출판하고 모바일 콘텐츠 및 부가가치 서비스를 개발한다. 현재 무료방송 및 유료 텔레비전 시장에서 선두주자이다.

1981년에 설립된 비만타라 시트라(Bimantara Citra; 나중에 글로벌 미디어컴이 됨)는 방송 매체, 통신, IT, 호텔, 화학, 인프라 및 운송 등 서로 관련이 없는 다양한 사업에 참여했다. 그러나 해가 지나면서, 회사의 방송 매체의 성공은 회사의 핵심 사업으로 미디어에 집중할 것을 확신시켰으며, 곧 다른 자산을 매각했다. 수많은 인수를 통하여 TV의 방송범위를 확대하고, 인기 있는 뮤직 채널인 MTV Asia와 같은 국제 콘텐츠 공급업체와 제휴관계를 맺기 시작하였다. 2005년에 이 회사는 2개의 주요 TV 네트워크를 완전히 인수했으며, 곧 미디어 콘텐츠를 제작하고 사내 제작을 개발하는 데 주력하였다. 또한 4개의 라디오 방송국을 오픈하고 현지 타블로이드 출판사를 인수하여 인쇄 매체사업을 시작하였다.

다음해에 회사는 시청자가 게임 쇼 퀴즈에 참가하거나 전화/SMS 문자 메시지를 통해 리얼리티/탤런트 쇼에 투표할 수 있는 SMS 통화 TVSMS Call TV를 비롯하여 TV 시청자에게 부가가치 서비스를 도입하였다. 같은 해, 이 회사는 세 번째 TV 네트워크의 다수 지분을 인수하였다. 이러한 발전에 따라 회사는 선도 통합 미디어 회사로서의 이미지를 강화하기 위해 2007년에 글로벌 미디어컴으로 사명을 공식적으로 변경했다. 같은 해 글로벌 미디어컴은 콘텐츠 및 부가가치 서비스를 제공하는 싱가포르에 본사를 둔 회사의 다수 지분을 인수했다. 이번 인수를 통해 회사는 온라인 뉴스 및 엔터테인먼트 미디어 포탈 okezone.com을 오픈했다. 이때, 글로벌 미디어컴은 모바일 통신회사의 지분을 포함하여 비핵심 자산을 완전히 매각하였다. 이는 핵심 사업으로 미디어에 주력하겠다는 의지를 보여준 것이다. 그러나 회사가 활동을 확대하려는 의도가 없다는 것을 의미하지는 않는다. 반대로 글로벌 미디어컴은 미디어 방송, 콘텐츠 및 부가가치 서비스 사업의 공격적인 확장에 착수했다.

모바일 및 인터넷과 같은 새로운 미디어로 확장하는 글로벌 미디어컴은 PC 온라인 및 모바일 게임 사업에 뛰어들었다. 중국 인터넷 서비스업 강자인 텐센트Tencent와 합작투자를 통해 모바일 및 소셜 네트워킹 애플리케이션인 위챗WeChat을 제공하기 시작했으며, 다른 온라인 커뮤니케이션 및 엔터테인먼트 제품 개발에 그들과 협력하고 있다. 또한 일본의 전자 상거래 회사인 라쿠텐Rakuten과 합작투자를 통해 온라인 쇼핑사업과, 한국의 GS 홈쇼핑 네트워크와의 합작투자로 24시간 TV 홈쇼핑사업을 시작했다.

글로벌 미디어컴은 기업이 초점을 잃지 않고 다각화할 수 있는 방법을, 구체적으로 멀티미디어 사업에서 입증된 바와 같이 통합 플랫폼 전반에서 시너지효과를 창출할 수 있는 방법을 보여준다. 여러 인수 및 국제 파트너십을 통해 이 회사는 범위를 확대하고 제품 및 서비스 사양의 깊이를 더해 인도네시아에서 시장 리더십을 확고히 했다.

더블유시티 랜드

글로벌 미디어컴이 미디어에서 한 것을 더블유시티 랜드WCT Land Sdn. Bhd.가 부동산 및 부동산관리 분야에서 보여주었다. WCT Land는 엔지니어링 및 건설 분야의 선도적인 지주회사인 WCT 홀딩스WCT Holdings Berhad의 부동산 개발 및 관리 자회사이다. 이 회사의 포트폴리오에는 타운십, 고급 주택, 고층 주거지, 산업시설, 사무실, 복합 상업개발, 컨세션 협정, 호텔 및 쇼핑몰이 포함되어 있으며, 말레이시아 전역에 300헥타르가 넘는 개발 프로젝트의 총 면적을 보유하고 있다.

WCT Land는 1996년에 부동산 개발 사업에 진출한 모기업(그 당시 사명은 WCT Berhad)에 의해 설립되었다. 1981년에 설립된 WCT Berhad는 토목공사, 고속도로 건설 및 기타 인프라 개발을 전문으로 하는 토목공학 및 건설 회사였다. 이 지역 금융시장의 자유화를 포함하여 1990년대 초반의 매우 유리한 경제 상황으로 인한 부동산 개발 기회를 보고, WCT는 수도 쿠알라룸푸르 서쪽의 고성장 도시 클랑Klang에 반다르 부킷 팅기 타운십Bandar Bukit Tinggi Township 선구자적인 프로젝트로 부동산 열풍에 뛰어 들었다.

1997년과 1998년에 이 지역을 강타한 금융위기가 대부분의 부동산 개발업자들에게 큰 타격을 입혔지만, WCT는 몇 년 후 강하게 반등하였다. 빌딩, 도로, 상수도 건설과 관련된 WCT Land의 타운십 개발은 WCT Berhad가 강한 자원 및 전문지식이 필요했기 때문에 WCT Land와 WCT Berhad 사이의 시너지효과는 매우 가치 있는 것임이 입증되었다.

2006년 WCT Land는 반다르 부킷 틴기 타운십에 있는 부킷 틴기 쇼핑센터의 오픈을 통하여 부동산 투자 및 관리 분야로 다각화하였다. 같은 해 이 회사는 쿠알라룸푸르 국제공항의 새로운 저비용 항공사 터미널LCCT에서 통합 컴플렉스의 건설 및 관리를 위한 컨세션을 받았다. 또한 인도에서 모기업을 통해 Durgapur 및 Panagarh-Palsit 고속도로를 컨세션 받아서 현재 이 프로젝트를 관리하고 있다. 2010년에 회사는 클랑Klang 시에서도 첫 호텔사업을 시작했다. 2012년에는 반다르 부킷 틴기 타운십의 기업 중심지 역할을 하는 최고의 개발인 랜드마크The Landmark를 시작했다. 건설(지금은 자매회사인 WCT Berhad를 거쳐)에서부터 부동산 개발 및 부동산 관리에 이르기까지 WCT Land는 부동산 부문의 시너지를 최대한 활용하여 이를 베트남의 해외사업으로 확대하였다.

말린도 피드밀

어떤 기업은 글로벌 미디어컴이 미디어 플랫폼에서 수행하고 WCT Land가 부동산 프로젝트를 통해 수행한 것처럼 시너지효과를 수평적으로 활용하지만, 다른 기업들은 가치사슬을 따라 수직적으로 분명한 시너지효과를 활용하는 데 큰 성공을 거두었다.

인도네시아의 또 다른 챔피언인 말린도 피드밀PT Malindo Feedmill Tbk은 동물 사료 생산, 가금류 사육 및 가공 사업에 종사하고 있다. 1997년에 설립된 이 회사의 매출은 지난 5년 동안 매년 18% 증가해 업계 평균 11%를 초과하였다Mayagita & Eslita, 2014. 이 회사는 옥수수와 대두박의 동물 사료 생산업체로 출발하였지만 2001년 80헥타르의 양계 농장을 인수하여 사료 공장 사업과 일일령 병아리day-old chicks: DOC 생산 사이의 확실한 보완성을 인식했다. 이 회사는 이후 다른 사료공장과 DOC 농장을 더 인수하기로 했다. 2007년 말린도는 가금육 가치사슬에서 DOC 생산 다음 단계인 육계 사업에 진출하였다. 육계농장은 완전히 성장하여 육류 수확 준비가 될 때까지 DOC를 키웠다.

2013년 말린도는 새로운 자회사 설립을 통해 가치사슬을 더 아래로 확장하여 식품가공 사업에 진출하였다. 새 회사는 말린도 그룹의 농장 부문과 시너지효과를 창출할 것으로 예상되므로, 말린도는 새로운 자회사의 원료공급을 늘리기 위해 상업용 육계농장에 대한 투자를 더 늘릴 계획이다World Poultry, 2013.

앞으로 회사는 인도네시아 전역으로 시장의 범위를 지속적으로 확대하여 동물 사료, 일일령 병아리 및 상업용 육계의 생산과 같은 핵심 사업의 제품을 전국으로 확대할 것이라고 발표하였다. 말린도는 핵심 비즈니스를 지원하고 더욱 강화하기 위해 가치사슬의 하류 및 상류 비즈니스 개발을 목표로 한다. 인도네시아 사람들의 치킨 소비 추세는 말린도가 가치사슬을 따라 사업 간의 시너지효과를 활용함으로써 지리적 확장과 수직적 통합을 추구하도록 지속적으로 동기를 부여한다.

요마 전략 홀딩스

하버드 비즈니스 스쿨의 타룬 카나Tarun Khanna는 기업이 현지 시장의 저개발 특성을 보완해야 하기 때문에 개도국에서 대기업이 번창했다고 주장한다. 이것이 대기업이 과도기적인 현상인지, 초기 기회를 극대화하고 시장의 상당한 부분을 확보함으로써 장기적으로 지배력을 유지할 수 있다는 것을 의미하는지 여부는 이 장의 주제가 아니다. 그러나 매우 젊은 시장의 백지 위임장과 같은 기회는 대기업들이 관련이 있거나 관련이 없는 것처럼 보이는 사업 전반에 걸쳐 시너지효과를 창출할 수 있는 비옥한 토대를 제공한다.

Serge Pun & Associates SPA의 설립자인 세르게 푼Serge Pun 은 1990년대 초에 그의 출생국가인 미얀마에 투자할 때가 되었다고 결정하였다. 그는 이미 부동산 사업에서 수년간의 경험이 있고, 홍콩, 태국, 중국, 말레이시아에서 성공하였다. 그러나 최근에 민간 부분 개발 및 외국인 투자에 대한 개방이 시작된 미얀마의 비즈니스 환경은 이전에 운영했던 선진국 시장과는 크게 달랐다. 전환기 경제에서 사업을 할 때 발생하는 독특한 도전에 기죽지 않고, 푼Mr. Pun은 새로운 시장 창출과 새로운 산업 창출에 참여할 수 있는 기회를 보았다.

애초에 미얀마에 대한 벤처투자는 1992년에 First Myanmar Investment Co. FMI 설립을 통해 부동산에 중점을 두었다. 그러나 푼은 미얀마의 여러 분야에서 투자 기회를 제공한다는 사실을 곧 깨닫게 되었다. 요마 전략 홀딩스Yoma Stratrgic Holdings Limited는 이러한 기회를 활용하기 위해 설립되었다. 푼은 회사의 부동산 사업과 함께 새로운 비즈니스 기회가 어떻게 발생했는지 회상한다.

"… 우리는 미얀마에 최초로 문이 있는 공동체를 만들었고, 보안 경비원이 필요했기 때문에 60명에서 70명까지 경비원을 고용하였다. 이웃사람들은 우리가 꽤 잘하고 있다고 생각했다. 그들이 말하기를 '당신은 우리 공장에 대한 보안을 해줄 수 있습니까?' '당신은 우리 건물에 대한 보안을 해줄 수 있습니까?' 곧 우리는 830명의 경비원을 고용하여 공장, 대사관, 집 및 기타 자산에 대한 보안 서비스를 제공하게 되었다." - 세르게 푼, 회장

자체 보안 대행사 이외에도 요마 전략 홀딩스는 프리미엄 부동산 개발의 고품질 요건을 충족하는 자체 조경회사를 설립해야 했다. 곧 이 회사는 회사의 보안 대행사와 동일한 방식으로 제3자에게 서비스를 제공하기 시작했다. 2013년에는 세계적인 수준의 FMI 개발을 위해 대규모 국제 건설회사인 드라가게스 싱가포르Dragages Singapore Pte Ltd.와 합작투자를 체결하였다. 이러한 벤처기업은 회사의 핵심 부동산 사업과 높은 보완관계를 유지하며, 요마 전략 홀딩스에 시너지효과에서 나오는 강력한 경쟁우위를 제공했다. 부동산 개발 및 빌딩 건설부터 조경, 보안 및 부동산 관리에 이르기까지 요마 우산 아래 함께 일하는 자회사는 각 프로젝트에서 회사가 약속한 최고품질을 보장한다.

1993년 미얀마 최초의 민간 은행 중 하나인 요마 은행Yoma Bank을 설립했으며 현재는 가장 큰 은행 중 하나이다. 은행의 주요 제품 중에는 FMI 부동산의 구매자에게 유리한 주택 융자가 있다. 다음해 스즈키와 합작투자를 통해 오토바이 판매를 시작하였다. 1997년 닛산 및 스미토모와 합작투자를 체결하여, 미얀마에서 닛산 자동차의 독점 판매권을 확보했다.

2007년 바이오 디젤 생산용 오일을 생산할 수 있는 식물인 야트로파Jatropha Curcas의 수확을 통해 바이오 디젤 산업으로 다각화하였다. 회사는 자동차 판매, 건설 및 부동산에서 운영을 지속적으로 확대하면서, 소매, 고급관광 및 물류 분야로 진출하였다.

방콕 두짓 의료서비스(BOMS)와 무다자야

시너지에 대한 서술은 이익과 위험의 재정적 측면 및 운영 측면에 초점을 맞추기 때문에 조직구조와 내부 프로세스에서 시너지효과를 낸 사례는 드물다. 그러나 태국의 의료서비스를 제공하는 선도 기업인 방콕 두짓 의료서비스Bangkok Dusit Medical Services PCL와 말레이시아의 무다자야Mudajaya Corporation Berhad는 우리의 조사에서 이해를 돕는 예이다. 회사는 1969년에 40명의 의료 종사자와 약사 그룹에 의해 설립되었다Bangkok Hospital, 2015. 원래 설립자는 같은 대학에서 공부한 친구였고, 회사 최초의 병원 설립은 각 의사의 인맥과 경험을 통해 가능하게 되었다. 설립 당시에는 태국의 보건의료 산업이 생소했으며, 공립 병원만 운영되었다. 의료 서비스 제공자가 충분하지 않다는 것을 알게 된 BDMS 설립자는 1972년에 방콕 병원 설립을 시작했으며, 이는 국내 최초의 민간 의료기관이 되었다Bangkok Hospital, 2015.

회사 최초의 병원 운영이 개선됨에 따라, BDMS는 태국에서 의료 서비스에 더 많은 옵션을 제공하기 위해 지속적으로 노력한 결과, 병원 네트워크 구축 목표를 검토하기 시작했다. 이 회사는 방콕 병원 그룹을 계속 확장했지만, 2004년 사미티벳 그룹Samitivej Group 인수를 시작으로 다른 지역 병원을 인수하기 시작했다.

2005년에 BDMS는 심장병 전문 병원인 방콕 심장병원Bangkok Heart Hospital과 암 치료를 전문으로 하는 와타나소트 병원Wattanasoth Hospital을 개원했다Tris Rating Credit News, 2014.

2011년에 2개의 잘 알려진 지역 병원 파야타이 병원Phyathai Hospital과 파올로 메모리얼 병원Paolo Memorial Hospital의 대주주인 헬스 네트워크Health Network PLC와 주식교환 합병의 결과, 회사의 포트폴리오가 크게 증가했다. 같은 해 회사는 방콕에 있는 국제적으로 공인된 멀티 스페셜티 병원 범룽랏 병원Bumrungrad Hospital PCL의 소수 지분을 인수했다Bangkok Dusit Medical Services PCL, 2014; Tris Rating Credit News, 2014.

또한 과거 10년 동안, 회사는 의료 실험실, 식염수 생산 및 의약품과 같은 보완적인 사업으로 다각화하였다. 가장 최근에 BDMS는 자회사인 Bangkok Save Drug Co. Ltd.를 통해 Save Drug Center Co. Ltd.의 주식을 매입하여 비핵심 사업 활동을 더욱 확대하고 제약 산업에서 늘어나는 기회를 활용하고 있다. 2010년에 BDMS는 ANB Laboratories 인수로 시장에 첫 선을 보였다Ulloa, 2010; Tris Rating Credit News, 2014.

태국의 의료산업이 지속적으로 발전함에 따라, 이 회사는 전국적인 규모의 병원 네트워크를 지속적으로 확장시킴으로써 시장 리더십을 더욱 강화할 계획이다. 최고 재무 이사인 나루몰 노이암Narumol Noi-Am은 BDMS가 2016년까지 태국 전역에 50개의 병원 네트워크를 목표로 하고 있다고 말했다. 현재 운영 중인 39개 병원에다가 4개 병원이 건설 중이며, 따라서 총 43개 병원 네트워크를 보유하고 있다. 경영팀은 2016년 말까지 50개 병원 네트워크 목표 달성에 긍정적이다.

지리적인 범위 확장 외에도, 태국 지방에 있는 중산층 환자를 대상으로 하는 2차 진료병원의 최근 인수로 입증되었듯이, 중산층 및 사회보장 환자를 대상으로 보다 광범위한 시장을 확보하기 위해 노력하고 있다. 노이암은 회사가 가까운 미래에 더 많은 1차 및 2차 진료병원과 '텔레 케어tele-care' 진료소를 가질 예정이라고 말했다.

BDMS는 현재의 확장 과정에서 다른 의료서비스 회사와 접촉하고 있지 않지만, 오레곤 의과대학교Oregon Health and Science University 및 마히돌 대학교Mahidol University와 같은 다른 기관들과 제휴하여 의료 서비스에 대한 교육, 연구, 전문지식 및 자원 개발을 적극적으로 모색하고 있다. 가장 최근에 BDMS는 의사의 기술 개발을 주요 목표로 하여 일본 나고야 대학교와 파트너십을 맺었다 The Nation, 2014, 2015.

BDMS와 마찬가지로, 무다자야Mudajaya는 전문 엔지니어 네트워크에 의해 건설회사로 설립되었다. 건설회사로서 첫 프로젝트는 무다 관개 프로젝트Muda Irrigation Project를 건설하는 것이었다. 세계은행이 기금을 지원한 이 프로젝트는 무다 관개 프로젝트의 중요성으로 인해 회사의 인지도를 높여 경쟁력 있는 건설회사로서 무다자야의 성장에 큰 힘이 되었다. 회사는 브랜드 명을 확립하는 데 도움이 되는 일본 및 기타 계약자를 확보했다World Bank, 2014.

무다자야의 설립 당시 말레이시아의 건설 분야는 상대적으로 초보 단계였기 때문에 이 회사는 건설 산업에서 경쟁업체가 적다는 이점이 있었다. 게다가 경쟁업체는 거대한 진입 장벽으로 인해 제한을 받았다. 해당 시장에서 경쟁하기 위해서는 엔지니어링 및 건설에 깊은 전문성이 필요했다. 무다자야는 발전소 건설에 전문기술을 보유한 소수의 기업 중 하나로 명성을 쌓았다. 회사는 말레이시아 동부의 쿠칭 사라왁Kuching Sarawak에서 첫 번째 타운십 개발을 추진하면서 다각화를 시작했다. 무다자야는 쿠칭 사라왁 시와 합작투자를 하여 시가 지속적으로 토지를 제공하고 회사는 타운십 개발을 위해 자본을 투입할 것이다.

무다자야는 가까운 장래에 주요 발전소 프로젝트의 착수를 예견하기 때문에 발전소 건설에 대한 탁월한 실적과 기술적 역량을 고려할 때, 이러한 이니셔티브를 활용할 계획이다. 이를 통해 위험-수익 구조risk-return profile를 만족시키고, 반복되는 미래 소득 흐름을 제공하는 전략적 자산을 획득하거나 개발하는 것을 목표로 한다.

무다자야는 인력개발의 중요성을 잘 알고 있다. 깊은 산업 전문 지식을 갖춘 전문 기술자를 고용하는 데 중점을 두면서, 직원을 위해 외부 교육뿐만 아니라 여러 가지 사내 교육을 실시하고 있다. 회사의 직원은 강하고, 전문적이며, 숙련된 노동력의 일부인 엔지니어를 포함하고 있다.

기타 아세안 챔피언: 큐에이에프 브루나이, 아디닌 그룹, 어드밴스드 정보 서비스

많은 서구 관측통들에게 비관련 다각화는 드물고 힘든 일이다. 그러나 아시아의 이 지역에서는 광범위한 이해관계를 가진 대기업이 훨씬 더 흔한 현상이다. 미얀마에서 싱가포르에 이르기까지 관련이 있거나 관련이 없는 것처럼 보이는 모든 활동에서 시너지효과를 거둘 수 있는 큰 기업집단의 소속 기업들이 아세안 경제권의 많은 시장을 지배하고 있다. 브루나이와 같은 소규모 아세안 시장에서 대기업은 자원을 모으고, 전문성을 개발하며, 사업 전반에 걸쳐 시너지효과를 창출할 수 있는 능력을 고려할 때, 시장리더로서 그리고 외국인 투자자들에게 선호되는 파트너로서 유리한 위치를 차지하고 있다. 큐에이에프 브루나이QAF Brunei Sdn. Bhd., 및 아디닌 그룹Adinin Group of Companies이 대표적인 예이다.

QAF 브루나이는 자동차 도매상, 미디어, 패스트푸드, 슈퍼마켓, 가축생산, 산업기계, 마케팅 및 판촉 사업을 하는 브루나이 대기업이다. 최근에 이 회사는 통신 및 IT 인프라 사업에도 진출하였다.

QAF는 원래 싱가포르 회사의 해외 자회사로 시작되었다. 이 회사는 브루나이 경제 성장을 이용하기 위해 여러 산업에 투자하기 시작하였으며, 신흥시장에서 가능한 한 범위를 확대하기 위해 수평적 다각화 전략을 치밀하게 계획했다. 1990년대 브루나이 왕실의 일원이었던 압둘 카위Abdul Qawi 왕자가 QAF를 매입하여 이 회사는 그 후 브루나이 회사가 되었다.

QAF의 주요 비즈니스는 자동차 거래와 고급 자동차 수입이며, 나중에 자동차 리스까지 확대되었다. 40만 명이 조금 넘는 매우 작지만 점점 더 부유해지는 국내시장에서 성장을 지속하기 위해 이 회사는 비관련 다각화 전략을 적극적으로 추진하였다. 2003년에는 통신 및 IT 분야로 진출하여 통신 및 IT 인프라를 구축 및 관리하고, 전자 비즈니스 솔루션 및 부가가치 데이터 통신 서비스를 제공하였다. 또한 앞에서 언급한 패스트푸드, 가축, 슈퍼마켓, 미디어 및 산업기계 분야에서 소규모 사업을 유지하고 있다.

QAF는 처음부터 치밀한 다각화 전략으로 브루나이에 진출한 외국계 기업에 뿌리를 두고 있지만, 아디닌 그룹은 주로 자생적으로 성장하면서 시너지효과를 내는 다각화의 이점을 실현하였다. 원래 하지 아드닌Haji Adnin bin Pehin Dato Haji Ibrahim과 그의 아들 무사 아드닌Musa Adnin에 의해 가족기업으로 시작되었다. 나중에 아디닌 그룹이 된 이 회사는 페인트 제품 유통 사업의 중소기업으로 시작했다. 1984년 브루나이가 영국으로부터 독립한 이후 건설 활동이 증가하면서 회사는 건설 사업에 진출할 수 있는 기회를 얻었다.

> "우리가 페인트를 판매할 때, 고객 중 일부가 이런 질문을 하였다. '당신이 제품을 가장 잘 알고 있으니 우리를 위해 페인트 칠을 해줄 수 있습니까?' 그래서 다음과 같이 대답하였다. '알았어요!' 그리고 우리는 그 일을 시작했다. 우리는 판매하고 그러고 나서 페인트 칠을 해준다." – 무사 아드닌, 사장

페인팅 서비스를 시작으로 회사는 곧 배관 및 기타 건설 관련 서비스 사업에 진출했다. 페인트, 무역 및 건설 서비스의 성공으로 회사가 비즈니스 환경의 발전으로 인한 또 다른 기회를 이용하여 비즈니스를 더욱 확장시켰다. 영국의 통치에서 독립 정부로 전환되면서, 많은 외국기업들이 그들의 자산을 팔기 시작했다. 아디닌 그룹은 하드웨어 상점과 석유 기반 서비스를 비롯한 일부 자산을 인수하기 시작했다. 무사 아드닌이 브루나이 정부와 브루나이 쉘 그룹이 개발한 현지 사업가를 위한 특별 프로그램에 참여했을 때 이 회사의 석유에 대한 관심이 고조되었다. 아디닌의 인수로 1985년에 델라디 석유 서비스Deladi Petroleum Services가 설립되었고, 이 회사가 이후 브루나이 쉘 그룹Brunei Shell Group과 토탈 E&P 보르네오 Total E&P Borneo와 계약을 맺었다. 아디닌의 석유 서비스 자회사는 석유 및 가스 산업에 사용되는 기계 및 장비 서비스를 제공하는

회사다. 이 회사는 2006년에 더욱 다각화하여 자동화 분야에 진출하였다. 오늘날 이 회사의 광범위한 비즈니스 포트폴리오에는 토목 공학, 기계 부품, 전기 및 계장 서비스, 제조, 인테리어 디자인, 정보 기술, 여행 대행사 및 인력 공급분야를 포함한다.

비관련 다각화가 인지된 높은 위험 때문에 주목을 받을 수 있지만, 관련 다각화를 통해 시너지효과를 창출하고 배양할 수 있다. 우리의 연구에서, 한 회사 – 어드밴스드 정보 서비스Advanced Info Service PCL: AIS가 – 이와 관련하여 모범적인 사례다. 1986년에 설립된 이 회사는 태국시장에서 서비스를 제공하는 태국에 본사를 둔 완전 통합 통신회사이며, 현재 업계에서 시장 리더이다. 컴퓨터 렌탈회사로서 평범하게 시작한 이 회사는 900MHz 주파수로 이동전화 서비스를 운영하기 위해 태국전화국Telephone Organization of Thailand: TOT과 20년간 독점 양허 계약을 체결하였다. 이후 통신 분야에서 시장 지배력을 확고히 하는 다양한 제품과 서비스를 출시하였다. 이러한 제품에는 GSM Advance 및 Global System Mobile Communications, WAP 기술에 따른 MobileLife 서비스, 'C-Care Smart System' 및 'Advanced in Building Network'라고 불리는 고객 서비스 소프트웨어가 포함되어 있다. 앞으로 이 회사는 순전히 모바일 서비스 운영자에서 '디지털 라이프' 서비스 공급자로 전환할 계획이다. 회사는 모바일 비즈니스와 고정 브로드밴드 비즈니스를 통합하여 시장 요구에 부응하고 더 큰 수익을 달성하려는 목적으로 통합된 디지털 비즈니스를 창출할 계획이다.

결론

시너지효과는 여러 가지 방법으로 정의할 수 있지만 가장 간단한 설명은 '1+1=3'이다. 이 장에서 기업에 대한 우리의 프로파일은 시너지효과를 얻기 위해 취한 다양한 경로를 보여준다. 우리의 서술에서, 규모와 시너지는 밀접하게 관련되어 있다. 대기업은 다각화를 통해 제품 및 시장을 확대할 수 있는 역량을 갖추고 있다. 규모가 작고 재무적으로 허약한 기업은 감당할 수 없는 역량이다. 우리 연구의 종합은 그림 9.1에 제시되어 있다.

그러나 리더십과 기업 지배구조에 대한 고려 없이 규모만 강조할 수 없다. 우리의 경우 기민하고, 헌신적이고, 종종 비전 있는 리더십이 넓은 시야를 동반했다. 요마 전략 홀딩스의 세르게 푼과 아디닌 그룹의 하지 아드닌과 그의 아들 무사 아드닌은 성장하는 시장에서 이들 기업이 한 역할을 믿었다. 그들은 저개발, 부적합한 지원

그림 9.1 시너지효과 창출

서비스 및 '제도적 공백'과 같은 도전과제를 받아들이고, 같은 비전의 리더십 아래서 같은 생각과 목표 지향적인 회사의 시너지 우산을 창출할 수 있는 기회로 만들었다.

요마와 QAF가 했던 것처럼 어떤 회사는, 특히 소규모이고 새로운 시장에서 운영하는 회사는 자체 보완적인 사업을 시작해야 했다. 다른 회사는 해외 또는 현지 기업과 합작투자를 통해 시장 범위를 확장하거나 역량을 확대하기로 결정하였다. 많은 기업들이 인수활동을 통해 다각화를 하였다. 글로벌 미디어컴이 미디어 산업에서 했던 것처럼 관련이 있거나 혹은 겉으로 보기에는 관련이 없는 비즈니스 전반에서 수평적으로 다각화하였고, 말린도 피드밀이 가금류 비즈니스에서 했던 것처럼 가치사슬을 따라 수직적으로 다각화한 경우도 있고, 인도네시아 식품 재벌 인도푸드가 성공적으로 보여주는 것처럼 수평, 수직적 다각화를 한 경우도 있다.

아세안 챔피언은 초기 개도국의 제도적 공백을 이용하여 기업의 수직적 및/또는 수평적 다각화를 통해 나타났다. 범위 경제는 또한 BDMS의 의료서비스 관리 및 무다자야의 건설 전문기술과 같은 전문 기술 네트워크를 관리함으로써 가능했다. 비관련 다각화가 서구에서는 폄하되지만, 일부 챔피언은 비관련 사업집단인 지주회사를 동원하여 시장의 비효율성을 필요한 역량으로 보완하였다.

이러한 사례는 선진국 경제에서 취한 것과 큰 차이가 있음을 강조한다. 대형 포트폴리오에 대한 비판은 전략적 초점을 압도하는 통제 및 조정 비용을 강조하는 경향이 있다. 이는 포트폴리오가 주로 재무 조건으로 취급되거나 전체 포트폴리오의 수익이 개별 수익의 단순한 합보다 클 것으로 예상될 때 발생한다. 이 장에서 제시된 사례에서, 중요한 고려사항은 재무적 수익이 아니라(이것도 중요한 목표이지만) 회사의 비즈니스 활동 간에 시너지 보완관계(반드시 필요한 것은 아니지만)의 이점이다. 이와 관련하여, 우리의 아세안 챔피언은 다각화된 관련 활동과 겉으로 보기에 관련이 없어 보이는 활동의 시너지효과를 성공적으로 활용했다. 시너지효과를 극대화하기 위해 이 회사들은 다음 장의 주제인 인적 자본 관리에도 탁월해야 한다.

10장

인적자본 육성

서론

인적자본은 경영의 성공을 위해 필수적인 것으로 널리 인정되지만, 재무성과에 미치는 정확한 영향은 다른 변수만큼 눈에 띄지 않는다. 놀랍지 않게도, 기업의 지속적인 성공이라는 전체적인 맥락에서 볼 때, 인적자본은 중요하지 않다. 메트릭 측면에서 보면 그것은 일반적으로 관리 비용으로 일괄 처리된다. 그러나 유명한 책 『사람을 통한 경쟁우위The Competitive Advantage through People』에서 경영학 교수 제프리 페퍼Jeffrey Pfeffer: 1994는 반대의 효과를 나타내는 실증연구로 이러한 믿음을 불식시켰다. 페퍼는 주식 평가의 네 가지 공통 척도를 사용하여 전략, 구조, 기술, 특허와 같은 일반적인 상관관계에 대해 여러 기업을 비교하였다. 그의 연구 결과에 따르면 위의 요인 중 어느 것도 기업의 인적자원 관리 능력보다 지속적인 재무적인 성공을 예측하지 못했다. 이 연구 결과는 페퍼(1998)와 그의 동료Charles O'Reilly와 공동 연구한 「숨겨진 가치: 위대한 기업은 평범한 사람들과 함께 어떻게 탁월한 성과를 내는가Hidden Value: How Great Companies Achieve Extraordinary Results with Ordinary People: 2000」에서 재확인 되었다.

어떤 조직에서든 훌륭한 인물을 갖는 것이 중요하다는 것이 전략과 관리에서 핵심적인 요소였다Davenport, 1999 참조. 이 견해를 강조하면서 페페는 영향력 있는 경영컨설팅 회사인 맥킨지 앤드 컴퍼니의 유명한 선언을 인용하였다. "우수한 인재가 미래의 경쟁우위의 원천이다."Charles Fishman, 1998, quoted in O'Reilly & Pfeffer, 2000:1 그러나 인재를 고용하는 것만으로는 충분하지 않고, 장기적으로 인재를 창출하고 육성하는 것이 지속적인 성공의 추가적인 요소라고 페퍼와 그의 동료들은 독자들에게 상기시킨다.

아시아 기업들에 대한 인적자본의 효용성은 보편적 응용에서 우발적인 정교화에 이르기까지 많은 비난을 받았다. 제2차 세계대전 후 경제기적의 전형인 일본의 성공은 잘 훈련된 노동력의 규율과 헌신에 크게 기인한다Ouchi, 1982. 마찬가지로 한국의 급속한 부상은 인력 기술 및 생산현장 관리에 대한 관심으로 설명되었다Amsden, 1989. 한국인들이 단순한 모방으로부터 새로운 혁신으로 옮겨갈 수 있게 했다Kim, 1990. 싱가포르, 대만, 홍콩 및 한국이 강력한 수출 경제로 발전한 아시아 부활의 기쁨 속에서, 이러한 아시아 경제의 인적자본을 형성한 가치 있는 연계에 기반을 둔 독특한 개인 스타일을 설명하기 위해 말레이시아의 마하티르 모하마드Mahatir Mohamad와 싱가포르의 리콴유Lee Kuan Yew는 새로운 용어인 '아시아적 가치Asian Values'를 원용했다.

1999년 아시아 위기의 여파로 이러한 주장이 훼손되어, 인맥과 같은 문화적 장점으로 알려진 것이 제한적이거나 심지어 부패한 관행이라는 상반된 주장도 나왔다. 그럼에도 불구하고 아시아와 특히 신흥 경제국의 잠재력이 부상하면서, 경제성공의 상관관계로 인적자본에 다시 관심이 모아졌다. 경제신문 기자인 마이클

슈만Michael Schuman은 그의 책 『The Miracle: The Epic Story of Asia's Quest for Wealth』2009: xxxv에서 이러한 부활에 대한 전반적인 설명을 하면서 아래와 같이 선언한다. "경제 발전 이론이 인간 요소를 빠뜨리는 경향이 있다. 그러나 인간의 삶 속에서 아시아 성공의 비밀을 발견할 수 있다."

슈만의 설명에 따르면, 인적자본은 정치 경제 문화의 기원과 깊이 얽혀 있다. 인적자본은 이들 뿌리의 파생물이지만, 그 자체로 완전한 성질을 가지고 있다. 해당 기업의 전략을 지원하기 위해 개발된 경영구조 및 프로세스의 유형을 나타낸다. 모범적인 기업을 설립하고 이끌어 온 기업가의 꿈과 비전에 대한 기반을 형성한다. 선진국의 성공한 기업의 모범사례와 개도국의 근본적인 문화적 맥락을 결합하는 특별한 응용은 인적자본을 형태상으로는 유기적으로 만들고 과장되게 표현하면 압도적인 힘이 된다.

특정기업을 강조한 앞 장들과 달리, 여기서 우리는 아세안 챔피언을 정의하는 인적자본의 다양한 특성들을 제시한다. 이 기업들은 비전 있는 리더십에서부터 승계 계획에 이르기까지 다양한 인적자본의 모습을 보여준다. 이들 기업이 기업 전략을 지원하는 구조, 프로세스 및 시스템을 조정하기 위해 다양한 인적자본의 측면을 사용할 수 있다는 것은 분명하다.

비전 있는 리더십과 실행

라오 브루어리

라오 브루어리Lao Brewery Co. Ltd.는 리더십과 비전을 기업의 성공에 영향을 미치는 주요 핵심역량이라고 생각한다. 기업의 목표 및 목적에 대한 유능한 리더십 및 확고한 비전이 없이는 장기적인 지속가능성을 달성할 수 없다. 비전이 행동으로 옮겨지도록 라오 경영진, 최고위 경영진 및 기타 조직 전체의 팀장이 참여하는 높은 수준의 조정이 수행된다. 이들 그룹은 회사의 비전을 실천으로 옮기는 데 끊임없이 상호작용을 한다. 이러한 단기 및 장기 지향성의 결합으로 회사는 단기 수익성이 아닌 장기 지속가능성에 집중하여 라오 브루어리가 시장에서 경쟁력을 갖출 수 있었다.

경영진은 민주적이며 참여적인 본질과 결합된 하향식 시스템으로 기술될 수 있다. 부사장 마드 브링스Mad Brinks는 특히 회사의 목표에 중요한 의사결정을 내릴 때, 경영진과 직원 간에 긴밀한 협력관계가 있음을 언급하였다.

또한 조정의 수준은 사전에 일어날 수 있는 갈등을 중재한다. 회사 대변인은 이 조정이 회사 조직의 모든 수준과 계층 전반을 만족시키는 전통적인 방법이라고 설명한다. 서양 경영 철학에서 'union' 개념과 비슷한 기업 내에서 모임party을 통하여 인적자원 문제를 해결한다. 라오 브루어리가 채택한 리더십 스타일은 민주적이고 참여적인 것으로 간주된다.

"나는 이 이중구조가 서양인으로서 내게 상당히 흥미롭다고 생각한다. 왜냐하면 직원과 관리자 그리고 시스템에 이르기까지 일상적인 상호작용은 우리가 직원을 만족시키기 위한 전통적인 방식이기 때문이다." - 마드 브링스, 부사장

방콕 케이블

케이블 업계에서 기업가는 자본에 대한 접근과 현대 기술을 구입할 수 있는 능력에만 의존함으로써 단순히 업계에 진입할 수는 없다. 이러한 전문성은 모든 기업가가 이러한 능력을 가지고 있는 것은 아니기 때문에 모방하기가 어려울 수 있다. 그럼에도 불구하고 비전 있는 리더십 그 자체로는 충분하지 않다. 성공을 위해 반드시 실행해야 한다.

이 회사는 관리 책임의 분권화로 지원된 강력한 인력을 주요 성공요인으로 보고 있다. 이 회사는 훈련과정과 프로그램을 통하여 인력을 개발함으로써 이를 달성한다. 방콕 케이블Bangkok Cable Co. Ltd.은 다양한 수준의 교육을 제공하여 인력의 질을 강조한다. 새로운 신입사원은 생산 과정에 필요한 기본 기술 및 지식과 관련된 현장 실습 프로그램을 거친다. 이 과정이 끝나면 신입사원은 시험을 치른다Rogovsky & Tolentino, 2010.

재능 있는 직원의 지속적인 흐름은 체계적인 훈련을 통해 수행된다. 합격자에게는 직업교육 인증서가 주어진다. 이 회사는 또한 일정기간 동안 생산 라인에서 일한 사람들에게 외부 교육 과정을 제공한다. 외부 교육을 받은 사람들은 해당 훈련 프로그램에서 얻은 모범사례와 전문지식을 공유하도록 권장된다. 사내 훈련 과정을 통해서도 그런 사례를 공유한다. 기술 분야에서 근무하는 직원의 경우 역량기반 교육 시스템이 준비되어 있다Rogovsky & Tolentino, 2010.

이들 교육과정은 종업원의 책임과 능력에 맞게 이론 및 실용적인 접근 방식을 제공한다. 또한 기술직원은 매년 역량 테스트를 실시한다. 견습생 및 훈련 프로그램으로 인해 설립 후 직원 유지율이 높아졌다. 그들은 또한 종업원들 간에 더 긍정적인 행동, 규율 및 더 큰 협력을 가져왔다Rogovsky & Tolentino, 2010. 이 회사의 비즈니스 개발 매니저인 솜삭 능암프로퐁Somsak Ngamprompong은 지속가능성과 관련하여 경험이 풍부한 업계 전문가 보유의 중요성을 강조한다. *"우리 회사에서 이 분야에 많은 경험을 지닌 훌륭한 사람들이 많이 있다. 그래서 우리는 50년 동안 회사를 계속해서 운영할 수 있었다."* Mr. Somsak Ngamprompong 2014

다오후안 그룹

다오후안 그룹Dao-Heuang Group의 자문 및 참여 경영 스타일이 강점 중 하나이다. 경영자와 직원은 모범사례를 공유하고 회사가 직면한 여러 문제에 대한 솔루션을 교환하기 위해 협력한다. 회사 대변인에 따르면 회사의 리더십 스타일은 경영진이 먼저 회사의 비전과 전략적 사명을 이해해야 한다. 또한 조직의 리더십은 성실성을 보여주고, 직원을 가족과 팀과 같은 분위기로 대해야 한다.

리더는 안정된 환경을 조성하고 서로 목표를 달성하도록 팀에 손을 뻗어야 한다. 리더들은 팀을 위해 더 많은 것을 희생하고 조직의 문제 해결을 적극적으로 도와야 한다. 이 방법으로 팀은 회사의 방향을 이해하고 회사에서 행복하게 열심히 일할 수 있다. 이러한 유형의 환경은 회사가 장기적으로 성공을 달성하는 데 도움이 된다.

각 고용수준에서 회사는 직원들에게 지도력 역량을 개발하도록 교육한다. 다오후안이 보유하고 있는 두 번째 유형의 리더십 교육은 특히 젊은 리더들을 대상으로 한다. 회사가 젊은 사람의 잠재력과 재능을 본다면, 회사에 그들의 재능과 기술을 행사할 수 있는 기회를 제공하고, 회사의 고위 지도자들이 그들에게 조언할 수 있는 개발 계획이 있다.

회사 전체 인력의 약 70%는 라오스인으로 구성되며 나머지 30%는 외국인 근로자들이다. 외국인 근로자 대부분은 베트남이나 태국과 같은 이웃 나라 출신이다. 다오후안은 또한 강력한 국제 네트워크를 통해 다른 국가에서 전문가를 채용한다. 회사의 다양한 인력 특성으로 인해 외국인과 현지인 직원들이 서로 협력할 때마다 발생하는 모범사례 공유로 다오후안은 혜택을 누리고 있다.

EDL-Generation Public Company

EDL-Generation은 사내 및 해외 교육을 포함한 전문 교육을 통해 직원을 경쟁력 있게 고도로 훈련을 시킨다. 각 교육은 EDL-Generation에서 필요로 하는 특정 기술이나 자산을 중점적으로 다룰 때마다 다르게 수행된다. 여기에는 아세안 통합의 직원 교육을 위한 영어 교육 과정이 포함된다.

또한 회사는 기술학교 및 대학과 협력하여 교육프로그램을 EDL-Generation의 요구사항과 일관되게 유지한다. 직원의 기술 핵심을 강화하기 위해 고도의 기술적 배경을 가진 국내외 신입사원 채용에 중점을 두고 이 회사의 교육 프로그램을 지원한다.

이 회사는 라오스 증권 거래소에 상장된 최초의 회사였다. EDL-Generation은 모회사인 EDL로부터 경영 시스템을 물려받았으며 전문 경영인을 강조하는 유사한 기업구조를 사용한다. 이것은 리더십이 여전히 하향식이지만 최고경영자는 부서의 요구에 부응한다는 것을 의미한다. 사장인 보우노움Bounoum은 이러한 유형의 회의가 적어도 한 달에 한번 열린다고 말했다.

리포 카라와치(PT Lippo Karawaci Tbk)

이 회사 경영진이 채택한 리더십 스타일은 기업 정책 및 전략의 관점에서는 하향식이다. 피드백의 관점에서는 상향식 접근방식을 채택한다. 회사 대변인은 컨설턴트를 통해 시장 피드백을 받고 전략을 조정하기 위해 피드백을 사용한다고 언급했다.

로드맵 "변혁적 여정On A Transformational Journey"을 통해 회사는 인프라, 경영 및 인적자원 기술을 개선하고자 한다. 회사 내부에서 인력을 육성하고 경영팀을 위한 체계적인 승계 계획을 구현함으로써 이를 수행할 계획이다. 또한 회사의 인재관리는 고도의 숙련된 졸업생을 고용하여 향후 3~5년간 이들 개인을 프로파일링하여 주요 직책에 대비한다.

우수한 제품을 보장하는 측면에서 회사는 인력이 핵심 요소라고 믿고 있다. 따라서 인적자원 관리 역량 기반 정책의 우선순위를 정하고 인적자원 개발을 통해 인력의 기술과 역량을 강화한다. 모든 직원을 대상으로 내부 및 외부 업데이트 및 교육 프로그램을 실시한다. 회사는 또한 평가결과를 바탕으로 보상 및 승진을 결정하여 인센티브를 제공한다.

PPT Exploration and Production PCL(PTTEP)

회사의 경영 스타일은 참여적이라고 할 수 있다. 회사는 또한 이 참여 기반 경영 스타일 측면에서, 부분적으로 하향식으로 그리고 부분적으로 상향식을 추구한다. PTTEP는 태국 이외의 지역에 자회사가 있으므로 PTTEP 그룹의 인력구성은 다양하고 다문화적이다. PTTEP에는 총 3,000명의 직원이 있다. 이 회사는 직원의 생산성과 생산량에 크게 의존하기 때문에 직원 수는 회사 규모에 비해 상대적으로 적다.

PTTEP는 1989년에 태국 증권거래소에 상장되어 거래되고 있다. 앞에서 언급한 것처럼 이 회사는 해당 거래소에서 가장 많은 자본을 보유하고 있다. 이 회사의 성과중심 성격 때문에 전문경영인이 회사를 경영하고 있다. 석유 및 가스 탐사 산업 분야에서 풍부한 경험을 가진 경영진이 회사 내 주요 직책을 맡고 있다.

인적자원 관리 교육

하노이 생산 서비스 수출입 회사

하노이 생산 서비스 수출입 회사Hanoi Production Services Import-Export Joint Stock Company: Haprosimex의 교육은 인적 개발과 함께 환경에 초점을 맞추고 있다. 회사는 현재 호치민 시에 있는 여러 교육기관과 협력하고 있다. 이 교육기관들은 회사의 직원들에게 능력을 향상시킬 수 있는 기회를 제공한다. 이 회사 직원은 관리, 영업 및 소프트웨어 응용 프로그램과 같은 다양한 분야에 대해 교육을 받는다.

이러한 교육 프로그램은 직원들로 하여금 수출 및 제조 산업과 관련된 몇 가지 문제를 잘 해결할 수 있도록 도와준다. 또한 회사는 지역 농부들에게 농작물의 빗물배수 및 재활용 방법을 교육한다. 또한 수확기 동안 그들이 심고 판매한 작물의 수량을 기록하는 방법과 같은 기술적인 관행을 지역 농민들에게 가르쳐준다. Haprosimex는 심지어 지역농부들의 복지를 위해 농부들의 자녀를 위한 학교를 설립하였다.

페트로세아

페트로세아PT Petrosea Tbk.는 고도로 숙련되고, 훈련된 인력을 개발하기 위해 많은 노력을 기울인다. 인적자본은 미래의 성장을 예상하여 서비스의 신뢰성과 여유 용량 창출을 위해 헌신하는 데 가치 있는 요소라고 믿는다. 유능하고 진취적인 직원을 유지하기 위해 회사는 인적자원관리를 강화하는 이니셔티브를 지속적으로 추진하고 있다. 특히 최근 몇 년 동안 이 회사는 조직의 개선뿐만 아니라 훈련 및 개발에 역점을 두어 사람들의 잠재력을 개발하기 위해 다양한 프로그램을 도입했다. 주요성과지표KPI 기반의 새로운 성과 관리 시스템, Petrosea 고속승진 경영 훈련 프로그램, 영어 능력향상 프로그램 등이 여기에 포함된다.

회사의 Petrosea Academy는 직원 및 근로자를 위한 교육 및 기술개발 시설이다. 또한 인적자원 및 조직 부서는 직원 교육을 향상시키기 위해 노력하고 있다. 2011년에는 잠재적 리더를 대상으로 하는 감독 개발 프로그램이 교육 프로그램에 추가되었다PT Petrosea Tbk., 2012. 부사장 겸 이사인 비렌드라 프라카슈Virendra Prakash는 2012년 자카르타 포스트와 인터뷰에서 "회사의 성공 요인은 기술이나 기계가 아니라 사람이다. Petrosea는 헌신적인 사람들이 사업을 운영하고, 항상 게임보다 앞서 있는지 확인하는 축복을 받았다."

EEI Corporation

EEI는 유청코 그룹Yuchengco Group of Companies에서 전문 경영인이 관리하는 회사이다. 사장 겸 최고경영자인 로베르토 호세 카스티요Roberto Jose L. Castillo는 자신의 개인적인 경영 방식이 매우 개방적이라고 설명한다. 그는 작업현장에서 걸으면서 직원들과 교감하려고 노력한다. 그는 현장에서 일어나는 것을 알려고 노력한다. 이를 통해 그는 정통한 경영의사결정을 내릴 수 있다. 또한 그는 존경심을 가지고 직원들을 대우하고, 그의 직원에게서 불가능한 것을 기대하지 않으려고 한다.

숙련되고 잘 훈련된 인력을 유지하는 회사의 능력에 관해서 EEI는 강력한 교육 프로그램을 보유하고 있으며, 이를 직원 개발에 활용할 수 있었다. 사실 카스티요에 따르면, 잘 훈련된 EEI 직원들의 명성 때문에 다른 기업들이 EEI 직원을 종종 몰래 스카우트 해간다. 회사는 인적 자원 개발을 회사의 전사적 전략의 필수 구성요소로 인식한다. EEI는 인력개발을 통해 프로젝트가 효과적인 인력 보완책에 의해 뒷받침 될 수 있도록 보장한다EEI Corporation, 2013:18.

오늘날 EEI는 기술훈련 및 인력개발에 막대한 투자를 하고 있으며, 종업원에게 상위 교육 및 고급 훈련 프로그램을 제공하고 있다EEI Corporation, 2013:22. EEI는 또한 TESDA와 같은 다른 기관 및 조직과 협력하여 교실 및 실습을 제공함으로써 훈련의 우수성을 향상시킬 수 있었다EEI Corporation, 2013:22. EEI는 또한 필리핀과 해외에 근로자가 훈련을 받고 재교육을 받을 수 있는 자체 시설을 갖추고 있다. 이들 중에는 사우디아라비아에 용접 아카데미가 있다.

셈콥 머린

셈콥 머린Sembcorp Marine Limited은 회사의 장기적인 성장과 경쟁 우위를 유지하려면 인적자본이 필수적이라고 생각한다. 따라서 몇 가지 핵심요소를 가진 인적자원 전략을 구현했다. 첫째, 회사는 인력 가용성을 우선시한다. 이것은 조직 내 적절한 역할에 적합한 사람을 확보하는 회사의 능력으로 정의된다. 회사의 인적자원 전략의 두 번째 요소는 인력 개발이며, 이는 인력을 훈련시키고 그들의 기술을 향상시키는 것이다. 셋째, 회사는 인력 보유가 지속 가능한 성장의 열쇠임을 인식하고 성과를 기반으로 사람들에게 보상한다. 넷째, 셈콥 머린은 건강하고 안전한 환경을 조성하는 것이 직원에게 중요하다고 믿는다. 쾌적한 작업 환경을 유지함으로써 회사는 종업원의 복지와 보살핌이 종업원에 대한 셈콥 머린의 지속적인 헌신이라는 사실을 주지시킨다. 다섯째, 인적자원 전략은 조직 개발이다. 이는 회사가 조직되는 방식이 직원들로 하여금 회사의 비전에 기여하도록 유도해야 함을 의미한다. 마지막으로 회사는 셈콥의 기업 가치에 대한 소속감을 직원들에게 홍보한다. 이는 직원 참여 이벤트 및 활동을 통해 달성된다. 직원들 간 연결 수단으로 회사는 IT와 인터넷을 사용한다.

프놈펜 수도 공사

프놈펜 수도 공사Phnom Penh Water Supply Authority: PPWSA의 훈련

부서는 매우 활동적이다. 사내에서 훈련세션이 조직되고 개최된다. 전문가를 초청하여 단기훈련 세션을 진행한다. 또한 프로그램의 유형에 따라 관련 부서의 직원을 외부 훈련 세션에 파견한다. 또한 다른 수도 관련 기관들이 수행하는 훈련 프로그램에도 PPWSA 직원들이 참석하였다. 교육을 받은 후에는 참석한 사람이 시험을 치르는 것이 일반적이므로 직원 성과 등급에 기여할 수 있다.

PPWSA의 성과 중심 인센티브는 직원들이 동기부여를 유지하고 높은 수준으로 수행하도록 유도한다. 예를 들어 회사는 직원들에게 징수율에 따라 금전적 보상을 받는 징수 인센티브 제도를 가지고 있다. 또한 직원들이 100%의 징수 비율을 달성하면 급여 외에 보너스가 주어진다.

지속적인 학습과 개선

홀심 필리핀

초기 강점을 사람들에게 초점을 맞추는 것으로 돌린, 홀심 필리핀Holcim Philippines, Inc.은 직원들을 참여시키고 지속적인 학습을 장려하는 문화를 구축하였다. 종업원 참여에 대한 다양한 전략을 통해 회사의 직원들은 회사를 앞으로 발전시킬 수 있는 힘이 될 것으로 예상된다. 홀심 리더십 여행Holcim Leadership Journey이라는 회사의 전략은 사람을 핵심에 놓고, "안전에 대한 열정, 제조 우수성, 종업원 참여 및 고객 가치 관리"를 포함한다Holcim Philippines, 2013.

작업장 안전을 최우선 순위에 놓고 회사는 사고 예방 및 건강한 환경 조성을 위한 다양한 정책을 계획했다. 또한 사람 중심 기업

문화를 육성함으로써 종업원 참여를 장려하고자 한다. 회사는 또한 잠재인재high potential로 분류된 직원들이 국내외에서 훈련을 받는 독특한 '신뢰trust' 프로그램을 운영 중이다Holcim Philippines, 2013. '잠재인재' 종업원은 경영위원회 회의에서도 매니저와 동등한 대우를 받으며, 기밀사항에 대한 논의에서도 제외되지 않는다. 직원들을 돌보는 것 외에도, 회사는 또한 환경과 '현지' 공동체를 돌본다. 따라서 CSR 활동을 기업 철학의 중심에 두고 있다.

마닐라 전기회사

기업문화 측면에서 마닐라 전기회사Manila Electric Company: Meralco는 팀워크 문화와 기업 목표를 향한 단합된 노력뿐만 아니라 기술적 측면과 전문적 측면의 우수성을 강조한다. 고도의 기술적 및 전문성을 지닌 문화를 배양하는 것은 매우 중요하다. 왜냐하면 업무의 성격 자체가 매우 기술적이기 때문이다.

Meralco의 경영진은 고도로 숙련된 기술자와 경험이 풍부한 비즈니스 전문가의 조합을 대표하지만, 이 능력은 모방하기가 어렵지 않다. 그러나 Meralco는 시장에서 최고 전문가를 획득하기 위해 최선을 다하고 있다. Meralco는 사실 지난 2~3년간 조직의 인재 풀을 만들기 위해 전 세계에서 임원을 채용하였다. 회사가 생각하는 또 다른 가치는 조직 내에서 팀워크와 투명성에 중점을 둔 "One Meralco"이다.

가치창출의 우선순위 설정은 회사 전체가 미래 지향적이고 목표지향적인 조직으로 변모하도록 만들었다. 이해관계자와 고객이 회사에 만족할 수 있도록 유지함으로써 Meralco는 지속적인 성장을 추구하기 때문에 이해관계자 가치 창출과 고객 가치 창출은 Meralco에게 중요하다. 이것은 조직의 리더십을 통해 이루어지며 국내외 관련 및 비관련 수익성 산업에 대한 혁신 및 투자를 통해 새로운 기회를 모색할 수 있다.

인력 개발

졸리비 식품 주식회사

졸리비Jollibee Foods Corporation의 중요한 성공 요소는 사람이다. 회사는 탁월함, 가족 및 즐거움의 정신, 배우고 듣는 겸손함, 성실성, 절약, 개인에 대한 존중, 팀워크 등의 가치를 키우는 강력한 기업 문화에 자부심을 느낀다. 특히 필리핀 시장에서 졸리비의 기업 문화를 이끌어가는 또 다른 핵심 요인은 강력한 브랜딩 및 마케팅 전략이다. 초창기부터 회사는 재미있고 가족 중심의 필리핀 레스토랑을 브랜드로 정착시켜 필리핀 고객에게 사랑을 받아왔다. 또한 졸리비는 회사 로고부터 TV 광고, 어린이를 위한 다양한 프로젝트에 이르기까지 홍보 및 캠페인을 수립하는 데 항상 집중하고 적극적으로 노력해왔다.

솔루시 투나스 프라타마

솔루시 투나스 프라타마PT Solusi Tunas Pratama Tbk.의 성공에 있어 중요한 부분은 고용전략이다. 회사의 대변인에 따르면, 직원 대다수는 인적자원 관리 전략의 결과로 40세 미만이다. 이러한 유형의 사람들은 건설적인 비판을 기꺼이 제기하기 때문에 젊고 경험이 부족한 사람을 고용하는 것이 더 좋다. 또한 잠재력이 있는 사람을 고용하면 회사 직원 각자 자신이 회사 어디에 적합한지 알 수 있다.

또한 기업문화는 다른 사무실 환경에 비해 사무실이 경직되지 않도록 하여 생산성을 높인다. 기업문화에 의해 야기된 이러한 유형의 생산적 사고는 통신 기반 미디어 회사가 기술을 공유할 수 있도록 하는 응용 프로그램의 개발로 이어졌다. 이와 관련하여, 속도와 유연성이 솔루시 투나스 서비스의 핵심 역량이다. 요구사항을 충족시키고 경쟁업체보다 우위를 점하는데, 회사 내에서의 신속한 의사결정이 중요하다. 이것은 회사가 다른 회사에 비해 상대적으로 작기 때문에 가능했다. 회사가 프로젝트를 수행할 때, 경험하는 관료주의적인 지연을 최소화할 수 있기 때문에 더욱 유연해진다.

타이 금속 주식회사

인력개발과 서비스의 질은 타이 금속Thai Metal Trade Public Company Limited에게는 결정적인 요소다. 인력 개발 면에서 한 회사 임원은 회사가 태국의 철강산업에 경험이 있는 사람을 필요로 한다고 지적했다. 그는 기업이 실수를 최소화 할 때만 고객의 신뢰를 얻을 수 있다고 말하면서, 회사의 인력이 업계의 표준을 충족할 수 있는 역량과 경험을 보유하고 있는 경우에만 타이 금속에서 이것이 가능하다. 따라서 타이 금속은 직원들이 모범사례를 공유하고 직원 역량을 강화할 수 있도록 인력을 양성하는 사내 지식센터를 통해 직원을 준비한다.

타이 금속이 거대한 금융자본을 가진 대기업과 경쟁해야 하기 때문에 서비스 품질 또한 회사에게 중요하다. 타이 금속은 고객을 유치하고 다른 경쟁자보다 약간 높은 가격을 요구하기 위해 탁월한 서비스를 비교우위로 사용한다. 이를 위해 타이 금속은 서비스 품질에 집중 투자하였으며, 고객이 최고의 철강 제품 공급을 보장 받을 수 있도록 그들이 원하는 사양을 제공하였다.

리더십 스타일 및 경영 시스템

라파즈 리퍼블릭

라파즈 리퍼블릭Lafarge Republic, Inc. 대표는 동료 및 부하 직원의 기술과 경험을 활용하는 협력적 리더십 스타일을 사용하는 경향이 있다. 그러나 직원들이 지나치게 의존적이지 못하도록 실천적 리더십을 사용하지 않는다. 이러한 리더십이 직원의 기업 목표 달성을 돕는 데 충분하다고 한 임원은 말한다.

이 회사는 라파즈 공장 운영 모델POM을 라파즈 공장에서 근무하는 사람들을 위한 훈련지침으로 사용한다. POM은 효율적이고 우수한 제품을 만들기 위해 사람들을 훈련시키는 것을 목표로 하지만 이 모델은 회사의 직원이 공동 사업자라는 생각을 심어주는 것을 목표로 한다.

회사의 교환 프로그램 및 훈련 세미나를 통한 인력개발에 중점을 두면, 인력이 라파즈의 경쟁력에 기여할 수 있다.

무다자야 주식회사

무다자야Mudajaya Corporation는 경영시스템을 통해 인력을 개발하는 것이 중요하다고 믿는다. 따라서 종업원을 위해 외부 교육뿐만 아니라 여러 가지 사내 훈련 프로그램을 조직했다. 회사의 인력은 기술자로 구성되어 있으며 전문적이고 숙련된 노동력을 보유한 무다자야의 오랜 전통이었다. 이는 고객이 유관 경험이 있는 유능한 계약자를 찾기 때문에 회사에게도 중요하다.

또한 회사는 특히 해외 근로자를 소싱하는 것과 관련하여 인력 대행사와 협력한다. 현재 무다자야의 전문직 종사자 대부분이 말레이시아 출신이지만 일반 근로자의 일부는 외국인이다. 이 회사는 가까운 장래에 이웃국가의 엔지니어를 고용할 계획이다. 그러나 법적 장애로 인해 회사는 외국 엔지니어를 고용하기가 어려웠다. 그럼에도 불구하고 회사의 고도로 전문화된 인력은 무다자야의 프로젝트가 제 시간에 효율적인 방식으로 완료되도록 보장한다.

운영의 우수성 측면에서 이 회사는 건강, 안전 및 환경HSE 원칙을 준수한다. 모든 직원들에게 안전 문화를 심어주고 회사 표준을 준수할 수 있도록 캠페인 및 사내 규정을 발표하였다. 또한 회사는 멜라카 LPG 터미널에 고속 LPG 실린더 충전 시스템인 Flexspeed를 사용하는 것과 같은 자동화 이니셔티브를 통해 운영 효율성을 달성하였다. 말레이시아에서는 최초이고 세계에서 10번째로 이러한 시설을 설치하였다. 무다자야는 탱크 활용 및 탱크 시설의 전략적 확장을 개선하고, 탱크로리의 활용을 향상시키기 위해 매년 인프라 계획 연구Infrastructure Planning Study를 수행한다. 마지막으로 무자자야의 인력이 고도로 숙련되고 기술적으로 능력이 있다는 것을 보장함으로써 조직의 효과성이 달성된다. 이를 위해 이 회사는 인력 개발에 투자한다.

시암 시멘트 그룹

네덜란드 경영진은 시암 시멘트 그룹Siam Cement Group: SCG이 1913년 창업 당시부터 1974년까지 성장하는 것을 도왔다. 회사의 처음 60년 동안, SCG는 태국 내에서 시멘트 브랜드를 설립하고 운영하는 방법을 배웠다. 또한 네덜란드 경영진으로부터 전문적인 경영시스템을 유지하는 방법을 배웠다. 상당한 경험과 지식 이전은 SCG의 강력한 기입문화를 위한 길을 열었다.

혁신 촉진과 함께 인간 능력을 향상시키고, 인적자원을 향상시키는 데 중점을 두었다. SCG는 직원의 능력을 향상시키기 위해 여러 가지 프로그램을 시행하였다. 비즈니스 및 개인 개발을 조화시키는 것은 조직 목표에 대한 공통된 이해를 제공하여 이러한 목표를 효율적으로 수립하도록 한다. SCG의 핵심역량은 인력 개발, 관리 및 리더십 스타일과 CSR 역량에 집중하고 있다. 회사는 종업원의 복지를 강조한다. 현재 이 회사는 여러 재정적 사회적 혜택을 통해 직원들의 충성도를 보장하는 몇 가지 프로그램을 시작하였다. 회사는 또한 SCG의 훈련 센터에서 시작한 워크숍과 같은 여러 교육 프로그램을 통해 종업원의 능력을 향상시키는 데 중점을 두고 있다.

전문 경영

SM 프라임 홀딩스

SM 프라임 홀딩스SM Prime Holdings, Inc.는 가족이 운영하지만 전문 경영인이 관리하는 측면을 포함한다. 헨리 시의 자녀들은 다양한 역량과 분야에서 사업에 참여하고 있다. 그러나 가족은 회사가 성장함에 따라 가족과 함께 비즈니스를 운영할 전문가를 고용하기로 결정했다. SM은 가족회사이지만, 의견 불일치 여부에 관계없이 하루가 끝날 때까지 문제를 해결해야 한다는 생각이 여전히 있기 때문에 자손들의 손에 맡기는 것이 더 낫다고 생각하였다. 대가족 구성원이 개입하면 가족을 분열시킬 수 있으므로 위험이 증가한다.

회사는 정식 법인 이사회에 가기 전에 의사결정 및 제안을 평가하는 '가족 위원회'라고 부르는 것이 있다. 전문가들은 회의에 참석할 수 있는 기회를 갖고 가족구성원들에게 아이디어를 발표하고, 가족구성원들은 그들의 의견을 제시한다. 일단 제안서가 공식 이사회에 제출되면, 가족 구성원들은 한발 물러서서 독립적인 이사들이 그들의 의견을 제시할 수 있게 한다. SM 프라임 홀딩스는 1994년부터 필리핀 증권거래소에 상장되어 거래되고 있다.

싱가포르 에어로 엔진 서비스

싱가포르 에어로 엔진 서비스Singapore Aero Engine Services Private Limitd: SAESL의 기업 리더십은 능력주의가 크게 강조되는 전문인 경영 시스템을 기반으로 한다. 회사 CEO가 경영진을 이끈다. CEO 아래에, 인적자원부, 엔지니어링부, 운영부, 재무 및 총무부, 기획 통제 및 IT부, 고객 비즈니스부, 프로그램 및 비즈니스 개발부 등 다양한 부서가 있다SAESL, 2013b.

인력 개발에 대한 회사의 접근 방식을 통해 회사는 미래 항공 기술자를 위한 인턴십 및 현장 훈련 프로그램을 제공할 수 있다.

이를 통해 이 회사는 지역대학 및 폴리텍 학교들과 협력관계를 맺고 있다.

아디닌 그룹

이 회사에서 경영자는 자신의 업무에 대해 자율권을 부여하였다. 이러한 유형의 경영시스템을 통해 회사 경영자는 자신이 편한 스타일로 자회사를 처리할 수 있다. 자율기반 경영시스템은 성공적이었고 큰 불만이 발생하지 않았다.

회사는 자회사가 프로젝트 및 기타 서비스를 제 시간에 제공하도록 보장한다. 아디닌Adinin Group of Companies과 그 자회사는 그들이 할 수 있다고 여기는 제안을 확인하고 수용해야 한다. 이는 회사가 제 시간에 제공할 수 없거나 고객의 기대치를 벗어나 제공할 수 없다는 것을 알고 있는 오퍼나 계약을 회사가 취하지 않기 위함이다.

또한 회사의 고도의 기술 인력이 서비스를 향상시킨다. 직원들은 수년간의 경험과 훈련을 통해, 최고 수준의 서비스와 표준을 보장한다. 아디닌 훈련 및 개발 센터를 통해 직원들은 현지 시장에서 경쟁할 수 있는 최상의 컨디션을 유지한다.

분로드 브루어리 시스템

이 회사는 민간기업이고, 회사의 리더십은 하향식이지만 중역은 회사 내 매니저와 협력에 개방적이다. 인력 개발 또한 회사의 중요한 측면이다. 분로드Boon Rawd Brewery System는 직원을 대상으로 여러 가지 사내 훈련 프로그램 및 장학금에 투자한다. 태국의 현지

대학과 파트너 관계를 맺고 직원들이 MBA 과정에서 장학금을 받을 수 있도록 했다. 분로드는 회사에 인턴십을 희망하는 대학 졸업생들에게도 개방되어 있다.

요마 전략 홀딩스

요마 전략 홀딩스Yoma Strategic Holdings Limited의 능력주의는 요마 경영의 기본 원칙이다. 이는 심지어 가족 구성원들도 회사 내에서 특별한 대우를 받지 못한다는 것을 의미한다. 이것은 경험이 부족한 경영인이 회사의 성장에 장애가 될 것이라는 믿음 때문이다.

능력주의 시스템을 통해 요마는 회사의 직책에 적합한 재능 있는 사람을 고용할 수 있다. 회사는 또한 재능 있는 사람을 끌어들이는 시스템을 만들 수 있었다. 요마는 시장에서의 도전과제를 위해 지속적으로 인력을 준비할 수 있도록 훈련 및 지식이전을 수행한다. 요마는 숙련된 인적자원 풀과 이들을 이끌 강력한 경영팀을 유지하는 것이 중요하다는 것을 인식한다. 회사는 또한 경력 성장 기회를 직원의 경력 전망과 일치시키려고 노력한다. 개인적인 성과를 기반으로 유망한 직원에게 기회가 제공된다. 회사는 또한 내부 승진 및 이전 정책을 가지고 있다. 즉 높은 직위는 회사 내부의 사람들로 채워지고, 조직 내에서 적절한 후보자가 없을 경우 외부에서 고용한다.

결론

지지적 경영supportive management이 탁월함을 달성하기 위한 필수조건을 대부분 설명한다는 것은 타당해 보인다. 사람과 시스템을 통한 훌륭한 구현 및 실행은 전략의 성공적인 구현에 중요하다는 것이 널리 알려져 있다. 실제로 효과적인 실행이 기업 전략의 결함을 극복할 수 있다고 생각하는 사람들이 있다. 이 신념은 전략을 지지하는 사람이 없으면 아무리 좋은 전략이라도 성공할 수 없다는 고전적 교훈으로 바뀐다.

교육수준이 최첨단 국가의 교육수준에 미치지 못한다는 사실이 잘 알려진 신흥시장과 개도국에서 인간의 재능을 활용하는 것은 특히 어려운 일이다. 이 주장은 주류 경영학 이론이 신흥시장에 적용되는 정도에 대한 추가 질문을 제기한다. 근대화 주장을 반영하는 한편에서는, 신흥국가의 이전 경영자가 주류 이론을 채택하기까지는 시간문제일 뿐이다. 다른 사람들은 경영훈련이 특수성을 가져야 하고 변화하는 개발 상황을 반영해야 한다고 주장한다. 경영학자 밍저첸과 대니 밀러Ming-Jer Chen and Danny Miller, 2011는 아시아 그리고 더 나아가서 신흥경제를 이해하는 데 더 나은 이론적 앵커로 동양과 서양의 지적 전통의 '최고의best' 특징을 결합시키는 상대주의 개념을 제시한다. 보편성과 특수성의 결합은 어느 정도까지는 인적자본을 구축하는 아세안 챔피언 접근법의 일부이다. 우리 연구 결과의 종합은 그림 10.1에 제시되었다.

총체적으로 인적자본 및 선진 경영시스템은 조직의 서로 다른 부분을 함께 묶는 접착제를 구성한다. 이 접착제는 시너지가 구체화되는지 여부를 결정하는 차이이다. 아세안 챔피언이 다른 기업과 차별화되는 것에 대한 찬사는 종업원을 양성하고 활용하는 능력일 것이다. 특히 우리는 더 나은 기업으로 만드는 여섯 가지 인적자원 관련 요소를 지적한다. 그들은 장기적인 목표와 단기적인 운영, 하

그림 **10.1** 인적자본 육성

향식 통제와 상향식 및 수평적 협업 사이에서 올바른 균형을 찾는 훌륭한 비전 있는 리더십을 보여준다. 이 지역 챔피언은 인적자원 훈련을 소중히 하는 기업지배구조가 지원하는 체계적인 훈련 프로그램을 갖추고 있다. 지속적인 학습이 기업문화에 체화되어 있으며, 고위 경영자의 외부 모집을 통해 더욱 강화된다. 그들의 채용 및 인력 개발은 종종 자신의 기업가치와 규범으로 쉽게 육성될 수 있는 젊고 경험이 부족한 사람에게 돌아간다. 이들 기업은 일관된 이해관계자 중심의 가치 시스템을 시행할 수 있는 전문적인 경영시스템을 구축한다. 그들은 일반적으로 가족 소유 기업으로 남아 있지만 전략적 및 운영적 의사결정을 위해 전문 경영팀에 의지하며, 공유 이사회 및 리더십 구조를 통해 영향력을 발휘한다.

3부
전략적 과제와
정책적 시사점

Strategic Imperatives and Policy Implications

·
·
·

어떤 상황에서 아세안 챔피언이 AEC의 통합 활동에 개입하고 참여할 수 있는가? 구체적으로 참여에 있어 촉진제와 장벽은 무엇인가? 그리고 경영과 공공 정책에 대한 시사점은 무엇인가?

결론 부분으로 아세안 챔피언이 AEC에 더 많이 관여해야 할 이유와 방법에 대해 다루는 두 장을 제시한다. 우리는 또한 그들의 관여 성향을 결정하는 상황에 대해 우리 자신의 데이터뿐만 아니라 이전 연구의 데이터도 제시한다.

11장에서는 이러한 질문과 문제점에 대한 평가를 자세히 설명한다. 우리는 지역기업과 국제기업을 포함한 민간 부문의 역할(단일 시장 및 생산 기지의 완전한 이익을 실현하기 위한 더 넓은 지역의 고려, 그리고 재정적 및 인적자원 통합을 위한 지역 생산 플랫폼의 잠재력)에 대한 명확성을 주장한다.

12장은 AEC의 미래에 대한 비즈니스 리더, 학자 및 정책 입안자의 다양한 논평을 담은 에필로그이다.

경영 및 정책적 시사점

서론

아세안은 어디로 향하고 있는가? 아세안 경제 공동체AEC의 미래는 무엇인가? 아세안에 어떤 일이 벌어질지 아직 알 수 없으며, 현재 상황에 따라 최종 결론에 이르기까지 몇 년이 걸릴 수 있다. 아세안에는 지지자가 있는 만큼 많은 비평가가 있으며, 많은 다른 전문가들은 이 지역 블록이 매우 불확실한 미래에 직면하고 있음을 인정한다.

이 질문에 대해 두 가지 시나리오를 고려한다.

시나리오 1 − 낙관적인 견해: 대대적인 축하를 받으며 2015년 12월 AEC는 정식으로 출범하였다. 말레이시아에서 개최된 공식 선언은 세계 비즈니스 뉴스에서 조용히 언급되었다. AEC 스코어카드에 적절히 기록된 대로 4개의 주된 목표의 구현은 예상했던 것보다 훨씬 좋은 결과였다. 진행률은 2012년 67.5%로 집계되었지만 제정 당시 최고 92%에 달했다. 공식 AEC 스코어카드는 중단되었지만, 낙관주의는 2025년을 겨냥한 새로운 목표로 다시 살아났다. 2025년으로 가는 동안, 다른 국가의 많은 기업들이 다양한 지역 협회와 MOA를 체결하였다. 아세안 국가 간 무역은 60%에 달할 것으로 예상되었고, CLMV 국가들은 인프라 개발, 시장개방 및 제도적 성장에서 상당한 발전을 보고했다. 한때 먼 목표였던 단일 생산 기지는 이미 자동차 및 전자산업에서 유지되고 있는 것을 보완하기 위해 반도체, 컴퓨터, 주변기기, 소셜 미디어 및 서비스에 대한 새로운 지역협력에 도달함에 따라 현실에 가까워졌다. 한때 아세안을 압도할 가능성이 있는 것으로 생각된 중국, 일본, 한국 및 인도는 무역과 투자의 중요한 파트너가 되었다. 이미 기후변화와 빈곤퇴치를 위한 새로운 청사진이 개발되고 있다.

시나리오 2 – 비관적 견해: 2015년 12월 AEC가 공식적으로 출범했지만, 전 세계의 반응은 예상했던 것보다 뜨겁지 않았다. 그러나 2025년을 앞두고 지역 산업에 부정적인 영향을 미치는 것과 세계를 떠돌아다니는 다국적 기업의 부패 유입을 비난하는 여러 나라의 산발적인 시위자와 같은 불길한 신호가 있었다. 관련된 국가의 노력에도 불구하고, 비관세 장벽 철폐의 어려움으로 인해 이행률은 70%도 채 되지 않는다. 따라서 일부 아세안 회원국은 역내 무역이 실제로 성취될 수 있는지 의문을 제기했다. 게다가 불투명한 '아시아 방식'에 찬성하여 오랫동안 방치된 규정 준수를 위한 법적인 구조의 부재가 아세안 회원국 간의 진전을 저해하고, 더 개발된 아세안 회원국과 덜 개발된 아세안 회원국 간의 갈라진 균열을 야기했다. 아세안의 미래에 대한 의구심이 커지면서, 이 지역의 개별 국가와 쌍방 무역협정을 위한 제안이 있었고, 환태평양 경제동반자협정TPP의 유령은 단일 아세안 시장과 생산 기지의 공동 목표를 더욱 훼손시켰다. 또한 스프래틀리 제도Spratley Islands에 대한 중국, 베트남, 필리핀 간의 분쟁이 격렬해지면서, 중국의 의도에 대한 깊은 불신을 촉발시켰다. 세계에 불길한 신호로 글로벌 투자가와 다국적 기업들이 중국과 인도에 자원을 쏟아 부어 아세안 이니셔티브를 더욱 약화시켰다.

두 시나리오 중 어느 것이 맞는가는 정치, 경제, 문화 및 제도 발전에 크게 좌우되는 심의 및 추측의 대상이 될 것이다. 이 장에서는 아세안의 가장 성공한 기업(아세안 챔피언)의 관점과 외국 다국적 기업의 역할에 대한 관점을 제시한다. 이 장은 세 부분으로 구성된다. (1) AEC의 4개 기둥의 재평가, (2) 다른 출처에서 주로 취한 촉진제와 장벽에 대한 토론, (3) 이 연구를 위해 인터뷰한 회사의 인용문을 토대로 한 확장된 관점. 결론적으로 민간부문, 특히 아세안 챔피언 및 향후 연구에 대한 시사점이 추가고려 대상으로 제시된다.

지역통합을 위한 아세안의 목표 재평가

단일 시장 및 생산 기지

3장에서 지적했듯이 단일 시장과 생산기지의 목표는 아세안 내에서 투자와 자본의 이동성을 높이는 것뿐만 아니라 참가자들 간의 관세를 철폐하겠다는 약속을 뒷받침한다. 요컨대 이 약속은 자유 시장 체제의 교훈에 부합한다. 이에 따라 다섯 가지 핵심 요소가 단일 시장과 생산 기지라는 목표를 이루고 있다. (1) 상품의 자유로운 이동, (2) 서비스의 자유로운 이동, (3) 투자의 자유로운 이동, (4) 자본의 보다 자유로운 이동, (5) 숙련된 노동력의 자유로운 이동.

아세안 국가 간의 무역장벽을 줄이는 것에 대해 많은 논의가 있었다. 이것은 하나의 시장을 창출한다는 목표를 고려할 때 이해할 수 있다. 이와 관련하여 문자 그대로 제조상품의 100%를 자유롭게 거래할 것이고 서비스도 크게 뒤지지 않을 것이기 때문에, AEC 스코어카드는 이러한 감소를 보고하는 데 고무적이었다. 지지자들 사이에서 이것은 AEC가 중요하고도 주목할 만한 진전을 보여준 분야이다.

그럼에도 불구하고 이것은 또한 많은 면밀한 조사와 회의론의 대상이기도 하다. 단일 시장이 목가적인 시나리오에 가깝게 자신감이 줄줄 흐르지만, AEC 스코어카드에 기록된 인상적인 진전은 정치적 의지 결여에 대한 우려와, 통제 및 준수를 보장하기 위한 엄격한 이행기구의 부재에 대한 우려와 충돌한다Inama & Sim, 2015. 이 장 후반부에 논의하겠지만 분석가의 주장과 일관되게 단일 생산기지(노동, 재화 및 자본의 자유로운 이동과 함께)를 달성하려는 목표가 더 많은 잠재적 가능성이 있고 다루기도 더 쉽다. 아마도 단일생산 기지는 아세안(아세안 챔피언)과 기존 외국 다국적 기업들과 같은 민간 부문의 통제 하에 있다. 마지막으로 몇몇 비평가들이 지적했듯이, AEC 스코어카드 측면에서 진전 상황을 추적하는 데 추가되는 어려움은 스코어카드 작성이 일반적으로 더 많은 검증이 필요한 자체보고이며, 국가 규정 준수보다는 AEC 목표별로 데이터를 정리한다는 것이다Rillo, 2011, 2013. 우리의 분석은 참여를 촉진하거나 방해할 수 있는 요소에 대한 기업 보고서와 같이 더욱 세분화된 측정의 필요성을 강조한다. 이 문제는 이 장 뒷부분에서 다루어진다.

이 논쟁의 경계는 다음과 같이 세 가지 영역으로 구분된다. (1)

아세안 역내 및 역외 무역, (2) 무역자유화를 촉진하는 수출 유형 및 패턴, (3) 분쟁을 해결하고, 이 경우 무역거래를 촉진하기 위한 '아시아 방식'에 의존도. 이제 각각의 영역을 차례로 검토한다.

역내 및 역외 무역. 이 주제는 3장에서 살펴보았으나, 무역자유화와 관련된 문제를 다시 검토한다. 역사적 결정은 국가 간 무역 의향과 동기를 예고하는 한도 내에서, 무역거래의 궤적을 변화시키는 특별한 사건을 피하면서 미래에 어떤 일이 일어나는지를 잘 보여준다. 이런 맥락에서 볼 때, 아세안의 향후 무역은 경계심을 나타낸다. 아세안 수출의 26%가 역내에서 거래되고 74%는 역외에서 거래된다. 마찬가지로 아세안 역내 수입은 22%이며 역외 수입은 78%이다(그림 11.1). 더욱 불길한 점은 아세안 역내 수출의 상당한 비중이 싱가포르와 말레이시아 사이에서 발생한다는 것이다.[1] 이러한 무역패턴이 구조적인 문제인지 재량권의 문제인지를 결정하기 위해 다음 절에서 수출 유형과 수입 유형을 검토한다.

아세안 역내 및 역외 수출입 유형. 그림 11.2에서 2013년 아세안 각국의 상위 3개 수출 품목을 제시한다. 이 국가들 대부분은 유사하거나 관련된 상품을 생산한다는 것을 알 수 있다. 이는 선진국의 제품 제조를 위한 원료공급처로서 과거 식민지 역사를 반영한다. 석유, 가스, 광물, 집적회로 및 고무/신발이 차지하는 비중에 주목

---

1 싱가포르-말레이시아 무역과 관련하여, 싱가포르에 본사가 있거나 영업을 하는 많은 기업들은(현지 기업이든 다국적 기업이든) 말레이시아[특히 싱가포르-조호르 바루(Johor Bahru)-바탐 triangle]를 생산/조립 장소로, 역내 가치사슬의 일부로 사용한다. 따라서 이들 기업은 동일한 카테고리에 속하는 수입품 및 수출품을 가질 것이지만, 그것은 생산의 다른 단계에서 실제로 동일한 제품이다.

그림 **11.1** 아세안 역내 및 역외 무역(2013)

국가	아세안 역내 수출		아세안 역외 수출		총 수출 (백만 미국 달러)	아세안 역내 수입		아세안 역외 수입		총 수입 (백만 미국 달러)
	금액(백만 미국 달러)	총 수출 중 비중(%)	금액(백만 미국 달러)	총 수출 중 비중(%)		금액(백만 미국 달러)	총 수입 중 비중(%)	금액(백만 미국 달러)	총 수입 중 비중(%)	
브루나이	2,644.3	23.1	8,801.1	76.9	11,445.4	1,843.6	51.0	1,768.2	49.0	3,611.8
캄보디아	1,300.9	14.2	7,847.3	85.8	9,148.2	2,818.2	30.7	6,357.7	69.3	9,176.0
인도네시아	40,630.8	22.3	141,921.0	77.7	182,551.8	54,031.0	29.0	132,597.7	71.0	186,628.7
라오스	1,234.3	47.6	1,358.5	52.4	2,592.8	2,495.0	75.8	797.1	24.2	3,292.0
말레이시아	63,981.6	28.0	164,349.7	72.0	228,331.3	55,050.6	26.7	150,846.8	73.3	205,897.4
미얀마	5,624.9	49.2	5,811.4	50.8	11,436.3	4,244.0	35.3	7,765.1	64.7	12,009.1
필리핀	8,614.9	16.0	45,363.4	84.0	53,978.3	14,171.4	21.8	50,959.3	78.2	65,130.6
싱가포르	128,787.0	31.4	281,462.7	68.6	410,249.7	77,885.3	20.9	295,130.5	79.1	373,015.8
태국	59,320.5	25.9	169,409.7	74.1	228,730.2	44,348.1	17.8	205,169.0	82.2	249,517.1
베트남	18,178.9	13.7	114,485.2	86.3	132,664.1	21,353.0	16.2	110,756.9	83.8	132,109.9
아세안	330,318.1	26.0	940,810.1	74.0	1,271,128.1	278,240.2	22.4	962,148.2	77.6	1,240,388.4

출처: ASEAN Statistics (아세안 사무국, 2014)

그림 **11.2** 아세안 국가의 세 가지 주요 수출 상품(원자재) (2012)

국가	세 가지 최고 수출품		
브루나이	원유	석유가스	비순환적 알코올
캄보디아	우표	니트 스웨터	니트 여성용 정장
인도네시아	무연탄	석유가스	팜 오일
라오스	정제 구리	구리 광석	원목
말레이시아	정유	석유가스	팜 오일
미얀마	석유가스	원목	말린 콩류
필리핀	집적회로	컴퓨터	반도체 장치
싱가포르	정유	집적회로	컴퓨터
태국	컴퓨터	고무	배송 트럭
베트남	방송장비	원유	가죽 신발

자료 출처: The Observatory of Economic Complexity

하자. 이와 관련하여 큰 변화가 없다면 무역의 전망은 상호 보완적이라기보다는 경쟁적일 것이다. 무역패턴은 아세안 국가들이 역외국가들에 계속 수출할 것이고 역내 무역을 할 인센티브가 거의 없다는 현실을 확인시켜준다. 한 가지 중대한 변화는 아세안 공동체가 무역자유화를 촉진하기 위해 채택한 정책이다. 이것은 주로 비강제적인 정책, 특히 아시아 방식에 달려있다. 이는 다음 섹션에서 논의된다.

아시아 방식. 많은 분석가와 전문가를 사로잡는 주제는 아세안이 단일 시장 형성과 같은 원하는 목표를 시행할 수 있는 강제적인 방법이 있는지 여부이다. 아마도 부당하지만 EU와 비교해 볼 때, 아세안은 시행을 위한 필요한 제도와 법적 틀이 부족하다Beeson, 2009; Inama & Sim, 2015. 이러한 논의에서 나온 것은 '아세안 방식 ASEAN WAY'이라고 불리는 비공식적인 협력 방법이다. AEC의 단일 시장 목표를 달성하기 위해, 아세안 방식이 비공식 방식에서 공식/법률 코드로 변환될 수 있는 정도에 대해 설명하고자 한다.

애초의 의도대로 표현하면 아세안 방식은 역내 갈등을 해결하기 위한 부당한 압력이나 군사적 수단을 취하지 않고 광범위한 협의를 하는 비공식적 협약이다Beeson, 2009; Acharya, 2012. 그것은 또한 국가는 다른 나라로부터 부당한 압박 없이(즉, 불간섭주의) 경제발전의 속도를 유지할 수 있다는 믿음을 재확인시킨다. 이는 선진 서구사회에서 대부분 공식적인 계약의 기초를 이루는 계약 및 집행 가능한 법률 언어와는 대조적이다Acharya, 2012. 유르겐하케Jurgen Haake는 그의 광범위한 연구에서, 협의를 통한 갈등 해소 방법, 지정된 참가자들 사이의 포괄적 의사 결정 과정, 정체성 확립Process of identity-building Haake, 2003;Beeson, 2009:21에서 인용 등 세가지 요소를 종합하고 있다.

아세안 방식의 성공한 정도는 중도 채워진 글라스가 반쯤 비어 있거나 반쯤 찼다는 속담적인 해석과 닮았다. 비판자들에게 아세안 방식은 집행력 부족 때문에 회원국들이 목표를 완전히 달성하지 못하게 한 지역통합을 저해하는 요인이 되었다Inama & Lim, 2015 참조. 이해할 수 있듯이, 이 주장은 진정한 지역 통합의 특징인 안보 공동체의 목표에 도달했다는 관점에서 신뢰할 만하다. 더욱이 비평가들은 EU가 실제로 완벽성의 기준에 도달했는지 여부는 논란의 여지가 있지만, 아마도 부당하게도 모방의 대상으로 EU를 생각하고 있다Beeson, 2009.

그럼에도 불구하고 존스Jones, 2005는 불간섭에 대한 주장이 지나치게 과장되어 있으며, 실제로 불간섭의 의미와 맥락은 지역의 지배적인 국가들에 의해 해석되는, 변화하는 사회적 힘을 반영한다고 주장한다. 그러나 어느 정도의 합의가 예상되는 인권 분야에서 조차도, 즉 2012년에 제정된 아세안 인권선언은 회원국의 진보적인 성향에 따라 해석이 달라질 수 있다Davis, 2014. 따라서 아세안 방식이 지역 통합주의를 발전시킬 수 있는 정도는 지정학적 역동성, 아세안 역내 및 역외 무역의 패턴, 아세안 국가들 사이의 불균등한 경제발전에 기인한 역사적 경향을 고려할 때, 너무 제한적이고 의문의 여지가 많고 논쟁의 여지가 있다.

아세안 방식의 동조자들에게, EU와의 비교는 1장에서 논의한 근대화의 적용이 동남아시아의 역사적 제도적 특성에 기반한 창조적 적응이라기보다는 선진국의 경험을 단순히 모방하고 있음을 다시 부각시키는지에 대한 우려가 제기된다. 실제로 아세안 방식 지지자들은 아세안의 출범 이후 직접적인 군사 분쟁과 지역 간 전쟁의 부재가 충분한 진전이라고 주장한다. 더욱이 그들은 의사결정에 대한 비공식적이고 합의 접근법인 아세안 방식이 공식적인 규칙보다 더 효과적이라고 주장한다. 특히 이러한 접근 방식이 이 지역 국가의 문화와 전통에 더 부합되고 체화되어 있다. 이들 지지자들은 아세안 방식이 무역자유화를 크게 진전시킬 것이라고 주장하지는 않지만, 이와 같은 비공식적 합의 도출 접근법은 앞으로 수년 동안 진화해서 아세안의 변화에 필수적인 접착제가 될 수 있다고 추론된다.

우리가 민간 부문 특히 아세안 챔피언에 초점을 두는 이유는 *기업이 경쟁우위를 가지고 있거나 미래에 유리한 기회가 올 것이라고 상상하는 정도까지 무역자유화에 참여할 것이기 때문이다.* 따라서 이미 광범위한 아세안 역내 무역에 참여하는 기업들은 계속해서 경쟁우위를 확보할 수 있는 한, 관세 및 비관세 장벽이 축소되면 더욱 더 무역을 활성화할 것이다. 반대로 아세안 역내 무역에서 어떤 이점도 발견하지 못하는 기업은 정부가 중재하는 무역장벽의 축소와 관계없이 역내 무역을 하지 않을 것이다. 이러한 정서 중 일부는 이 장의 후반부에 논의된다. 그러나 AEC 내의 대부분의 기업에 도움이 될 수 있는 문제는 단일 생산 기지와 경쟁력 있는 지역경제에 대한 제안으로 다음 절에서 다룬다.

단일 생산 기지. 단일 생산 기지는 독창적이지는 않지만 AEC의 도발적이며 위안이 되는 이미지이다. 서로 다른 ASEAN 국가의 공급 업체 및 제조업체 네트워크의 집합체(부품, 조달, 테스트, 프로토타입 제조, 서비스, 인적자원관리 및 훈련)는 중앙 생산 플랫폼을 통해 긴밀히 연계되어 있으며 장기적인 목표(세계 시장에서 경쟁력 있는 가격으로 제조 된 제품 및 서비스)를 공유하고 있다. 글로벌 네트워크 전문가인 디터 에른스트Dieter Ernst는 부분적인 세계화에서 체계적인 세계화로의 전환을 다음과 같이 설명한다. "글로벌화에 대한 점점 까다로워지는 요구사항에 대응하기 위해, 이전에 현지 국가 각국에서 독립된 운영을 점점 복잡해지는 국제생산 네트워크에 통합해야 한다. 기업은 가치사슬을 독립된 기능으로 분해해서 가장 효과적으로 기능을 수행할 수 있는 곳과 중요한 성장시장의 침투를 촉진하는 데 필요한 곳에 배치시킨다." Ernst, 1997: 3.

최근 세계화가 진행됨에 따라 선진국의 단일 국가에서 신흥시장의 여러 지역으로 전 세계로 생산이 전환될 뿐만 아니라 중앙 통제방식의 초기 성향에서 전문 지식 노드 사이의 체계적 조정으로 사고방식의 전환이 강조되고 있다Ando & Kimura, 2003. 이는 더 빠른 속도로 능력을 개발하고, 아마도 비용을 절감하려는 노력에 의해 촉발된다Ernst, 1997:3; Ando & Kimura, 2003. 비록 현재 공급원에 가까운 곳에서 유리한 소비자 시장으로 이동하려는 의도가 없더라도 그렇다. 또한 신흥시장 특히 아시아의 기술은 '글로벌 혁신 네트워크'가 아시아를 중심으로 하는 지식허브와 함께 곧 구체화 될 정도로 정교해지고 있다고 주장한다Ernst, 2006; 2009.

이 아이디어가 아무리 매력적이라도, 아세안 내에서 구현은 역사적으로 도전적 과제였다. 다른 아세안 국가에서의 노력이 일시적으로 중단되었거나 휴면 상태에 있는 동안, 한때 생산 기지로 지정된 필리핀은 플랫폼을 구축하려는 시도에 실패했다Lim, 2004. 공정하게 말해서, 이러한 이니셔티브의 기반이 되는 현재 상황은 AEC의 네 가지 기둥의 일부인 단일 생산 기지에 대한 지원과 부활 목표와 비교하여 큰 차이가 있고 유리하지 않다.

단일 생산 기지의 잠재력은 여러 아세안 국가들과 긴밀한 관계를 맺고, 동아시아 전역에 전자 및 자동차의 체계적인 네트워크 개발에 성공한 일본을 통해 엿볼 수 있다. 미국, 유럽 및 일본의 기업과 네트워크를 특징으로 하는 국제 생산에 대한 광범위한 연구에서 에른스트(1997)는 아세안 내 관련기업의 포지셔닝의 지침으로 널리 사용될 수 있는 다음과 같은 기업 간 생산 네트워크를 확인했다.

공급자 네트워크: 주요 제조품 재료 제공
생산자 네트워크: 모든 재료를 공동 자료에 통합
소비자 네트워크: 구매자와 소매업체의 중개자 역할 수행
표준 연합: 공통적인 제품 표준을 가진 회사를 '묶어 두는 locking-in' 임무
기술 협력 네트워크: 교환, 개발 및 전략적 파트너십 촉진

이러한 다양한 생산 네트워크 유형으로부터, 아세안에 대한 시사점은 세계화의 부분적인 형태보다는 체계적인 형태를 만드는 의도된 계획이다Ernst, 1997. 이러한 성공을 위해서 일본의 성공사례에서 잘 드러나듯이, 중소기업의 참여가 중요하다. 이것은 AEC의 세 번째 기둥과 관련이 있으며, 다음 섹션에서 논의된다.

경쟁적 경제 지역

경쟁적 경제 지역의 주요 목표는 '공정한 경쟁 문화를 육성'하는 것이다. 생산적인 경제 성장은 대기업과 중소기업 간의 균형에 달려있다. 부수적인 목표는 '아세안 내에서 공통의 경쟁 정책을 도입하고, 시행을 위임받은 당국과 기관의 네트워크를 구축하고, 역량 구축 프로그램에 초점을 맞추고, 경쟁 정책을 위한 지역 지침'을 포함한다ASEAN 2008. ASEAN Economic Community Blueprint. Jakarta:

ASEAN Secretariat 참조.

단일 생산 기지의 목표와 일관되게, 중소기업은 포괄적인 제조/서비스 플랫폼을 지원하기 위해 공급 업체, 조달 업체, 부품 제조업체 또는 대량 생산 업체로 참여해야 한다. 이러한 성공을 보장하기 위해서는 다른 아세안 국가에 물품, 자재, 그리고 어느 정도 노동의 자유로운 흐름이 있어야 한다. 이러한 완전한 통합에 대한 현재의 장벽은 2장에서 논의되었고 이 장에서 더 자세히 설명되었다. 지역의 경쟁력을 높이기 위해 자동차 생산에 필요한 각기 다른 부품이 다른 ASEAN 국가에서 공급되는 방법에 대한 예시가 그림 11.3에 나와 있다.

글로벌 경제와의 통합

아세안 헌장은: "아세안은 상호의존적인 시장과 세계화된 산업

그림 11.3 자동차 부품에 대한 아세안 생산 네트워크의 예

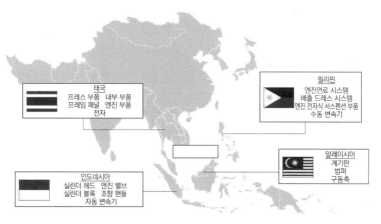

지도와 국기 이미지는 Wikimedia Commons에서 인용
히라츠카(Hiratsuka: 2006)"Characteristics and determinants of East Asia's trade patterns", in Hiratsuka, D. & Uchida, Y. (eds.). Input trade and product networks in East Asia에서 인용

으로 점차 증가하는 글로벌 환경 속에서 작동한다. 아세안 비즈니스가 국제적으로 경쟁할 수 있도록, 아세안을 글로벌 공급 체인에 보다 역동적이고 강하게 만들기 위해, 내부시장이 외국인 투자에 매력을 갖도록, 아세안이 AEC의 경계를 넘어서는 것이 중요하다. AEC와 관련된 정책을 개발할 때, 외부의 규칙과 규정을 고려하여야 한다."

이 헌장은 세계가 점점 더 글로벌하게 변해가고 있음을 증명한다. 격리 또는 경제적 자급자족은 역사적인 무역기록 보관소에서 공룡이 될 수 있다. 그러나 글로벌 경제로의 통합은 AEC에게 어떤 의미가 있는가? 두 가지 측면이 주목할 만하다. 첫째, 헌장에 명시된 바와 같이, AEC는 외국인 투자에 매력적인 대상이 될 수 있다. 국제 생산, 단일 생산 기지 및 경쟁 지역에 대한 앞의 논의가 이 범주에 속한다. 두 번째 항목은 AEC가 단일 시장의 후원하에 무역을 위한 강력한 플랫폼으로 기능하는 것이다. 우리의 초기 논의에 따르면, 이러한 목표는 현재 실현가능하기보다는 더 수사적일 수 있다.

우리는 단일 시장에 여러 장벽(구조적 및 절차적)을 언급했다. 수출의 유형은 첫 번째 장벽이고, 집행 가능한 프로토콜의 부족은 두 번째 장벽이다. 우리는 기업들이 경쟁우위를 유지하거나 발전시키는 범위 내에서 아세안 역내 무역에 참여할 것이라고 암시했다. 우리는 단일 생산 기지가 텅 빈flushed-out 단일 시장보다 단기간의 구현 가능성이 더 높다는 것을 제시하는 다른 사람들의 의견에 동의한다. AEC의 맥락에서만 볼 때 이러한 우려는 눈에 띄고 설득력이 있다.

그러나 아세안 외부로 경계가 확장되면 더 많은 유망한 기회가 있다. 관심을 끄는 플랫폼은 중국, 일본 및 한국을 포함하는 아세안 + 3ASEAN Plus Three: APT다Beeson, 2007. 이들 세 나라는 경제 강국으로 간주되고 있기 때문에, 이들의 포함은 아시아에서 가장 경쟁적인 지역이 된다는 점에서 이런 맥락의 회원국은 최상의 조합이다. 그러나 APT의 성공은 구체적인 사례로서 제2차 세계대전에서의 일본의 역할에 대한 역사적인 분쟁으로 인해 최근에 보완적이거나 협력적이지 않은 일본, 중국, 한국 간의 지속적인 관계에 달려있다Beeson, 2007, 2010. 아세안 간 무역을 넘어서서 통화 정책으로 나아가는 APT의 확대된 목적은 진정한 지역 통합을 위해 바람직할 뿐만 아니라 필수적이라고 여겨진다. 이러한 맥락에서 APT는 무역 장벽이 낮아지면 아세안 역내 무역이 심화될 것이라는 기대에 단순히 의지하기보다는 광범위한 지역으로 무역을 확대할 가능성이 상당히 높다. 광역 지역이 국제 파트너십과 협력을 수용 할 수 있는 방법에 대한 예시는 그림 11.4에 있다.

아세안 통합에 인지된 장벽과 촉진제

다음 절에서 우리는 AEC에 관한 민간부문의 인식에 대해 다룬다. 현장 인터뷰로 구성된 유익한 연구에서 다스Sanchita Basu Das, 2012는 싱가포르 동남아시아 연구소 아세안 연구센터에서 개최된 브래인스토밍 세션을 기반으로 목록을 작성한다.

다스(2012)에 따르면, 통합에 대한 낙관주의는 구현 속도가 느리기 때문에 '주의와 실망caution and disappointment'이 따른다. 다스는 주의가 필요한 몇 가지 이유를 제시한다. AEC 스코어 카드는 자체보고를 통해 공식 조치로 제한된다. 스코어카드에는 통합의 전

그림 11.4 태국에서 하드 디스크 드라이브 조립을 위한 원료의 다양한 소스

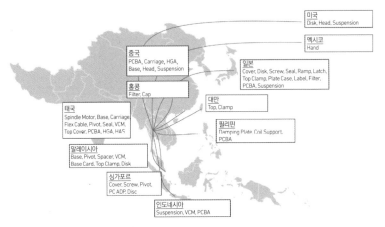

체 비용과 이점에 대한 포괄적인 분석이 없다. 특히 중소기업에서 아세안 협약에 대한 인식 및 이해가 부족하다. 관세 특혜의 이용률(혹은 아세안 참여의 현재 척도)은 매우 낮다. 민간 부문의 사람들은 이것이 유사한 제품을 서로 수입하기 때문이라고 한다. 비관세 장벽을 제거하는 것은 중요한 목표로 남아있다. 어떤 사람들은 현지 비즈니스를 보호하기 위한 정부의 국내정책이 문제라고 본다.

규모가 중요하다. 대기업은 일반적으로 아세안 개발에 대한 정보가 풍부하고, 통합에 우호적이다. 아세안은 기업(현지 및 다국적 기업)이 포트폴리오와 투자를 다각화할 수 있는 기회로 간주된다. 아세안의 저개발국에서는 종종 아세안 문서의 적절한 번역의 부족에 반영된 언어 한계가 있다Das, 2012.

또한 아세안 방식 하에서 협약이 중요한 운영 세부사항에 우선하기 때문에 이것이 민간 부문의 완전한 참여를 제한했다고 다스와 그녀의 동료들은 주장한다. 아세안 경제 통합에 대한 인식이 부족하고, 구조적 장벽(국내 정책 및 제도)은 인터뷰 대상 기업의 사고방식을 변화시키는 데 큰 장애물로 남아있다. 우리는 이제 아세안의 통합과 이니셔티브와 관련한 그들의 생각을 평가하기 위해 아세안 챔피언에 대한 자체 연구를 진행한다.

시사점

이 책에서 우리는 아세안 지역통합에서 민간 부문의 역할을 지지한다. 요약하자면, 아세안 챔피언은 극심한 제도적 장애를 극복하고 기회를 활용하는 것이 특징이다. 기회는 유산 및 우연한 상황에 의해 유증되거나, 마케팅 전략을 개척하고, 시너지효과를 내는 협력을 구축하고, 시장 지배력을 활용하고, 현지화를 심화시키고, 적절한 경영 구조 및 프로세스를 개발하고, 인적자산과 역량을 내부화하는 그들 자신의 능력을 통하여 형성되었다. 총체적으로 우리는 이들을 제도적 토대의 활용이라고 불렀다. 여기에서는 그들이 처해있는 변경frontier과 같은 환경과, 외국 경쟁사에 앞서 경쟁우위를 키우려는 끊임없는 열망을 강조한다.

이 절에서는 아세안 챔피언이나 외국계 다국적 기업이 아세안 내에서 보다 강한 기업으로 성장하기 위한 일반적인 시사점을 종합한다. 아세안 챔피언의 경우 국내 기업 챔피언에서 아시아지역 챔피언으로의 이동이라는 관점에서 궤적을 보는 한 관측통의 말을 재인용한다.

1. 더 광범위한 무역 및 투자 기회 확대

단일 시장을 위한 기본 논리는 이 지역 내의 재화와 용역의 자유로운 이동(방해받지 않는 무역)으로부터 얻는 이점이다. 이 논리는 무역이 참여 당사자들에게 혜택을 주고, 무역시장의 확대로 추가적인 수입rent이 발생한다는 주류 정통파 경제학자들의 오랜 믿음과 잘 부합한다. 따라서 이미 지역 내 무역에 참여하고 있는 기업들은 추가적인 이점을 얻을 수 있지만, 무역 및 투자 확대를 계획한 기업들 또한 혜택을 볼 것이다. 규제가 완화되면 외국 다국적 기업들이 이 지역에서의 활동을 강화할 것이다. 이 절에서 다루는 무역자유화의 단점이 있지만, 공식 및 비공식 무역 장벽을 제거하면 특히 이 지역에 이미 투자한 아세안 챔피언에게 긍정적인 결과가 나올 것이다. 이 연구를 위해 인터뷰한 아세안 챔피언들의 의견을 소개한다.

항공 여행과 관련하여 AEC는 확장의 기회를 더 많이 가질 것이다. 특히 세부항공은 보다 많은 도시와 더 높은 빈도로 새로운 동남아시아 노선을 개척할 수 있는 기회를 얻고 있다. 또한 AEC는 이 지역의 관광을 촉진할 것이다. 그럼에도 불구하고 업계 대변인에 따르면 경쟁은 심화될 것으로 보이지만, 기업은 자원과 유휴자본이 있다면 경쟁력이 있다.

유사한 기회가 다른 산업에도 많이 있다. 예를 들어 CPF의 자회사인 CPF Trading은 베트남과 말레이시아를 우수한 시장으로 보고 있다. 또한 이 회사는 라오스(새로운 사료 공장), 캄보디아(옥수수용 새 사일로), 필리핀(농업 산업 기업)에 투자를 늘렸다. 이러한 현지시장에 대한 투자는 순수한 수출보다 효과적이다. 졸리비의 경우, AEC는 회사의 원재료 소싱을 낮추고 소비자에게 보다 저렴한 식사를 제공할 수 있는 상품 수입을 용이하게 할 수 있다. 또한 지역 확장은 회사가 해외사업에서 훈련 및 인력 동원을 향상시키는 데 도움이 될 것이다. 태국 연합 냉동식품TUF의 경우, 미국이 해산식품에 대한 최대 해외시장으로 남아있을 것으로 기대하지만, AEC가 공식적으로 출범하면 AEC 국가들의 수요가 증가할 것으로 예상된다. TUF는 아세안 통합에 대해 긍정적인 시각을 가지고 있으며, AEC가 거래 확대 및 제품가격 책정을 추진함에 따라 태국 해산 식품 산업의 성장을 지원할 것으로 기대한다.

전력발전의 경우, AEC 전망은 유망해 보인다. 필리핀의 Meralco는 회사의 운영비용의 일부인 재화와 서비스의 자유로운 이동 측면에서 아세안 통합의 이점을 볼 수 있다Romo, 2013. 서비스업에서 성장전망은 강세다. 필리핀 BPO 부문은 아직 필리핀에 진출한 적이 없는 다른 아세안 기업들에게 서비스를 제공하기 시작했다. 한 회사 관계자에 따르면, 서비스업의 인력 측면에서 낙관적으로 전망한다. 또한 그는 필리핀은 의료관광 분야에서도 많은 잠재력을 가지고 있다고 믿는다.

더 많은 역내 무역은 지역시장 진출과 협력 전략 수립을 위한 새로운 전망을 열어 줄 것이다. 다오후안 그룹의 경우, 수입관세 철폐는 이웃 국가와의 관계를 개선하고, 합작투자를 촉진하고 지식 이전을 용이하게 할 것이다. EEI의 경우, 단일 시장에 추가하여, 이 지역의 근로자 유입으로 인한 추가적인 이점이 발생할 것이다. 특히 버마와 캄보디아로부터 근로자 유입은 투자 장벽과 노동 규제가 크게 완화되면 경쟁력 있는 임금을 제공할 수 있다. 파 이스턴 대학교의 경우, 공동훈련 프로그램 및 파트너십을 위한 기회가 있다.

마찬가지로 QAF 브루나이는 지역의 다른 나라로부터 숙련되고 기술적인 자원을 더 잘 활용할 방법을 모색하고 있다. 홀심 그룹에게는 더 많은 무역이 주요 자원의 이전을 촉진할 것이다. 요약하자면 이 시멘트 회사 대변인은 더 통합적이고 덜 편협한 사고방식을 촉진할 것이라고 주장했다. SM은 아세안 국가에서 더 많은 입주자를 확보할 수 있다고 본다.

투자기회가 풍부하다. 태국 맥주 양조업체의 경우, 한 기업 관계자는 아마도 이 지역에 대한 투자자유화로 인해, 다양한 수준의 투자를 통해 성장 경제를 목표로 삼을 것이라고 말했다. 회사는 시장 점유율을 높이고 동남아시아의 선도적인 음료회사가 되기 위해 미얀마와 베트남을 출발점으로 사용할 계획이다. 이들 국가는 신흥 시장이기 때문에 회사의 초점이 될 것이다. 그럼에도 불구하고 다른 문화에 적응하는 것이 필수적이며, 이 과제를 가볍게 다룰 수 없다.

2. 핵심역량과 독특한(차별화된) 역량 강화를 통해 경쟁력 강화

스포츠에서 널리 퍼져있는 믿음은 최고의 공격이 최고의 방어라는 것이다. 이것은 농구, 테니스 또는 축구를 비롯한 다양한 스포츠에 적용되지만 아이디어는 동일하다. 우수한 방어가 실패, 실수 및 패널티를 유도하여 생산적 공격 플레이로 전환될 수 있다. 우리의 맥락에서 볼 때, 국경을 넘어서 무역과 투자에 참여하는 최고의 위치에 있는 회사는 또한 국내시장에서도 그 자체로 강하고 경쟁력이 있다.

역량을 획득, 개발, 향상 및 활용할 수 있는 기업의 능력으로 경쟁강도를 평가할 수 있다 – 기업의 자원기반 이론이라고 하는 전략경영의 한 학파Barney & Clarke, 2007. 이러한 역량은 기업 전략을 달성하는 데 중심이 되는 핵심 요소와 경쟁업체와 비교할 때 탁월한 영역인 독특한 요소로 잠정적으로 분류될 수 있다. 두 가지 유형을 모두 보유하는 것이 이상적이지만, 대부분의 기업은 진입장벽의 완화 및 모방에 의해 독특한 역량이 침식되기 때문에 핵심역량만 유지할 수 있다. 우리의 아세안 챔피언에게 적용해보면 다음과 같은 사례를 볼 수 있다.

어보이티즈 전력회사의 경우, 전력공급의 비용과 신뢰도(핵심역량)가 중요한 역할을 할 것이며 필리핀 제품의 경쟁력에 영향을 미칠 것이다. 과거에는 사용 가능한 전력 공급의 양으로 효율성을 제고하는 것이 에너지 산업의 경쟁요소였다.

반면 아얄라 랜드는 풍부한 인적자원 풀을 강화한 것이 강점이다. 마찬가지로 토아(태국) 페인트는 AEC의 확장에서 지렛대 역할을 하는 브랜드 역량을 활용하려고 한다. 브랜드 역량은 제품 및 서비스에 대한 지속적인 브랜드 개선, 비즈니스 동맹과의 협력 강도 유지, 가장 중요한 것은 인적자원의 잠재력 개발에 있다.

경쟁우위를 유지하려면 혁신이 필요하다. 베트남의 비나밀크는 표준을 높이고 제품의 품질을 향상시킬 필요성을 인식한다. 이는 생산 및 경영시스템을 모두 업그레이드함으로써 가능할 것으로 기대된다. Masan Consumer는 연구개발에 투자하고 영업 및 마케팅 분야에서 강점을 유지함으로써 AEC 통합을 해결할 계획이다.

우위를 유지하는 데 새로운 자원 풀을 활용하는 것이 중요하다. 무다자야는 건축 전문성을 바탕으로 새로운 시장 접근 및 숙련된 노동력과의 통합 기회를 본다. 무다자야는 가까운 장래에 주요 발전소 프로젝트의 착수를 예상하기 때문에, 발전소 건설에 탁월한 실적과 기술적 역량을 고려하여, 이러한 이니셔티브를 활용할 계획이다. 6,500명의 전문가와 약 17,500명의 ICT 인력으로 구성된 FPT는 기업문화를 기업을 단결시키고 지속가능한 개발로 이끄는 '힘'이라고 생각한다. FPT가 글로벌 리더가 되기 위해 준비하는 과정에서 먼저 지역 시장에서 리더십을 확립해야 할 필요성을 인식한다.

아세안 통합은 더 많은 투자를 유도함으로써 국가가 계속 성장함에 따라 더 많은 수요를 가능하게 한다. 프놈펜 수도공사PPWSA는 더 많은 투자로 캄보디아의 물 수요가 증가할 것이므로 생산 및 공급을 늘릴 필요가 있다고 기대한다. 회사 관계자에 따르면, PPWSA 매출의 15%는 산업용에서 나온다고 한다. 캄보디아의 민간 기업이 아세안 통합의 혜택을 볼 때 산업용의 매출은 15% 이상으로 늘어날 것이다.

SM 프라임의 한 중역은 2015년 아세안 경제통합을 '게임 체인저'로 여긴다. 그녀는 회사가 현재와 미래의 노력에서 전 세계적으로 사고할 필요가 있다고 말한다. 지역통합에 대응하여 SM 프라임의 자산을 통합하려는 시도가 있었다. 업계 전문가는 통합으로 인해 SM 프라임은 이 지역에서 가장 큰 자산 보유자 중 하나이며, 지역 통합에 들어서면서 규모의 경제를 누릴 수 있다고 지적했다.

3. 인적 재능과 자원을 개발할 의도적인 계획 수립

AEC의 공식화는 전략적 우선순위, 이니셔티브, 전략 및 자원을 잠재적으로 재정렬 할 것이다. 기업은 현재 가정을 평가하고 현존 및 예상 전략의 광범위한 결과를 재검토해야 한다. 인터뷰에서 제기된 중요한 고려 사항 중 하나는 인적 자원의 위상이다. 의심의 여지없이 응답자는 미수령 혜택이든 예상되는 위험이든 간에, 인적 자원은 지역 통합에서 가장 큰 영향을 받을 수 있는 영역이라고 생각한다.

기업 전략이 의도적인 행동과 같은 어원이라면, 효과적인 실행을 원활히 하거나 방해할 수 있는 것은 인간적인 측면이다. 현재 현지 시장에서 숙련 및 비숙련 노동력이 풍부하거나 부족하기 때문에 일부 회사는 다른 회사보다 더 잘 배치된다. 지역 통합 측면에서 많은 사람들에게 관심이 있는 부분은 숙련 노동력의 자유로운 이동이다. 이와 관련하여 이 연구에서 응답자가 밝힌 몇 가지 영역이 있다.

즉각적인 혜택은 노동력의 자유로운 이동이다. PTTEP의 대변인은 특히 엔지니어 및 지질학자 분야에서 전 세계 인적자원 조달에 개방되어 있다고 말한다. 사실 이 대변인은 태국은 연간 20명의 석유 엔지니어만 배출하고 회사는 상당한 성장 목표를 가지고 있기 때문에, 성장 목표를 지속적으로 달성하기 위해 외국인 전문가를 고용할 필요가 있다고 주장했다.

마찬가지로 통합은 아디닌에게도 다양한 기회를 제공할 것이다. 이 기회 중 하나는 브루나이 바깥에서 석유와 가스자원의 활용 능력이다. 통합이 시작될 때 노동의 자유로운 이동을 통한 인적자원은 회사에 도움이 될 것으로 보인다. 아세안 통합을 통해 표준의 조화가 이루어지면, 무사 아디닌은 엔지니어 및 기타 기술 전문가와 같이 회사의 성장을 촉진하는 데 필요한 고도의 숙련된 인력을 쉽게 구할 수 있을 것이다.

그렇더라도 비즈니스와, 비즈니스 목표 및 전략을 이해하는 인력 개발은 과제로 남아 있다. 또한 다양한 문화와 언어를 가진 사람들이 팀으로서 응집력 있게 일할 수 있게 하는 것도 과제이다. 따라서 아세안 통합의 미래 현실에 대처하기 위해 인력 준비와 개발이 필요하다. EDL의 경우, 인적자원이 우려의 대상일 수 있다. 회사는 2015년까지 종업원의 경쟁력, 영어 구사 능력이 목표수준에 도달하지 못할 것을 우려했다. 회사는 인력을 양성하기 위해 전문가를 고용하여 통합을 활용하려고 한다. 노동의 자유로운 이동을 허용하는 영역 내에서 쉽게 수행된다. 회사는 장기적으로 EDL Generation의 노동력을 경쟁력 있게 만들기 위해 지식전수 수단으로 전문가를 사용할 계획이다.

프루스카 부동산은 태국 건설 산업이 2010년 이후 노동력 부족을 겪었기 때문에 이러한 노동 이동이 문제가 있는 것으로 보고 있다. 회사 관계자에 따르면 노동력 부족 현상은 인프라 및 주거용 프로젝트에 대한 수요증가 때문이라고 한다. 노동의 자유로운 이동은 프루스카의 외국인 근로자들이 본국으로 돌아갈 수도 있다. 이들 대부분은 라오스와 캄보디아와 같은 태국의 이웃 나라 출신이다. 이러한 일은 아세안과의 통합으로 인해 프루스카의 외국인 근로자가 태국과 같은 외국이 아닌 본국에서 일하기를 선택하는 태국 이웃 국가들에게 더 많은 취업 기회를 제공할 때 발생한다.

시암 시멘트SCG는 이미 몇몇 아세안 국가에 공장을 설립했지만, 각 아세안 국가마다 다른 시장 문화를 연구할 필요가 있다고 생각한다. 회사 관계자는 현지화 문제 외에도 SCG는 아세안에서 인력 개발을 계속적인 도전과제로 보고 있다고 지적했다. 특히 다른 아세안 국가의 신입사원 교육에 대한 투자는 2015년 아세안 통합이 시작되면 SCG가 직면해야 하는 물류 및 투자문제로 간주된다. 회사는 이러한 도전과제를 아세안 통합의 단기적 장애물 대 장기적 이익으로 본다.

인적자본은 경쟁을 준비하는 열쇠다. 회사 관계자에 의하면 요마의 인적자본은 아세안이 2015년에 통합을 시작할 때 비교우위를 차지한다. 이것은 모방하기 어려운 요마의 경영 깊이 때문이다. 미얀마 내에서 아세안 통합에 의해 촉진된 더 큰 경쟁은 저개발국 경제에 더 유리할 것이다. 이는 미얀마와 같은 국가들이 미개발 기회에 투자하고, 개발하려는 선진국 기업의 타깃이 될 것이기 때문이다. 요마에게 투자증가는 미얀마 국민에게 고용기회 증가를 제공할 공장 설립과 같은 생산적인 성장으로 이어질 것이다.

수마레콘은 AEC가 출범하면 노동의 자유로운 이동으로부터 혜택을 볼 것이다. 인터뷰에서 회사는 현재 숙련된 인적자원이 부족한 것으로 나타났다. 예를 들어 회사는 숙련된 계약자 수가 크게 부족하다는 것을 안다. 따라서 계약업체가 회사의 표준에 맞게 주택을 제대로 지을 수 있도록 훈련시키기까지 했다. 또한 이로 인해 계약자를 훈련시키기 위해 훈련기관 설립에 착수했다. 따라서 노동과 비즈니스의 자유로운 이동이 실현되면 중단기적으로 회사에 필요한 숙련된 인력 수준의 격차를 해소하는 데 도움이 될 수 있다.

4. 재무적으로 더 나은 경쟁자에 대한 방어태세 구축

AEC를 둘러싼 열정에도 불구하고 응답자들은 지역통합이 혼합된 축복이며 국가 및 산업 분야에 미치는 영향이 다르게 느껴질 것이라고 생각한다. 무역자유화가 역내무역을 더욱 활성화시킬 전망이지만, 이 지역에 더 나은 자원을 확보한 다국적 기업의 진입을 가져온다. 결국 단일 시장과 생산기지가 외국인 투자에 대한 인센티브로 작용한다.

지역 기업이 경쟁력이 없으면, 다국적 기업의 희생물이 될 수 있다. 업계 전문가는 "우리는 스스로를 조정해야 한다. 우리는 다른 경쟁자들이 하는 일을 예견할 수 있는가? 그들이 우리보다 잘한다면, 우리는 그들보다 더 잘해야 한다. 이처럼 함께 가는 것은 경쟁이다. 자유(경쟁) 시장이다." 더욱이 아세안의 선진국과 저개발국 간의 경제적 차이는 외국 다국적 기업의 진출을 고려할 때 더욱 두드러진다. 아래 응답에 일부 우려가 표명된다. 말하자면 기업이 다양한 경제 및 경쟁에 대한 가정하에서 방어전략과 비상계획을 개발하는 것이 현명하다. 다음에 응답의 내용을 소개한다.

지역통합에 대한 회의적인 분위기가 상당하다. 인터뷰에서 한 가지 이유는 아세안 회원국 간의 법과 규제의 조화가 어렵다는 것이다. 조화가 없는 통합이 어려울 수 있다는 점에서 중요하다. 특히 법과 규제가 상충되는 지역에서는 그렇다. 또 다른 이유는 비관세 장벽 제거의 어려움이다. 또한 노동과 자본의 자유로운 이동에서 발생하는 모든 이익이 실현되기까지는 시간이 걸릴 것이다. 이와 관련하여 일부 응답자는 EU의 모델을 통해 통합 프로세스를 가속화할 수 있는 방법을 모색할 것을 제안한다.

다른 전문가들은 중소기업들이 대기업보다 AEC의 영향을 더 많이 받게 될 것이라고 생각한다. 아세안이 통합되어 노동의 자유로운 이동이 실현될 때, 종업원을 계속 보유하는 것은 또 다른 도전과제이다.

경쟁강도가 중요하다. 아세안 내의 일부 기업은 다른 기업보다 브랜드 전략이 강하기는 하지만 성공이 보장되지 않는다. 한 대변인이 말하기를, "… 우리가 매우 강한 브랜드를 가지고 있다는 사실에도 불구하고, 우리가 매우 강하다는 사실에도 불구하고, 우리의 경영이 기술에 있어 매우 강하고 제품이 매우 강하다는 사실에도 불구하고, 앞에서 내가 이야기 한 것처럼, 실제로 우리는 아세안의 다른 나라들과 경쟁해서 이길 수 있는 역량이나 능력이 부족하다." 외국 경쟁사에 대해서는 가격과 생산능력 면에서 경쟁이 치열해질 것으로 예상되지만, 다른 전문가들은 정부지원이 경쟁사에 비해 기업의 우위를 설명하는 데 중요하다고 생각한다. 예를 들어 시멘트 산업에서 외국 시멘트 회사가 필리핀 시장에서 경쟁하기 시작하면 원가경쟁은 손해가 될 수도 이익이 될 수도 있다.

새로운 사고방식을 갖는 것이 중요하다. 아세안 통합은 현지시장에 값싼 제품이 홍수를 이룰 것이다. 한 분석가는 "패자 중에 농업이 있다. 인도네시아의 더 싼 설탕과 쌀이 필리핀에서 판매되면, 필리핀 현지 농민들은 큰 고통을 겪을 것이고, 이는 사회불안의 근원이기 때문에 진지하게 다루어져야 한다"고 지적했다. 인도네시아와 같이 성장하는 시장에서조차도 기업은 더 이상 국내에만 머무를 수 없으며, 기존 구조를 강화하고 회사가 아직 진출하지 않은 분야에 투자함으로써 해외에서 기회를 모색해야 한다고 한 관측통은 지적했다.

아세안은 기업이 취하는 행동에 따라 안정화되거나 불안정해질 수 있다. 더 자유로운 무역으로, 의도치 않은 결과는 불안정화의 길로 빠질 수 있다. 예를 들어 아세안 내에 한 국가가 통합에 의해 경제적으로 불리한 영향을 받는다면, 이 영향이 다른 나라로 전파될 수 있으며, 결과적으로 인플레이션이 증가할 수 있다. 한 응답자는 "처음에는 솔직히 아세안 통합이 우리에게 더 많은 주의를 주었다. 내가 생각하는 그 밖의 것은 앞으로 나아갈 방향이 잘못되었다는 것이고, 아세안 통합이 즉각적인 분명한 기회는 아니다." 이 점은 특히 항공산업에서 공감했다.

현지화는 외국 경쟁사에 비해 유리할 수 있다. 숨버 알파리아는 아세안 통합이 비즈니스에 미미한 영향을 미칠 것으로 보고 있다. 회사 대변인에 따르면 인도네시아의 소매산업이 다른 사업과 달리 매우 지역적이라는 사실에 기인한다. 소매업계 내에서 시장에 대한 현지 이해가 매우 중요하며, 이 회사는 이를 장점으로 이용할 수 있다. 한 다른 회사는 인적자원 강화와 기술 투자 증가로 인해 발생할 것으로 예상되는 제품 품질 개발에 지속적으로 초점을 맞출 것이라고 밝혔다.

5. 광범위한 네트워킹을 위한 기회 창출

네트워킹 및 연결성은 의도적인 상호작용 및 협력의 특징을 제공한다. 협력적 연합collaborative union이 완전히 실현이 되면, 협력적 연합은 특정 지역통합의 법령 및 의도를 확인한다. 그렇지만 이것은 실현되기도 쉽지 않고 종종 '진행 중인 작업'으로 남아있다. 합작투자 또는 전략적 제휴와 같은 모든 연합과 마찬가지로 높은 성과를 내는 네트워크는 친숙함, 공동 목표, 계획된 협력 및 상호신뢰의 과정을 통해 진화한다. 실패 가능성, 특히 파트너십 목표의 실현 불가능은 시간이 지남에 따라 합작투자와 같은 장기간의 협력을 유지하기 어렵기 때문에 높을 수 있다Park & Ungson, 1997 참조.

성공적인 파트너십의 이익은 매우 크고 중요하다. 앞에서 언급했듯이, 공동의 목표에 대한 명확한 합의에서부터 지역 제조 플랫폼과 같은 보다 정교한 네트워크에 이르기까지 이익이 발생한다. 후자의 경우 중소기업은 전략적 파트너십의 성격에 따라, 공급업체, 프로토타입 제조업체, 소매업체, 대량 생산업체로서 의미있는 방식으로 참여할 수 있다. 이 연구에서 많은 응답자들은 예상 파트너십, 이러한 협력계약에 따르는 도전과제, 그리고 심지어 지역 플랫폼 개발을 위한 야심찬 계획에 대해 언급했다.

많은 이점에도 불구하고, 네트워크는 다양한 시장 문화와 언어 장벽을 조화시키고 물류 장벽과 제도적 촉진자의 부족을 극복해야 하는 과제에 직면해 있다. 문화적 거리를 줄이기 위해 분로드 맥주는 태국의 이웃 나라, 특히 미얀마, 라오스, 캄보디아, 그리고 심지어 베트남에 있는 기업과 협력관계를 맺고 있다. 인터뷰에서 태국 국경 근처 지역과 인접국은 비슷한 시장 문화를 지니고 있기 때문에 그렇게 한다는 것이다. 또한 인도차이나의 지리적 제약은 동남아시아의 다른 지역에 비해 크지 않아서 회사는 최소한의 비용으로 유통망을 쉽게 구축할 수 있다.

직접적인 경쟁으로 인한 악영향을 최소화하기 위해, 에너지 개발 주식회사EDC는 해외에서 주로 협력 및 합작투자 프로젝트를 증가시키면서 아세안 통합을 준비하고 있다. EDC의 경우 신재생 에너지 건설 및 관리 이외 서비스를 다각화할 기회는 중요한 이점이다. 지열 및 신재생 에너지와 관련된 아세안 내 다른 기업들에게 기술 서비스, 시추 서비스 및 컨설팅 서비스를 제공할 수 있는 기회가 있지만, 참여기업들에게 경쟁은 심화될 수 있으며, 기업전략에 혼란을 줄 수 있음이 지적되었다.

Petro Vietnam Gas Joint Stock Corporation PV Gas의 경우, 이

회사는 점차로 '이 지역 최고의 가스회사 중 하나'가 되고자 한다. 회사 보고서에 따르면 모회사는 현재 아세안 국가의 파이프라인 네트워크를 연결하고 2020년까지 지역가스 그리드를 건설하기 위한 프로젝트인 trans-ASEAN 파이프라인 프로젝트를 수행 중이다. 회사 대변인에 의하면 적극적인 참여를 통해 아세안 전역에 네트워크를 구축하고 입지 구축을 기대하고 있다.

프루스카 부동산의 경우, 국경 지역에는 태국의 우돈 타니Udon Thani 지역이 포함되어 있음을 회사 대표가 밝혔다. 이 지역은 라오스 비엔티안Vientiane의 관문 역할을 한다. 우돈타이에는 우돈과 라오스 수도인 비엔티안을 연결하는 인프라가 포함된 사람들의 생활방식을 지원하는 모든 시설이 포함되어 있다는 점도 지적했다. 이 지역은 비엔티안과 태국 사이의 완벽한 시설과 접근성으로 인해 2015년 AEC가 설립될 때, 라오스 투자의 중심지로 적합하다고 한다. 그렇더라도 노동의 이동성은 양날의 칼이며 회사에 위험을 초래할 수 있다.

통신업계의 경우, 아세안 통합이 진행됨에 따라 미디어 기업에 장기적으로 도움이 되는 규모의 경제를 인식하여, 아세안 지역의 5개 방송사와 지속적인 제휴를 통해 네트워크의 잠재적 이익을 실현할 수 있다. 회사 기록에 따르면 SMART라는 제휴는 Media Nusantara Citra(인도네시아), 필리핀의 ABS CBN, 태국의 BBTV, 베트남의 International Media Corporation, 말레이시아의 Media Prima 및 싱가포르의 MediaCorp로 구성되어 있다.

성공적인 네트워킹의 장애는 정보 부족으로 인해 발생한다. 그의 회사는 아세안 정책입안자가 그의 회사나 산업에 도움이 되는 일을 하고 있다는 사실을 알지 못한다고 한 응답자는 말했다. "지식의 부족이 당신이 알고 있는 도전이라고 생각한다. 나는 아세안에서 어떤 일이 벌어지고 있는지 모른다. 진실로 이야기하자면, 나는 무슨 일이 벌어지고 있는지, 어떤 정책을 펼치고 있는지 모른다. 아세안 회원국의 장점을 아는 사람도 극소수다."

　마찬가지로 다른 전문가들은 특히 민간 부문에서의 아세안 통합에 대한 정보 부족은 계속해서 문제가 되고 있다고 지적했다. 이러한 격차를 해소하기 위해 아세안 회원국 정부는 민간부문과 더욱 협력해야 하며, 여러 장애물을 완화하기 위하여 통합이 단계적으로 이루어져야 한다. 성공적인 통합을 위해 이민 및 비자 제한과 같은 문제는 점진적으로 해결되어야 한다. 한 업계 전문가는 다음과 같이 지적한다. "… 과도한 기대는 통합이 실제 무엇을 의미하는지 이해하지 못하는 무지에 기반을 두고 있다고 생각한다. 아주 분명하고 이해하기 쉬운 작은 단계가 부족하다."

　AEC가 직면한 도전과 문제점에도 불구하고, 응답자들은 대체로 낙관적인 태도를 취하고 장기적으로 지역통합의 이익이 비용을 능가할 것으로 본다. 응답자들이 이 문제를 명시적으로 언급하지는 않았지만, 응답자는 인프라 부족이 극복에 큰 걸림돌로 작용할 것이라고 생각한다. 특히 이는 그들의 통제권 밖의 문제다. 그럼에도 불구하고 응답자들은 AEC와 함께 예상되는 인적자원 기반을 향상시킬 전망에 대해 낙관적인 입장이다. 한 전문가는 아래와 같이 주장했다. "핵심은 각국의 교육이다. 그들에게 올바른 기술과 교육을 제공하라. 그때부터 사람들은 이동하기 시작한다. 그들은 최고를 제공하는 곳이면 어디에나 이동할 자격과 기술을 가지고 있다. 우리는 성장할 것으로 기대하고 있다."

결론

모범적인 기업의 장점을 칭찬하는 어떠한 책에 대해서도, 오늘의 챔피언이 곧 내일의 실패가 될지도 모른다는 끊임없는 우려가 있다. 실제로 최고의 회사를 발표할 때마다 이 '승자를 선택'하는 방식에 대한 강한 비판이 나왔다. 방법론적인 결함은 쉽게 지적될 수 있지만, 가장 심각한 비판은 성공은 일시적인 경향이 있고, 시간이 경과함에 따라 체계적으로 성과를 유지할 수 없는 경우가 많다는 것이다. 이들 이야기의 대부분은 경제학자 조지프 슘페터Joseph Schumpeter의 유명한 제안에 의존한다. 그의 제안은 자본주의의 역동성은 기존기업을 대체하여 신생기업을 낳는 진화하는 기술의 끊임없는 파괴에 있다는 것이다Schumpeter, 1934/1994. 그의 실증 사례연구에서 하버드 대학의 마케팅 및 전략 교수인 크리스텐센Clayton Christensen: Innovators' Dilemma, 1997은 새로운 신생기업이 기존기업을 어떻게 퇴출시키는지 그리고 덜 급진적인 기술혁신을 선호하는 소비자들에게 기업이 어떻게 피해를 입는지를 보여준다.

이러한 맥락에서 아세안 챔피언의 미래를 어떻게 평가할 수 있는가? 경영학교수 맥그래스Rita McGrath의 『경쟁 우위의 종말The End of Competitive Advantage: 2013』을 통해 우리는 시간이 지남에 따라 성공을 유지할 수 없다는 데 동의한다. 1장에서 만성형의 기업late bloomers이 AEC에서 중요한 역할을 할 수 있다는 것을 잘 알고 있다. 가장 중요한 이슈는 기업의 장수가 아니라, 아세안 챔피언과 같은 모범기업이 성공한 기간 동안 아무리 일시적일지라도 우위를 활용하는 방법이라는 맥그래스의 관점을 택한다. 따라서 그들이 AEC에 참여하는 정도는 아세안의 미래에 지속적인 영향을 미칠 것이다.

아세안 통합은 매우 어려운 도전이 될 것이다. 통합의 성공은 통합을 용이하게 하는 요인을 활용할 뿐만 아니라 많은 장벽을 해결하고 극복하는 지역 회원국의 능력에 달려있다. 국가의 명성을 유지하고 더 많은 통합을 가능하게 한다는 관점에서 볼 때, 낙관주의의 표지는 지역의 인적자원에 대한 열정이다. 역내무역 확대에 막대한 장애물이 있지만, 아시아 플러스 3APT과 같은 보다 광범위한 플랫폼을 위한 유망한 길이 있다. 마지막 장은 다른 논평자들이 낸 가까운 미래의 아세안에 대한 예측 스냅 샷을 소개한다.

에필로그

재미있는 시대에 산다는 것은(다양한 의미를 지닌 중국의 격언) 기대감, 동요, 다사다난과 같은 여러가지 해석을 떠올리게 한다. 세계 경제 무대의 전문가들과 비평가들은 아세안이 1967년에 본격적으로 시작된 이래 2015년 12월에 AEC로서 공식 제정에 이르는 진화과정을 흥분과 불안의 미적지근한 감정으로 가까이서 지켜보았다. 어떤 일이 일어날지 예측할 수 있는 천리안은 없지만, AEC의 출범에 예상되는 이슈와 개념에 대한 좋은 아이디어가 있다. 이 마지막 장에서는 AEC에 관해 정부와 업계 지도자들의 아이디어, 진술, 믿음, 주장 및 추측의 포푸리를 소개한다.

Jaime Augusto Zobel de Ayala, 회장 겸 CEO, 아얄라 주식회사

from the article "What Does ASEAN Mean to You?" published October 28, 2011, by the ASEAN Business Club (http:// www.aseanbusinessclub. org/ what- does- asean- mean- to- you):

"AEC가 완전히 구현이 되고 운영이 되면, 제품 및 서비스 시장 확대, 자재조달 및 조달 강화, 자본 및 인력 풀 확대, 제조 플랫폼 확장이라는 측면에서 사업기회가 크게 확대될 것이다. 또한 이 지역에서 파트너십이 확대될 것이다. 완전히 시행된 AEC는 또한 국가와 기업의 전반적인 경쟁력을 향상시키므로 단일 아세안 시장과의 연관성을 유지하기 위해 표준을 한층 더 올린다."

"아세안은 달성하려는 목표, 즉 안정적이고 경쟁적이며 번영하는 경제 지역 창출 측면에서 스스로 실체를 충분히 정의했다고 나는 생각한다. 과제는 이미 존재하는 큰 아이디어를 구현하는 것이다. 이 지역에 대한 헌신은 자체적으로 아세안을 정의할 수 있는 기준을 제고하는 방법을 가지고 있다. 이것은 궁극적으로 강대국을 개별적으로 만들고 따라서 강력한 아세안을 창출한다."

Teresita Si-Coson, 부회장, SM 투자회사

from the article "Tessie Sy on ASEAN Integration: Awareness Up, IT to Lead," published October 30, 2014 by Rappler (http:// www.rappler.com/ business/ 73540- asean- integration- tessie- sy- forbes):

"세계는 경쟁에서 협력으로 옮겨가고 있다. 당신이 택하는 방식이 경쟁이든 협력이든 항상 도전과제가 있다. 그러나 적어도 더 큰 세상의 일부임을 우리는 안다."

U Thura Ko Ko, 회장, 아세안 비즈니스 클럽 포럼 2015

from the article "Structured Channels for Private Sector's Industry-Based Input and Participation Critically Missing in ASEAN – Impeding Real Partnership for Meaningful Integration," published May 19,2015 by the ASEAN Business Club (https://aseanbusinessclub.squarespace.com/press-release/ 2015/ 5/ 19/ structured- channels- for- private- sectorsindustry-based- input- and- participation- critically- missing- in- aseanimpeding-real- partnership- for- meaningful- integration):

"아세안 경제 지역은 점점 더 세계 경제 및 무역의 주요 강국으로 인식되고 있지만, 기회, 고용 및 전 시민의 포괄적인 번영을 창출하는 데 매우 중요한 중소기업 및 마이크로 기업에게 경제통합의 혜택을 제공하기 위해 더 많은 일을 해야 한다."

Serge Pun, 회장, Serge pun & Associates(SPA) Group

from the article "ASEAN States 'Too Disparate' to Come Together for Common Market," published May 19, 2015, by the ASEAN Business Club (http://www.aseanbusinessclub.org/ latest- news/ 2015/ 5/ 19/ asean-statestoo-disparate- to- come- together- for- common- market):

"직설적으로 말하면, AEC의 수렴은 실제로 쉽지 않다. 주권과 자주성을 유지하는 아세안의 불간섭주의 문화에 위배된다. 그러나 다시 우리 모두는 우리가 그것을 해야 한다는 것을 깨닫는다. 그래서 미래가 매우 불투명하더라도 우리는 믿음의 도약을 해야 하고, 우리가 어딘가에 착륙하기를 바란다."

Piyush Gupta, CEO, 싱가포르 개발은행

from the article "Bankers Lament Slow Pace of ASEAN Integration," published May 19, 2015, by the ASEAN Business Club (http://www.aseanbusinessclub.org/ latest- news/ 2015/ 5/ 19/ bankerslament- slowpace- of- asean- integration):

"아세안이 금융시장과 자본시장을 통합할 엄청난 기회와 필요성
이 있다. 우리가 오늘날 기술을 활용하여 공동으로 집중하면 큰 기
회가 있다."

Nestor Rañeses, 필리핀 대학교 중소기업 연구소장

from the article "ASEAN Integration: An Opportunity, Not a Threat to
PH SMEs," published May 12, 2014, by Rappler (http:// www.rappler.com/
business/ 57824- asean- integration- smes):

"아세안 통합은 우리가 좋든 싫든 간에 이루어질 것이며, 우리가
무언가를 하지 않으면 결코 준비가 되지 않을 것이다. 승자와 패자
가 있다. 이기려면 우리의 능력과 역량을 체계적으로 개선해야 한
다."

Delia Albert, 대사, 전 필리핀 외무상

from her speech "Building the ASEAN Community through
Integration,"delivered April 29, 2014, at The Peninsula Manila, for
the Management Association of the Philippines (http:// map.org.ph/
attachments/ article/ 279/ ALBERT,%20DELIA%20- %20%20Building%20
the%20 ASEAN%20Community%20Through%20Integration.pdf):

"그러나 이 시점에서 아세안 공동체 건축물의 건축은 외교관의
기능뿐만 아니라 더욱 중요한 것은 아세안의 성공과 함께 혜택을
보는 민간부문을 포함한 광범위한 이해당사자 공동체의 책임이다.

지난 47년 동안, 외교관 및 전문가는 세계에서 가장 성공적인 지역 조직 중 하나인 아세안의 현재 모습을 만드는 데 기여했다."

Cesar Purisima, 필리핀 재무부 장관

from the article "Integration Just the Start for ASEAN," published February 16, 2014, by Business World (http://www.bworldonline.com/ content.php?section=TopStory&title=Integration- just- the- start- for- ASEAN&id=83514):

"아세안은 앞으로 30~50년 동안 세계에서 최적의 위치에 있다. 단일국가로 보았을 때, 아세안은 인구 측면에서 상위 10개 국가 중 하나이며 평균 연령이 27세로 가장 젊은 국가 중 하나다. … 젊은 이와 중산층은 성장의 원동력이다. 그러나 우리가 옳은 일을 하지 않으면 이러한 기회를 활용할 수 없다. … 우리는 미래에 통합으로부터 수많은 혜택을 누릴 수 있지만, 이를 성취하기 위해 훨씬 더 노력해야 한다는 사실을 받아들여야 한다. 우리의 제도, 표준, 그리고 사람들이 조화를 이루도록 해야 한다."

"아세안이 성공적으로 통합된다면 기업이 호황을 누릴 수 있지만 참여가 없다면 불가능할 것이다. … 그것은 민간부문이 통합 자체의 촉매제가 되기 위한 도전이다. 민간부문의 중소기업에게는 더 어려운 도전이 될 것이다. 그러나 이 부문이 정부가 정보 공유를 촉진하기 위해 개입해야 할 곳이다."

Moe Thuzar, 동남아시아 연구소 아세안 연구센터 사회문화 문제 선임연구원

from the article "ASEAN's Missing Links Need to be Bridged," published March 5, 2015, by The Straits Times (http:// www.straitstimes .com/ opinion/ aseans- missing- links- need- to- be- bridged):

"그러나 성공적인 지역 노력은 소지역 및 국가 수준에서 실행과 헌신에 의해 영향을 받아야 한다. 사실 국가차원에서 실행이 가장 중요하다. 관련 국가기관의 공무원은 더 원활한 지역 연결성, 지식경제의 보다 많은 활용 및 보다 원활한 규제 체제하에서의 새로운 절차로 발생할 변화에 대비해야 한다. 또한 기업은 외부 경쟁에 대한 두려움으로 보호를 요구하기보다는 자기의 임무를 다하고 지역적 변화에 적응할 준비를 갖추어야 한다. 사고방식을 바꾸고 지역에서 일어나는 이익을 보는 통찰력을 연마하는 것이 중요하다."

from the article "ASEAN at 45," published August 8, 2012, by the ASEAN Studies Centre (http:// asc.iseas.edu.sg/ images/ stories/ pdf/ ASEAN_ at_ 45.pdf):

"아세안은 진전 중이다. 특히 국가차원에서 많은 진전이 있다. 지역 차원에서 아세안은 아이디어, 문제점 및 우려사항을 공유하고 교환하는 것을 용이하게 한다. 아세안 회원국들은 지역통합을 향한 여정을 계속하면서 이 토대를 구축할 수 있다."

Simon Tay, 싱가포르 국제문제 연구소 회장

from the article "ASEAN Economic Integration Faces Tough Road

Ahead," published December 30, 2014, by Today Online (http://www.todayonline.com/ world/ asia/ asean- economic- integration- faces-toughroad- ahead?singlepage=true):

"비유를 하자면 우리는 완전히 통합된 열차를 기다리고 있다. 아마 열차는 조금 늦을 것이고 우리가 기대했던 것보다 느리게 움직이고 있지만 레일에서 이탈하지 않았다. 속도를 너무 내려고 하면 탈선할 것이다. 그래서 나는 꾸준하고 단계적인 과정이 필요하다고 생각한다."

Rodolfo Severino, 동남아시아 연구소 아세안 연구센터 센터장 및 전 아세안 사무총장

from the article "Look Beyond 2015," published January 5, 2014, by The Straits Times (http:// news.asiaone.com/ news/ asia/ look- beyond- 2015):

"AEC 2015는 무역, 시장개방 및 국제사회와의 연계성에 대한 포부와 효율성에 헌신을 재확인하는 것으로 간주되어야 한다. 그것은 목표연도에 아세안, 아세안의 목표, 아세안이 작동하는 방식이 갑자기 변화되는 것으로 생각해서는 안 된다. 오히려 그것은 지역경제 통합을 향한 진보의 측정을 위한 벤치마크 또는 이정표로 여겨져야 한다."

Sanchita Basu Das, 동남아시아 연구소 아세안 연구센터 경제문제 선임연구원

from the article "Increased Transparency, Streamlining of the Processes and Inter- Agency Coordination within ASEAN Is Key," published April 26, 2013, by The Business Times (http:// asc.iseas.edu.sg/ images/ stories/ pdf/ BT260413.pdf):

"아세안이 국제사회에서 매력적인 곳이 될 기회가 무르익었다. 내부적으로 점진적인 자유화와 개선된 촉진 정책으로 외국인 투자가 유치되고 있지만 외부 조건 또한 기회를 제공하고 있다. 2015년 12월 31일까지 아세안은 통합되고 세계적으로 연결된 경제 공동체를 위한 토대를 마련할 것이다. 나머지 AEC 이니셔티브의 이행은 2015년 이후 수행될 수 있다."

from the article "AEC Should Be Seen as a Work in Progress," published May 20, 2015, by The Business Times (http:// asc.iseas.edu.sg/ images/ Sanchita- AEC- BT- 20May2015.pdf):

"AEC는 몇 가지 약속이 충족되었지만 중요한 도전 과제가 남아 있는 현재 진행 중인 작업으로 보아야 한다. 그럼에도 불구하고 지금은 그 어느 때보다 경쟁공동체를 강화하기 위해 국가들이 힘을 모을 때가 되었다. AEC-2015는 아세안 이해관계자들을 위해 완전히 통합된 단일 시장과 생산 기지를 제공하지 못할 수 있지만, 아세안 회원국들이 위기가 올 때마다 글로벌 위기를 자신 있게 극복할 수 있도록 도울 것이다."

from the article "AEC Not Just about the Economics," published January 31, 2015, by East Asia Forum (http:// www.eastasiaforum.org/ 2015/ 01/ 31/ aec- not- just- about- the- economics):

"아세안의 성공은 국제사회와의 거래에서 아세안의 단호한 태도에서 엿볼 수 있다. 앞으로 이 지역으로 더 많은 외국인직접투자를 유치하고, 회원국들이 글로벌 공급망에 참여하는 것을 돕고, 국제 경제, 금융 및 전략적 문제에서 회원국의 협상력을 강화하기 위한 전략적 프로젝트로서 AEC를 지속적으로 개발해야 할 것이다. 그 것이 아세안에게 좋은 일이다."

Niceto Poblador, 전 필리핀 민다나오 대학교 경영학 교수 및 필리핀 경영학회 회원

from the article "Bracing for the ASEAN Economic Integration," published September 23, 2013, by Business World (http://www. bworldonline.com/ content.php?section=Opinion&title=Bracing- forthe- ASEAN-economic- integration&id=76873):

"우리는 AEC의 잠재적 혜택이 인식된 문제와 어려움보다 훨씬 중요하다고 생각한다. 상황에 대응하기 위해 기업은 앞에 놓인 문제와 불확실성에 대해 불만을 갖기보다는 통합이 제공하는 이점에 관심을 집중하고 힘을 쏟아야 한다. 신흥지역 경제 공동체에서 번창하기 위해서 기업의 인적자원을 개발할 수 있는 기업 전략이 필요하다는 것이 우리의 믿음이다. 인적 자원에는 지식 및 인간 기술뿐만 아니라 글로벌 경제에서 기업 성공의 주요 동력인 무형자산, 즉 상호신뢰와 협력을 촉진하는 기업문화를 포함한다."

David Abrenilla, 필리핀 중소기업 박람회 설립자 겸 사장

from the article "ASEAN Integration Cuts Both Ways as Opportunity,

Challenge – SMEs," published November 18, 2014, by Business World (http:// www.bworldonline.com/ content.php?section=Economy&title=asean- integration- cuts- both- ways- as- opportunity- challenge——smes&id=98133):

"그것은 양날의 칼이다. 아세안 통합은 기회이자 도전이다. 아직도 개선의 여지가 많고 앞으로 해야 할 일이 많다. 지역공동체로서 글로벌 차원에서 경쟁하기 위해 우리는 혁신하고 일을 해야 한다. 기업은 인프라에 투자할 필요가 있다. 그들이 할 수 없다면, 경쟁할 수 없을 것이며, 경쟁할 수 없으면 문을 닫아야 한다."

H.E. U Thein Sein, 미얀마 연합 공화국 대통령

from his opening statement at the 25th ASEAN Summit, November 12, 2014, in Nay Pyi Taw, Myanmar (published by the ASEAN website at http:// www.asean.org/ images/ pdf/ 2014_ upload/ OpeningStatementeng201525summit.pdf):

"우리의 성과에 만족할 만한 여지는 없으며, 지금까지 우리의 성취에 안주하지 말아야 한다. 우리 공동체 건설은 진행 중이다. 2015년 아세안 공동체의 출범은 더 큰 단결과 통합, 향상된 운영 효율성, 보다 긴밀한 조정, 강력한 복원력 및 공동체 경쟁력 강화를 요구하는 새로운 아세안의 시작이 될 것이다."

Yab Data' Sri Mohd Najib Tun Abdul Razak, 말레이시아 수상

from his opening statement at the 26th ASEAN Summit, April 27, 2015, in Kuala Lumpur, Malaysia (published by the ASEAN website at http://www.asean.org/ images/ 2015/ april/ 26th_ asean_ summit/ PM%20-%20 Opening%20Ceremony%20- %20PMO%20- %20A4%202.pdf):

"우리의 잠재력은 매우 크다. 우리는 세계에서 세 번째로 큰 생산 인구를 보유하고 있다. 우리는 젊고, 재능 있고, 숙련된 인력이 6억 명이 넘는다. 우리의 중산층이 급증하면서 가장 강력하고 역동적인 지역 중 하나가 되었다. 지난주에 한 간행물은 아세안이 아시아의 가장 뜨거운 투자처라고 질문을 유도했다."

"이제 아세안의 시대다. 그것이 아세안 경제 공동체 설립을 위한 대책을 지속적으로 추진하는 것이 필수적인 이유다. 우리는 표준을 조화시키고, 자본시장 및 금융 통합을 확대하고, 국가 간 재화, 서비스, 투자 및 인력의 자유로운 이동을 촉진하는 프로그램을 가속화해야 한다. 그런 개혁의 결과는 변혁적일 것이며, 이는 인프라에 7조 달러의 추가 지출을 초래할 것이다. 이 잠재적인 성장은 경제적으로나 시민의 생활수준 모두에 놀라운 향상을 의미한다. 그리고 그 상품(prize)들은 우리의 손 안에 있다."

H.E. Dr. Susilo Bambang Yudhoyono, 전 인도네시아 대통령

from his speech at the 2011 ASEAN Business and Investment Summit,

November 17, 2011, in Bali, Indonesia (published by the ASEAN website at http:// www.asean.org/ news/ item/ speech- he- dr- susilobambang- yudhoyono- president- of- the- republic- of- indonesia- at- theasean- business- and- investment- summit):

"아세안은 빠르게 변모하는 지역이다. 우리는 아세안 공동체가 되고 있다. 아세안 공동체의 특징 중 하나는 희망컨대 기회의 확산 이다. 우리 시민들은 헌법에 보장된 평등을 얻었지만, 평등한 기회 를 제공하는 것은 여전히 어려운 과제다. 아세안으로부터 더 멀리 비즈니스 공동체는 이러한 노력에 없어서는 안 될 것이다. 당신은 변화하고, 건설하고, 힘을 얻고, 번영할 수 있는 힘을 가지고 있다. 최고의 투자는 사람들에게 유익하고, 환경적으로 지속가능하며, 발전에 기여하는, 장기적인 투자라고 우리는 믿는다."

H.E. Nguyen Tan Dung, 베트남 사회주의 공화국 수상

from his opening statement at the 16th ASEAN Summit, April 8, 2010, in Hanoi, Vietnam (published by the ASEAN website at http:// www .asean.org/ news/ item/ statement- by- he- prime- minister- nguyen- tandung- at- the- opening- ceremony- of- the- 16th- asean- summit):

"아세안 공동체의 목표는 회원국들의 비전공유, 열망, 그리고 강 한 결의에서 나타난다. 이 목표는 40년이 넘는 아세안 협력의 중요 한 업적을 확고하게 전제로 하고 있다. 아세안이 해결해야 할 문제 는 새로운 것도 아니고 2010년에만 국한된 것도 아니다. 지금 중요 한 것은 무엇보다 국가 이익을 지역전체의 공통된 이익과 조화롭게 결합시키는 단호하고 강력한 행동이다. 현실은 아세안이 시간의 변화에 활력과 적응력을 가진 진정한 지역 조직임을 보여준다. 의심의 여지없이, 아세안의 비전, 결단력, 복원력, 성공 및 유서 깊은 가치는 아세안 공동체 구축과정에서 더 성취할 것이라는 확신의 토대가 될 것이다."

Federico Macaranas, 경제학 교수 겸 AIM 아세안 2015 프로젝트 공동소장

from his concluding remarks at the 5th ASEAN Leaderspeak Forum, November 25, 2014, at the Asian Institute of Management:

"2015년 12월 아세안은 드디어 통합되었다고 전 세계에 발표할 예정이었다. 그러나 통합이 우리가 모든 문제를 해결하고 행복한 가족처럼 살 수 있다는 것을 의미한다고 믿는 것은 실수다. 아세안은 결과가 아니라 과정이라고 우리는 믿는다. 우리는 아세안이 끝이 아니라 여정이라고 믿는다."

색인